U0801325

宁波立法研究院
Ningbo Legislative Research Institute

编辑部（排名以姓氏拼音为序）
杜　寅　郝慧娟　金　耀
李声高　梁开银　马俊彦
乔宜梦　谢小瑶　余　地
张　梁　张文松

浙东法学

ZHEDONG LEGAL SCIENCE

第 2 辑

梁开银／主　编
谢小瑶／副 主 编
张文松／执行主编

2025 年

法律出版社 | LAW PRESS
北京

图书在版编目（CIP）数据

浙东法学. 第2辑 / 梁开银主编；谢小瑶副主编；张文松执行主编. -- 北京：法律出版社，2025.

ISBN 978－7－5244－0340－1

Ⅰ. D90－53

中国国家版本馆CIP数据核字第2025PN3191号

浙东法学（第2辑）
ZHEDONG FAXUE（DI 2 JI）

梁开银 主　　编
谢小瑶 副 主 编
张文松 执行主编

责任编辑 翁潇潇
装帧设计 贾丹丹

出版发行 法律出版社
编辑统筹 法规出版分社
责任校对 冯高琼
责任印制 耿润瑜
经　　销 新华书店

开本 787毫米×1092毫米　1/16
印张 14.25　　**字数** 303千
版本 2025年6月第1版
印次 2025年6月第1次印刷
印刷 河北虎彩印刷有限公司

地址：北京市丰台区莲花池西里7号（100073）
网址：www.lawpress.com.cn
投稿邮箱：info@lawpress.com.cn
举报盗版邮箱：jbwq@lawpress.com.cn
版权所有·侵权必究
销售电话：010－83938349
客服电话：010－83938350
咨询电话：010－63939796

书号：ISBN 978－7－5244－0340－1
定价：58.00元

凡购买本社图书，如有印装错误，我社负责退换。电话：010－83938349

《浙东法学》编委会

顾　问　高铭暄　应松年　王利明

主　任　王利明　梁开银

委　员　(排名以姓氏拼音为序)

蔡守秋　丁祖年　杜焕芳　顾耕耘　胡建淼　胡　铭

柯　坚　马长山　彭诚信　秦前红　童之伟　肖永平

徐崇利　徐国栋　章剑生　张卫平　郑孟状

前　言

潮起东方，大道为公
源头活水，学术传承

《浙东法学》依托于浙东之地的宁波大学法学院，撷浙东万物之灵气，承“浙东学派”之精神，值此世界百年变局之际，应运而生！《浙东法学》秉承创新与传承的宗旨，以弘扬宁波大学法学学科特色，升华宁波地方立法经验为目标，努力彰显宁波“商、海、港”的法律底色。《浙东法学》立足宁波“共同富裕先行试验区”立法经验，面向长三角区域一体化发展，放眼全国法治现代化战略，沐思想之光，集真知灼见，循法治之道，书智慧华章，为法治中国建设贡献特别力量。

《浙东法学》源于浙江独特的中国传统学术文化——“浙东学派”。其渊源于古越、孕育于汉唐、兴盛于宋元明清而绵延于现当代。在历经千百年的学术磨合过程中，从王充的“实事疾妄”到王阳明的“知行合一”，从黄宗羲的“经世应务”到近现代蔡元培的“兼容并包”，先贤的学术思想和治学精神已成为后人求学治世的“文化基因”。浙东学派主张的摒门户之见、贵专家之学、富创新精神、倡经世致用的学术传统，为当代中国法治建设提供了弥足珍贵的思维方法和精神食粮。此诚如朱熹所言：“问渠那得清如许，为有源头活水来!”

浙东学派求真求实、兼容并蓄的“事功”学术思想与风格给予了《浙东法学》发展的价值指引。“事”体现着“事皆寓理、事上磨炼”的中心命题，“功”则映照着“为民立功、为国立功”的时代理想。《浙东法学》不忘初心，秉入世之精神，求经世之功利，行济世之大义。尤其是浙东学派倡导的“有治法而后有治人”和“道之在天下，致公而已矣”的立法为公思想，孕育出如高铭暄、江平、应松年等一大批当代浙籍法学家，亦为《浙东法学》提供了精神动力。

一本出版物的诞生，汇集着法学大家著书立说的真知灼见，亦承载着当代学人立德立言的时代使命。这份新生的《浙东法学》正是秉承浙东学派的学术精神，满载对法治征途的不懈求索和无限追问，在风霜雨雪中勇往直前，在薪火相传中笔耕不辍，迈向法治之道的彼岸。我们期许《浙东法学》以浙东学派兼容并蓄的气魄，无问西东，采撷各家优秀论作，把握学术前沿发展的格局；以海纳百川的胸襟，继往开来，探究法治理论命题，荡起法学人百家争鸣的海浪。

宁波大学法学院

宁波立法研究院

2024 年 5 月 20 日

目　录

涉外法治

经典译著

法理与法史

中国民法典中家的制度架构

——一种法哲学上的观察

张　龑*

摘　要：私人意思自治是民法中的主导性原则。私人并不必然是个体，从家观念重构意思自治将有助于我们重新理解中国民法典的精神追求和价值定位。意思自治的哲学基础在于身体与精神二分，由此引发了大量问题：一方面，理想的理性个体无法涵盖每个人的完整生命；另一方面，过分强调意志自由，导致自由与伦理秩序的失衡。为此，从家观念出发，可区分出“无家之人”和“家中之人”，两种人的形象对应两种契约：海员之契和家际之契。家际之契是对中国民事生活更完整的描述。家际之契既包含契约精神也包含家庭伦理性，兼容了自由意志性和存在连属性。据此，中国民法典中的基本原则可以分为意志性的基本原则、连属性的基本原则和一般性的基本原则。这一分类为我国民法典中诸多并列规定的基本原则提供了一个更优的解释框架，通过家观念重构的意思自治可以更好地发挥主导性原则作用。

关键词：意思自治　家际之契　连属关系　民法基本原则

目　次

* 作者简介：张龑，法学博士，中国人民大学法学院教授，博士生导师。主要研究方向：法哲学、国家哲学和宪法学。

近代以来，源自西欧的民法典模式在世界广为传播，具有深厚成文法传统的中国也在推行市场经济多年之后，构建具有自主知识属性的民法典，于2020年5月28日通过了新中国首部法典——《民法典》。民法典历来被视为社会生活的百科全书，民族文化和时代精神的集中表达。拥有一部可与欧陆民法典媲美的中国民法典，既是中国人追求美好生活的表达，也是对民族时代精神与智慧提出的挑战。尽管不乏争议，现代民法的主导精神依然是私人意思自治。这一原则早期扎根于契约观念之中，契约自由作为契约观念的核心，对应的是形式化、抽象化的个体人的形象。但是私人自治的私人不必然就是个体。随着自由资本主义时代的结束，私人自治的内涵经历了从形式化到实质化、从个体本位到社会化的限制，个体本位的私人自治受到重大挑战，这使重构这一主导原则及其同民法中的其他原则之间的关系变得非常必要。

民法关注的是切切实实的日常生活，如果从中国人的生活常识出发，个体可分成两类：一类是“无家之人”，另一类是“家中之人”。[①]形式化的个体乃是“无家之人”，背后有着很强的基督教神学思维印迹。中国人则少有不是“家中之人”，家生家养，家在每个人生活中的地位举足轻重。从“家中之人”的立场出发，意思自治原则可以表达为“家中之人”的意思自治，也即家所内含的意志的自治[②]。相比饱受社会化和后现代观念冲击的个体本位的民法体系，家本位有可能提供一个更优的民法原则体系的解释框架。为此，就涉及三个主要问题需要加以阐明：一是私人意思自治的主体既可以是个人，也可以是家庭，“家中之人”是家庭的存在代表；二是“家中之人”的意思自治既包含自由意志性[③]又包含连属性[④]；三是《民法典》总则编中规定了一系列的基本原则，家本位的意思自治有助于化解个体本位原则与社会限制原则之间的紧张关系。

一、意思自治的理念与哲学证立

（一）民法的理念与意思自治的概念

理念（idea）是对日常生活中的经验知识的整理、思辨与提升，从而为经验知识提供

---

① 表面看来，这一分类非常接近“经济人”和“伦理人”的分类，但是，如德国法史大家维亚克尔所说，人的主体差异导致德国民法典在财产法和家庭法中具有天然的断裂（Franz Wieacker，Privatrechts - geschichte der Neuzeit，2. Aufl.，Göttingen 1967，S. 474f.），这一从家的视角进行的分类目的正是在于弥合这一断裂。

② 在本文中，家是理念和概念上的范畴，而家庭或家族则是家在经验上的直观形态。“没有内容的思想是空洞的，没有概念的直观是盲目的”（Kant，Kritik der reinen Vernunft，Frankfurt/M 1974，A51/B75），从知性概念上把握家是反思和重建传统的方法论。

③ 关于意志性及其决断性，参见［德］卡尔·施密特：《论法学思维的三种模式》，苏慧婕译，中国法制出版社2012年版，第64页。

④ 连属（articulation）的字面本意是指连接骨头与骨头的关节，在此是指事物作为整体的一种属性，包括静态连属性和动态连属性，静态连属性是指事物作为时间性存在是由各个组成部分共生互养而成，动态连属性是指事物因为连接机制而成为一个可以行动的整体。关于动态的社会连属性，参见［美］埃里克·沃格林：《新政治科学》，段保良译，商务印书馆2018年版，第41页。

一定的思维秩序。理念是一种抽象的整体性思维方式，它虽不会增加我们的知识，但若没有理念，我们的知识就会杂乱无章，实践中也无法形成具有统一性的行动。数部法律的集合称为法典，首要在于法典内在精神和法律适用的可统一性，这就要求法典所持的理念及其基本原则是一致的或融贯的①。一般来说，源自近代欧洲的民法的基本理念就是绝对的意志自由与私人自治，私人意思自治就此成为民法的主导原则，它将民法知识分主次地统和到一定的秩序中，可以说，没有这一基本理念，民法典不过是一堆杂乱无序的规则集合，也谈不上法律适用上的统一性。

早在古罗马法中，私人自治观念的萌芽就已出现，只是远未达到作为理念统领私法的高度。私人自治首现于《法国民法典》，但作为基本理念在民法中得以全面体现，则源于德国民法理论的发展。民法中的意思自治原则是指民事主体可依自己的意志或自己所代表的意志处理自己的事务，不受别人的非法干涉。从这个定义可以看出，意思自治本身并没有限定在个体本位之上。如在古罗马法中，意思自治的主体是家父，而家父具有三种人格，即自由人格、市民人格与家父人格。② 但是，近代以来，意思自治原则与个体主义相结合，使意思自治狭义化为个体本位的意思自治原则，遮蔽了意思自治本身丰富的内涵。当自由资本主义时代结束而现代性危机频现，个体本位的民法观在各种冲击之下数番调整，这些调整在一定程度上可统称为对私人自治的限制，或者说是社会本位对个体本位产生的冲击③，如财产权中的所有权绝对原则受到限制，债权中合同自由受到一定的限制，《劳动合同法》《消费者权益保护法》等一批经济社会立法兴起与发展等。当然，这些调整也有人认为是民法在适应社会变化的过程中对私人自治的拯救。但是，私人意思自治在民法中的基础性和主导性并没有从根本上发生动摇，原因不在于社会化的冲击力不够，而在于私人意思自治原则本身的开放结构。

意思自治的概念结构可以表述为：具有某意志（W_x）的民事主体（S_x）参与到民事活动中。但是，这个二重概念结构只是一种理论上的静态描述。在民事实践活动中，意思自治更完整的概念结构是三重的：具有某意志（W_x）的民事主体（S_x），经由个体（R）代表（W_x）参与到民事活动中。在这个概念结构里，私人主体并不限于个体，主体的意志也就不等于个体利益和意愿，具体来说，主要有以下三个方面具有开放性：

一是民事主体不必是个体，也可以是家庭、法人等，但行动的只能是个体，所以才有

① 融贯性并不要求理念在逻辑上的绝对一致性，但至少是可证立的，Vgl. Robert Alexy，Juristische Begründung，System und Kohärenz，in：Rechtsdogmatik und praktische Vernunft，hg. v. O. Behrends/R. Dreier，Göttingen 1990，S. 95 – 107.

② 参见［意］塞巴斯蒂亚诺·塔法罗等：《罗马法中的人与家庭》，载《法律科学（西北政法大学学报）》2015 年第 3 期。

③ 参见谢怀栻：《外国民商法精要》，法律出版社 2002 年版，第 13 页及以下；梁慧星：《从近代民法到现代民法——二十世纪民法回顾》，载《中外法学》1997 年第 2 期。

个体（R）作为代表或代理人的必要性。

二是民事主体（S_x）与个体（R）不仅是代理关系，还有代表关系，[①] 代理关系意味着二者之间是自由（选择）意志关系，代表关系意味着两者之间具有共在性和连属性，前者如律师代理，后者如监护人。

三是意志的独立性问题，也就是意志的独立性在理论上是绝对的，在实践中又是相对的，需要附着在一定的载体之上。

（二）个体主义时代：精神与身体的两分法

自由意志学说是私人自治最为重要的哲学基础，而将自由意志直接和个体人格联系在一起，却是基督教人格神的思维方式。[②] 在对“上帝意志”的世俗化过程中，意志与存在的形而上学关系就转变为个体的精神与身体的两分法。在自由意志学说看来，人既是有血有肉的身体存在者，也是具有能动性的精神存在者，后者尤为启蒙者所看重，被认为是人区别于其他生物的本质。正是基于精神存在的本质，人获得了权利主体的地位，可以将外在物，包括自己的身体和器官，作为客体加以占有、处分。当这种私人的意志与普遍自由意志不冲突时，它便构成法律上的权利。表面看上去是私人的自我立法、自我约束，实际上它符合以普遍自由法则为基础的公共意志的法则，这正是私人意志获得客观规范效力的法哲学论证所在。

以所有权为例，仅凭身体上的物理占有并不当然地产生权利，因为身体对人而言不过是一种与物类似的外在事物，而只有基于人的意志占有才构成所有权的基础，正如康德所言：“不能由于我躺在一块土地上，便有资格说这是‘我的’。只有当我可以离开那儿，并能够正当地坚持说那块土地仍为我占有时，它才是我的。”[③] 在自然状态下，主观的单方面意志对外在物的占有只是偶然的、缺乏安全保障的占有，并不能具有强制性地约束他人的效力，因为主观的意志很可能与普遍自由法则是相互矛盾的。因此，“必须允许这个占有的主体（个人）去强迫或强使每一个有可能和他在‘我的和你的’占有问题上发生争论的人，共同进入文明社会组织的关系之中”，[④] 这种文明状态也就是一种法律状态，在这种状态下，所有人联合起来共同组成一个政治共同体，大家共同服从体现共同意志的强制性法

---

① 关于代表的观念，即代表（representation）就是使某物再次（re－）出场（presentation），See Hanna F. Pitkin，*The Concept of Representation*，University of California Press，1967，p. 8。关于代表与代理的区别，参见［德］卡尔·施米特：《政治的浪漫派》，冯克利、刘锋译，上海人民出版社 2004 年版，第 186 页。代表“本质上属于公共领域（与代理、委托、委派等等最初属于民法的性质相反），它赋予代表和被代表的人以及需要派出代表的人以人之尊严（与利益和生意的代理相反）”。

② 关于人格神，即神本来只是一种无实体形态的存在，却在各种宗教和文化里赋予了一个经验意义上的人格，如把上帝想象为一个成年男人的形象。参见［奥］汉斯·凯尔森：《上帝与国家》，载刘小枫选编：《施米特与政治法学》，上海三联书店 2002 年版，第 313 页。

③ Immanuel Kant，Metaphysik der Sitten，Frankfurt/M 1982，S. 353.

④ Immanuel Kant，Metaphysik der Sitten，Frankfurt/M 1982，S. 366.

律的外部约束。只有在法律状态下，主观的、内在的权利才体现为客观的、外在的权利，从而获得法律保护。

康德的法学思想为民法的意思自治原则奠定了坚实的哲学基础。然而，康德在《法的形而上导论》中的私人意思自治转变为公共的立法意志，始终是在精神意志层面来论述。一旦这一意志附入肉身，即穿上语言的外衣，成为实定法，立法意志与实定法、实定法与不同文化的民族国家之间的关系就成为康德所忽略而法学者却必须加以思考的问题。[①]

（三）私人自治：经验个体作为意志的代表

精神性事物必须借助于一定的载体才可以显示自己。立法意志的载体首先是语言[②]，从一般哲学上来说，意志直接相关的载体则是经验个体，确切说是经验个体的身体。每个人都是意志与身体在共生互养过程中长大成熟的，要想成为民事主体，需要具备将自身意志与身体组织起来利于行动的能力。因此，意思自治预设的并非所有类型的经验个体，而是一种成年的、理智健全的，甚至有些近乎神性的个体。这决定了通过个体本位的意思自治无法形成一套覆盖个体全部生命的、自身逻辑前后一贯的规范体系。因为现实中的人并不当然具有私人自治所预设的理性，民法中存在广泛的“理性不足”的问题，典型如未成年人问题、行为能力受限、谈判能力和专业能力欠缺等情形。针对这些理性能力问题，现代民法规定了监护制度、代理人制度以及专业的法律服务制度，这些制度有效地补足了理性不足的个体的主体资格，但是用精神与身体的两分法无法给出恰当解释。为此，观察角度就应转向意志与身体的连属关系，身体本身又有一个时间和空间上的有限性。每个经验个体的身体都存在于一定时空内，在身体不在场又需要表达意志的时候，私人意思自治需要自己的代理人，由此形成了民事主体与代理人之间的关系问题。一方面，民事活动的主体表面看起来是个体公民，实则代理的并非个体自己的意志，而可能是家庭、企业、国家等机构的意志。另一方面，个体所代理的意志并不是一种纯然精神性事物，而是精神性事物与实际载体之间的连属关系，这个时候，主体之间的关系就不是代理关系而是代表关系了。

个体本位的意思自治观贯穿了近代以来的欧洲版本的民法典，从法哲学上观察，这一基本理念预设的是精神与身体的可分性，意志可以独立于身体而存在，而具有意思自治能力的个体需要具备足够的理性。身体的有限性与精神意志的无限性之间的这种矛盾，一方面，促生了发达的代理人制度，使民法有助于商贸向更大的空间拓展；另一方面，民法过

---

① 针对康德法哲学思想有两种对立的观点：一种观点认为康德法学是严格的实证主义，另一种观点认为康德法学是包含道德的理性自然法学。Vgl. Julius Ebbinghau，Kants Rechtslehre und die Rechtsphilosophie des Neukantianismus，in：ders.，Gesammelte Schriften，Bd. 2.，Bonn 1988，S. 232. 就新康德主义法学来说，前者立场为汉斯·凯尔森所继受，后者则由拉德布鲁赫所继受。

② 立法意志与语言符号是更深层次的哲学问题，限于主题，此处不做深论。需要说明的一点是，母语不是随便一种语言，而是人的存在形态的基础，它塑造了人的原初思维方式，然后才是一种语言表达机制。

于注重个体意志的独立性和自主性，忽略了身体与精神的连属性，这使民事生活中自由与伦理之间出现失衡与断裂，成为国家强制过多介入的理由。

二、民法中人的形象与家际之契

法律中人的形象虽历经时代损益，基本形象仍是一种形式化、抽象化的个体。这种个体显然有悖经验常识，但抽象性是理论的基本品质，关键是抽象性是否具有足够的普遍性，还是说，此种抽象性并非文化上中立的，而是有着很强历史文化的背景。民法中人的形象可以追溯到古罗马查士丁尼的《法学阶梯》，法律上的自由人实际上是家父。家父既是民事法律主体，也是奴隶的主人。家父与自由人的合一在“从身份到契约”的现代号角中分裂，近代民法中的人与契约精神联系在一起，契约是个体契约，人则是经济理性人。[①]因此，“无家之人”是近代欧洲民法典中人的形象，但这种形象并不具有充分的普遍性，在后现代文化冲击之下更是面目模糊。相对于此种“无家之人”，中国民法典上的人应是“家中之人”。“家中之人”同样参与到民事合同活动中，只不过“无家之人”对应的是海员之契，而“家中之人”对应的则是家际之契。

（一）自由契约观念与“无家之人”

近代民法中的“无家之人”深深扎根于社会契约理论。无论是海洋国家的格劳秀斯、霍布斯、洛克，还是欧陆国家的孟德斯鸠、卢梭、康德，都采取了契约方式来理解人、自然与社会。尽管他们对于人的理解与建构各有不同，但参与契约所要具备的精神和意志能力却是他们共同的思想基础。不同的是，海洋思维的思想家们更为彻底地建构了海员（海盗）的形象，相应的契约其实是海盗之间的斗争契约，国家则是漂浮在海上的利维坦。[②]普通法系国家没有民法典，但因其殖民地广大，自由契约观念在全球影响深远。欧陆国家同样受到了来自海洋国家的自由观念和海洋思维的冲击，但他们的契约观念并不完全是海员式的契约，而是希望在个体意志与公共意志之间寻找连结点。法学家拉德布鲁赫用黑格尔的辩证法很好地总结了卢梭、康德以来的意志理论，认为“历史的进程是从无意识的共同意志，中经有意识的个人意志，再到有意识的作为立法者的共同意志……所有的法首先是主观意义和客观意义上的共同体法，即反映共同体意识的、为共同体之人适用的法；次则为两种意义上的个人法：即个人立法者为被认为互无关联的个人所订之法；最后又回到了另一层概念的共同体法，但这不是父权（家长）制社会的法，而是（高度）组织起来的

---

① 参见赵晓力：《民法传统经典文本中“人”的观念》，载《北大法律评论》1998 年第 1 期。

② Vgl. Carl Schmitt, Land und Meer, Köln 1981, S. 16.

社会的法"[①]。可以说，这是现代以来各种人的形象的变迁非常完整的总结，它还可以表述为，从私人之家的松散联合（初级共同体与小家）经由个体达成的公共契约，即小我变成大我的扬弃，私人之家通过公共契约而提升为更高一层的共同体，即大家或者说自由之家。

观察传统中国，契约一直是日常生活中常见的事物，历史上也不缺契约意识，而中国社会始终是以"家"为本位的建构，个体从来都是家中人。可是，未经意志自由的扬弃，契约是一种身份契约，家观念还沉迷于罗马的家父制或者封建家长专制；未经家观念的扬弃，自由的个体不过是无根的、缺乏伦理关怀的虚无之人。因此，当代中国民法对人的理解应当具有世界历史的高度，以经过扬弃的"家中之人"为范式，在民法典的基础上重建我们的民法理论。在此，首先要指出的是，家不是个体自由的反面，而是个体与自由结合的条件[②]；其次，经验上的契约都是个体之间达成的，但个体既可能代表个体意志，也可能代表家庭整体意志。二者其实分涉两种不同的契约类型：一是成年离家之人作为自身意志的代表而相互达成的海员契约；二是"家中之人"作为家的存在代表[③]而相互达成的家际契约[④]。现代民法强调契约精神，所以私人意思自治非常重要，家观念也不排斥契约，只不过它对应的是另一种契约精神，即小家与小家之间的家际之契。

（二）海员之契与家际之契

1. 海洋文明与海员之契

近代五百年西方文明也被称为海洋文明，海员之契表达的实质是无家个体的意志。陆地与海洋的隐喻是说陆地是家，海洋是自由。从这种观念出发，个体唯有离家才能获得自由，这种自由早先只是适用于政治领域，后来泛化于社会领域。大航海时代的海员可谓是个体自由的典型代表，如鲁滨逊就是文学作品塑造的典型个体形象。但是，个体无家不仅意味着个体的独立与自由，更意味着个体要独自应对家外的风险，因此自由需要个体具备冒险的勇气和能力。[⑤]

霍布斯是个体自由理论的主要代表人物，他的自然状态学说在家庭问题上颇值得推

---

① ［德］古斯塔夫·拉德布鲁赫：《法律上的人》，载［德］古斯塔夫·拉德布鲁赫：《法律智慧警句集》，舒国滢译，中国法制出版社2001年版，第154页。引用时翻译有修改，Gemeinschaftsrecht原译为礼俗社会法，本文改译为共同体法，此种译法与拉德布鲁赫同时代也是同一大学任教的社会学奠基人之一的费迪南德·滕尼斯的《共同体与社会》（Gemeinschaft und Gesellschaft）的译法保持一致。

② 参见张龑：《何为我们看重的生活意义——家作为法学的一个基本范畴》，载《清华法学》2016年第1期。

③ 关于存在代表，参见［美］埃里克·沃格林：《新政治科学》，段保良译，商务印书馆2018年版，第39页。

④ 关于个体与家的辩证关系，可以描述为个体从家而生，从家而养，青年离家进入社会，成年结婚又回归家庭，文明社会不是由个体组成的，而是自由个体与生养之家以历史辩证的关系共同构成的。参见张龑：《论我国法律体系中的家与个体自由原则》，载《中外法学》2013年第4期。

⑤ 参见［美］汉娜·阿伦特：《人的条件》，竺乾威等译，上海人民出版社1999年版，第27－29页。

敲。[①]在《利维坦》发表不久之后，就有人质疑：世界上一直存在家庭，而既然家庭是小王国，那么家庭中的支配关系和财产继承原则就与自然状态相矛盾。霍布斯并不否认自然状态下存在家庭，只不过他所谓的家庭已然不再具有自然伦理的属性，而是一个去自然的家庭。确切说，为了证成自己的理论，霍布斯直接在自然状态下对家庭进行了重构，将因血缘和两性结合而生成的家庭完全契约化了，霍布斯重构的家庭即建立在个体意志联合的基础之上，由此，自然状态下的家庭不仅不是对自然状态学说的否定，反过来，这个重构的家庭还可以用来证明自然状态学说的合理性。[②]霍布斯利用"海员之契"将家庭关系进行去自然的重构，如此构建的家庭就不再是家庭，而是最小的主权国家。这个小型利维坦还不足以自保，那么按照自我保存的自然法则，这个小型利维坦需要再一次进行联合。但是，不论是家内的联合还是家外的联合，它们的基础都在于个体的生存，承认并保护个体价值成了国家的唯一目的。

2. 历史存在与家际之契

普芬道夫在霍布斯自然法理论的基础上作了一些修正，有别于霍布斯彻底改造自然家庭，他承认自然状态中包含具有自然情感和伦理的家庭。在他看来，除自我保存的目的外，自然法的另一个要义乃是繁衍生息，由此，自然状态也就成了家庭与家庭之间的集合。[③]正是对于自然状态中家庭的不同认识，导致了他们两人在构建社会契约时走向殊途。普芬道夫不再将社会契约建立在个体意志的联合基础上，而是在小家与小家的意志联合之上。[④]

普芬道夫的契约论是小家与小家之间的契约，尽管他并没有跳出神权与封建家长的历史窠臼，但却创造性地将家庭与社会契约结合起来，家长是家庭的代表，社会契约就是家长之间的契约，实质是家庭意志的联合。家际之契具有两个特点：一是较之自然家庭的观念，它承认利益追求与贸易自由；二是较之霍布斯的海员之契，家际之契深刻洞察到家对人类历史存在的意义。由于海员之契的主体是抽象化、形式化的个体，故难以解释契约社会中伦理道德法则的生发与持续存在，而家际之契则揭示了隐匿于个体背后的家伦理，并通过家长这一特殊代表形式显现出来，从而为家内伦理法则外化为公共伦理法则奠定理论基础。所以，契约与个体意思自治仍旧是半理论化的描述，因为所有契约经验都是在个体之间达成的，但是透过经验现象，经验上的个体实则是个体意志或家庭意志的代表，通过契约达成的立法合意要么是以个体的意思自治为主的，要么是以家的连属性为主的。

---

① 霍布斯关于自然状态中的家庭论述，参见［英］霍布斯：《论公民》，应星、冯克利译，贵州人民出版社2003年版，第93页以下。

② 参见李猛：《自然状态与家庭》，载《北京大学学报（哲学社会科学版）》2013年第5期。

③ 参见［德］塞缪尔·冯·普芬道夫：《自然法与国际法》，罗国强、刘瑛译，北京大学出版社2012年版，第180、186页。

④ 参见［英］迈克尔·莱斯诺夫等：《社会契约论》，刘训练等译，江苏人民出版社2010年版，第105页。

（三）小结

古罗马民法中的意思自治实则发生在家父之间的契约活动中，虽看似家际之契，却置身于身份等级的政治制度之下；经过近代海员之契的洗礼，民法中人的形象演变为独立的理性人，组成的却是一个无根的市民社会；进入现代之后，民法中增加了更多社会责任，人的形象却因为找不到准确的定位而显得支离破碎①。意思自治所表达的人要成为自己主人的承诺，通过个体本位的民法制度设计无法兑现。② 在意思自治的主体中，只有自然人和家庭是兼顾自然属性和人文属性的，二者又都是私性的主体，“家中之人”兼具了二者的形象，既是个体之人，秉持的又是家的意志，由此达成的家际契约，同时融合了契约精神与伦理精神。

三、中国民法的精神追求

作为人们日常生活的百科全书，民法的意义不仅在于为人们的日常行为提供规范指引，更在于确认和倡导人们所珍视的价值理念。近代以来，中国的民法博采各国之长，既取法古罗马，也深研法国和德国民法典的机理，又不是在一张白板上书写民法，而是有着丰肥的传统文化的社会肌体。因此，谈及中国民法的精神，就不应停留在立法者的文本，而是回到中国人的日常生活中去发掘民法赖以生存的价值。

（一）民法与中国人的日常生活

自秦大一统以来，中国就是一个世俗化国家，没有统一的宗教，也没有一元神的宗教。儒家思想在汉朝定为一尊，一个重要原因就是儒家思想为当时社会自上而下提供了普遍的伦理规范，而这一伦理规范的现实基础就在于“家”。在家国同构的政治框架中，天—君（天子）—民（子民）之间的关系都是类比家关系做出的拟制。儒家思想经过两千多年的发展，家不再限于家庭的指称，而是一种自然社会与华夏文明融为一体的文化符号、观念和规范。近代以来，中国进入现代转型的快车道，所谓转型就是从农业社会向工商社会、信息社会过渡，观念上则是打破身份制，实现积极的人格拓展。可是，个体本位的法治建构可谓“成也萧何、败也萧何”，转型期不仅意味着革故鼎新，还要有能力避免重蹈西方覆辙，既然不可能一切都从西方学习，诉诸传统，返本开新才是正道。

中国改革开放创造性地提出以社会主义市场经济作为现代化的工具和机制，而西方经济与社会发展经验也表明，市场经济的持续性发展有赖于社会建设，那么如何在实践中建立起完善的社会价值体系和功能体系呢？这可以大致从三个方面进行观察。首先，家观念弥补了个体本位的缺陷，改革开放以来引入了大量个体本位的经济制度，但城市和农村生

① 参见谢鸿飞：《现代民法中的“人”》，载《北大法律评论》2000年第2期。

② “法的命令是：成为一个人，并尊重别人为人。”［德］黑格尔：《法哲学原理》，范扬、张启泰译，商务印书馆1996年版，第46页。

活中依然保留着良好的家风与家德，成为每个投身市场汪洋者的心灵港湾。其次，家庭模式缓解了转型期社会功能体系的缺失。在中国农村，家庭经营模式是传统小农模式的现代升级版，它将每一家或户凝聚为一个自主的生产生活单位，在农业生产的基础上结合了商业贸易和外出务工等经济形式，这样既为城市建设输送劳动力，又保障了家庭成员的基本生活需求，在金融危机全球蔓延的时刻，还是缓解危机的减压剂和蓄水池。最后，家庭模式作为一种传统的现代更新，构成了现代社会发展的基础性制度①，国家治理的基本方案。国家治理的很多领域直接与家或户相连，如人口规划、户籍政策、税费征缴等。在基层治理中，基层自治虽然强调"一人一票"，但在实际运作中，往往是户主代为家庭成员投票，有的地方甚至推行"户代表制"。总之，中国现代家观念影响下的改革发展史所揭示出的是与西方十分不同的发展形式，这种形式与普通经济学的核心"经济人"建构也不相同。②

（二）民法的精神基础：意志性与连属性的统一

现代各国的法律来源主要有二：一是主权来源，二是社会来源。从法的社会来源观察，法律与其他社会规范的区别在于，公正的第三方（国家权力）对两方当事人相互关系的必然干预。因此，对法的概念的思考可从关系理性而非主体理性着手，以主体间关系范式为起点来思考法的本质。关于主体间的关系，思想史上有不同的构建或拟制方式，但主要有三种范式：（1）契约理论是把人与人的关系拟制为利益交换的交易关系；（2）交往理性看到的人与人的关系是一种民族语言基础上的相互理解和沟通的关系；（3）在中国人的生活世界里，人与人的关系超越了单纯的交易关系，也不仅局限于中国文化中并未自觉意识却日常实践的理性交往关系，更蕴含着从"家"中领悟出的社会连属关系，即人与人之间的世代养成的共在关系以及由此形成的群体生活的整体性和统一行动的可能性。前两种关系都属于意志关系，第三种则是连属关系。由于交往关系主要是一种程序上的关系，这里只关注契约（意志）关系和连属关系，二者共同构成了家际契约的内涵。

民法建立在市民社会与市场经济的基础之上，核心在于对契约关系的规范和保护。然而，自由意志本身只是对生命成熟理性状态的回应，并未领会整体生命存在的真正意义，也就无法解决特定民族历史文化与普遍法则相适应的问题。因此，以契约关系为中心的民法无法实现对现实生活的完整统摄。对这个问题的觉察早在19世纪历史法学派与理性法学派关于《德国民法典》的争论中就已初现端倪。古典自然法学派认为法律是理性关系的规范表达，此种理性关系即契约关系源于人的自由意志，是超越时空限制的普遍法则，因此德国当仿效《法国民法典》而制定《德国民法典》。但是，历史法学派代表人物萨维尼则指出，法律如同民族的语言、行为方式和社会基本法则，这些因素彼此关联，共同构成了

① 参见徐勇：《中国家户制传统与农村发展道路——以俄国、印度的村社传统为参照》，载《中国社会科学》2013年第8期。

② 参见黄宗智：《中国的现代家庭：来自经济史和法律史的视角》，载《开放时代》2011年第5期。

一个民族的禀赋。这些因素的关联性并非偶然，而是必然地统一于特定民族的共同信念和共同意识，也即民族精神。① 可惜，民族精神的表述并非没有问题，民族性并不必然是精神性事物，但萨维尼毕竟揭示了法的历史存在性，也就是说，法律并非理性意志的符号化和规范化，而是立法意志与民族生活方式高度融合的历史存在。法典编纂绝非对他国民法的简单复制，也不只是要深挖与理解自身特殊且复杂的生活方式，还要寻找到自由意志与历史存在的相互关联性。

中国人对生活秩序和宇宙秩序的理解，实际上相当一部分是从“家”中领悟的。进入近代彰显理性的社会，从家出发拟制的社会关系直接被划入非理性范畴，被贴上封建家长制的标签。这种误解来自外部刺激引发的革命岁月，并非全无道理，但不可忽视的一点是，家蕴含着人类的群体生活良好有序得以可能的基本原理。这一原理内涵丰富，任何论说都可能挂一漏万。从关系角度或可管中窥豹，家所表达的是一种连属关系，也即人与人之间相合相生、历代养成的关系，在社会实践层面，连属关系是社会将自身组织成为一个利于行动的整体性。具体来说，连属关系内在包含以下三个层面：（1）人与自我的连属，个体的精神与身体在历时性上连属为一个整体；（2）人与人的社会连属是指不同地域、阶层、文化的人与人互养共在，组织成为一个具有统一行动能力的整体②；（3）人与空间的连属是指人与外在空间共生互养，相互塑造，空间是人的存在家园③。人与自身的连属性越强，人就能成为更健康、更协调、更具行动能力的整体。社会的连属使共同体真正实现了历史存在与当下意志的统一，这个统一体不是整齐划一、专制意志的集体，而是每个成员都各得其分，共享良好的风尚。人与空间的连属意味着空间真正成为一个承载着共同记忆的存在之家园，一个适宜长久生存的绿色之家园。就此而言，连属关系是事物作为一个具有统一行动能力的整体的基本属性，也是每个人成为一个完整的人格，以及共同体成为一个完整人格的基本属性。比如，从连属关系上观察法律主体，“法律主体是意志的主体、利益的主体或语言的主体”的表述是分析思维的结果，是以局部替代整体，更准确的表述应该是“法律主体是由意志、利益以及伦理等要素连属而成的”。连属性是家的内在属性，经验世界中的家庭则是连属关系的具体形式，但不是每个家庭都是连属关系的饱满形态，因此，

---

① 参见［德］弗里德里希·卡尔·冯·萨维尼：《论立法与法学的当代使命》，许章润译，中国法制出版社2001年版，第7页。

② 同社会连属关系相近却又不同的理论是法国法学家狄骥提出的社会连带（团结）理论，社会连带关系通过成员在（1）需求上的相似性，（2）满足需求能力的差异性而带来的相互依赖性，经由劳动分工而形成。参见［法］莱昂·狄骥：《法律与国家》，冷静译，中国法制出版社2010年版，第212－217页。从哲学上进行区分，狄骥的社会连带理论属于客观实在论，连属理论属于历史存在论。

③ 同空间连属关系的主要是海德格尔的家园思想。“‘家园’指这样一种空间，它赋予人以处所，人唯在其中才能有‘在家’之感，因而才能在其命运的本己要素中存在。” Vgl. Martin Heidegger, Erläuterungen zu Hölderlins Dichtung, 2. Aufl., Frankfurt/M., 1996, S. 16－17. 在对《安提戈涅》的阐释中，海德格尔指出，家乡“在此是从一种根本的意义上思考，不是爱国主义或民族主义，而是存在历史地思考”。Martin Heidegger, Wegmarken, 1. Aufl., in: Gesamtausgabe, Band 9, Frankfurt/M., 1976, S. 338.

连属关系建构是各种秩序建构的核心内容。

比较连属关系与契约关系，二者的根本差异主要有以下三个方面：其一，在人与人之间的关系方面，契约关系只不过是实现个人利益的手段，实质是利益竞争中的“个人中心主义”；连属关系不否定利益关系，但是强调主体间的相生互养性与历史共在性，构成个人利益的先决条件，这正是现代民法社会化的思想根源。其二，在人与历史文化的关系方面，契约关系兴起于近代以来的经济社会，依赖于道德中立的原则，从而陷入“历史虚无主义”；文化连属关系则洞察到，人无不生活在特定历史文化传统中，当代人的生活与历史其实是有延续性的，民法理应尊重民众原有的观念与行为习惯，传承中华民族的优良传统，在规范内容中注重与历史文化传统的接续性。其三，在人与自然的关系方面，契约关系基于主客二分将人类意志作为物的主宰者，由此导致了开发利用自然过程中的“人类中心主义”；人与自然的连属关系则揭示了人对自然生存空间的“家园感”，自然或物不仅仅是人类占有和利用的财产，更是人赖以生存的家园，这构成了民法典中绿色原则的思想基础。

（三）小结

从契约关系出发，近代法学发展出了利益法学和目的法学理论，目的法学是对利益法学的克服和超越，但是法律的目的本身却要么是过于理想化的，要么是空洞的。从家观念中提炼出来的连属关系有助于弥合利益与法律目的之间的断裂。因此，连属关系是一个一般法学上的基本范畴。在公法和政治领域，连属关系对应的是宪法上的社会权利和基本义务；在民法领域，民事主体的权利则可以称为连属性权利。中国民法的精神气质既包括契约意志关系，也包括社会连属关系。每个人都是时间性存在，意志关系只是存在上的某个时间节点，连属关系则是存在的生成演变的呈现。如建国只是一个意志性时刻，而祖国则表达的是连属关系。婚姻首先是一种意志性合意，当夫妻两人朝夕相处，不仅彼此之间，而且和房屋之间都产生了连属关系。意志性对应的是规范性（normativity）思维，而连属性则对应常规性（normality）思维①，二者在民法中的体现可以用公式表达为：（民事代理—意志性关系—规范性法则）vs.（民事代表—连属关系—常规性法则）。

四、民法典中基本原则的体系化

连属性是家的内在属性，把家纳入民法意味着民法所保护和规范的关系除意志性关系之外，还包括连属性关系，连属性有助于将此前民法已经在保护却缺乏理论自觉的部分加以抽象化和系统化。这正是家观念在民法世界中所能发挥的理念引导的作用，从中可以进

① 德国魏玛时期著名法学家赫尔曼·黑勒对常规性（Normalität/normality）的定义是说，“由于这些人或这些群体，长期来说，在这些情况下，平均来说会合规律地以此种方式采取行为，故可以就此预期或者习惯性地信赖人们以及群体未来面对同样的情况，仍会以相同的方式采取相同的行为”。Hermann Heller，Staatslehre，in：Gesammelte Schriften，Bd. 3，1992，S. 364.

一步推演出一些基础性原则。在民事实定法中规定基本原则是我国民法制度的一项基本特征，《民法典》以及之前的《民法总则》都延续了这一传统。《民法典》总则编第一章集中规定了民法的基本原则，具体包括形式平等、意思自治、公平、诚实信用、守法、公序良俗以及绿色原则等。对于何为民法上的基本原则，民法学界观点并不统一，但也不难发现一些基本的共识，民法的基本原则是民法的本质和特征的集中体现，表达了民法的基本价值取向，是高度抽象的、最一般的民事行为规范和价值判断准则。[①] 然而，《民法典》规定了一系列基本原则，如何理解这些基本原则之间的关系成为颇具争议的话题。家观念重构的意思自治使私人自治有了更大的包容性，可以为化解民法基本原则之间的紧张提供一个更优的解释框架。

(一) 家理念与民法基本原则

任何精神性存在都必然需要某种实体作为共生的载体，如此才能成为一个实践命题。从经验上讲，家庭有多种形态，但都可以概括为家庭与个体之间的辩证关系：个体从家而生，青年离家，中年又成家。这意味着家的理念内含个体的自由意志关系和家庭的连属关系的二律背反。中国人选择用家的理念来理解和塑造人间秩序，家是中国人民事生活的精神归属，也是人的自由意志的归宿。中国的传统文化和现代精神的结合可以就此概括为家本位的意思自治。这一原则意味着民法既保障人的意志性，也保障人的连属性。意志性相关的民法基本原则有形式平等原则、缔约自由原则、诚实信用原则等。家的连属性相关的民法原则，可以从以下三个方面来观察：

其一，民事生活中人的存在形态主要是个体存在、家存在和社会存在。个体存在与家存在是基础性存在，社会存在是衍生性存在。社会存在是观念建构的产物，有什么样的观念，构建出什么样内容的社会制度。个体存在以家存在为前提，而家存在强调主体之间的生养与共存，就共时性而言，家存在意味着每个人都是共生共存的结果，都处于与他人的共生共存关系之中。在历时性的意义上，家意味着一种联通历史与未来的共在方式。相对于个体存在与历史的断裂，家所蕴含的“生生不息”的存在论结构将个体存在嵌入到时间长河之中。

其二，家内含的历史与未来的共在决定了对利益概念的重新阐释，即连属关系基础上的共同利益表面优先（prima facie）于个体利益。个体主义的利益观是狭隘的利益观，以利益最大化为目标，不同主体之间便不可避免地陷入零和博弈之中。相反，将历史与未来的共在性纳入思考范畴，拓展了民法上对利益的理解，利益不仅是个体利益和公共利益，还有具有长期稳定性的共同利益。因此，家理念为主体间合作提供了伦理义务基础，它以合作互助为重，以共同利益和长远利益为先。[②]

---

① 参见王轶：《论民法诸项基本原则及其关系》，载《杭州师范大学学报（社会科学版）》2013 年第 3 期。

② 参见梁漱溟：《中国文化要义》，安徽师范大学出版社 2014 年版，第 92 页。

其三，家也为人们提供了日常生活中的一套信仰法则。从家存在观察，人是时间上连续的存在，有过去、现在与将来，宗教解决的问题正在于此。中国人以家为三世——祖先、本身、子孙，“过去信仰，寄于祖先父母，现在安慰寄于家室和合，将来希望寄于儿孙后代”。① 家的信仰与宗教信仰有别，它不是一种人格神的信仰，而是直接对天道人伦合一的精神的信仰。天道是阴阳相合、生生不息之道，人伦是天道在人间的映射，二者有着共同的法则结构。

这三种实践法则体现在民事实定法体系里，对应的就是三种基本原则，它们表明民法所维护的是一种具有公序良俗的、可持续存在的、珍视人伦情感的生活世界。首先，公序良俗是我国民法一直有的基本原则，包括公共秩序和善良习俗。基于私家的连属性本身是私性的，但它自身又是一种具体秩序模式②，而且带有道德性，因此，公序良俗原则既是连属性的客观要求，也是对连属性的主观性的限制。其次，可持续存在是指既满足当代人的需求，又不对后代人满足其自身需求的能力构成危害的发展，将人与外在生存环境之间的历史共在的连属关系纳入法律思维，设定为民法保护的对象。《民法典》第9条规定的绿色原则，也可称为绿色家园原则，就是将人与外在环境之间的可持续存在的关系加以规范保护的体现。最后，家风建设原则，家风既是家庭建设的主要原则，也是社会风尚以及公序良俗的源泉，还是从社会层面加强党风廉政建设在民事法律中的体现。这三个原则都同意志性民法原则有所抵牾，但却并非不可调和，而是需要在具体案件中，通过解释上的选择和合比例的权衡加以适用。③

（二）民法典中基本原则的体系化

我国《民法典》沿用了此前《民法通则》的立法体例，在总则编中第4～9条规定了六项基本原则，还在分编中增加了几项新的法律原则。民法基本原则体现的是民法背后的主要价值和目标，对于立法者、裁判者以及民事主体均具有重要引导意义。然而，诸多原则之间呈现何种关联性，其意义脉络是否清晰，可否形成一个有序的整体，这些问题成为《民法典》编纂期间学界热烈讨论的话题，也是《民法典》生效之后法律适用中无法回避的问题。

从公私属性上区分《民法典》所并列规定的基本原则是比较通行的方法，这些原则在体系结构上主要分为两类：一类是“私的自治”的手段，另一类是“公的管制”的媒介。④

---

① 梁漱溟：《中国文化要义》，安徽师范大学出版社2014年版，第89页。

② 关于法的具体秩序思维以及家作为一种具体秩序形态，参见［德］卡尔·施密特：《论法学思维的三种模式》，苏慧婕译，中国法制出版社2012年版，第60页。

③ 关于法律原则规范之间的权衡，Robert Alexy, *On the Structure of Legal Principles*, Ratio Juris 2000（13），S. 294－304。

④ 参见韩世远：《民法基本原则：体系结构、规范功能与应用发展》，载《吉林大学社会科学学报》2017年第6期。

前者如平等原则与自愿原则，后者包括公平原则、诚信原则、公序良俗原则以及绿色原则。也有在公私分类基础上进一步划分的方法，认为民法原则可分为两类：一类是体现民法核心理念和价值的本位性、基础性原则，主要包括主体地位平等、意思自治、合法权益受法律保护等；另一类是体现民法核心价值与社会化需求相互沟通的平衡性、协调性原则，体现为对本位性、基础性民法原则的一种必要限制。[①]还有的学者借助跨学科的“科学研究纲领”理论，以“硬核＋保护带”模式来说明个体性基本原则与社会性基本原则之间的脉络关系，试图提高二者适应社会变迁的能力。[②] 民法制定出来就是为了适用，所以有学者从民法规范适用的角度进行划分，认为主要有两类基本原则：一类是价值宣示意义上的原则，包括权利受保护、形式平等、意思自治等；另一类是克服成文法局限性意义上的原则，只有两个，即诚实信用和公序良俗。[③]顺着这一思路，有学者将民法基本原则区分为不具裁判功能的一般法律思想和作为裁判规范的“概括条款”。[④]

归结起来，学界对民法基本原则的分类与梳理主要来自外部依据，如民法的私法属性、社会化以及裁判适用等。这些梳理无疑都使民法诸原则的关系更为清晰，但也不无争议，特别是以个体本位下的公私对立，个体与社会的对立来梳理基本原则，直接在法律规范层面预设了这些对立，难免导致过于生硬地认定和解决民事纠纷。如前文所述，从家的观念出发，民法中的基本原则可以分为三类：意志性原则、连属性原则以及一般性原则，即概括性地既包含意志性也保护连属性的原则。意志性原则包括形式平等原则、合同自由原则、诚实信用原则等；连属性原则包括公序良俗原则、绿色原则、家风原则、特殊人群保护原则等；一般性原则主要是法定原则、公平原则等。这一分类的优点主要有四：

其一，可以为不同的基本原则在价值上提供更好的统一性。根据拉伦茨的观点，法律包含外在和内在两种体系，外在体系是依形式逻辑规则建构的抽象概念体系，内在体系是由一般法律原则构成的体系。[⑤] 民法典既是一套外在体系，也应该是内在体系。外在体系的目标是逻辑一致性，内在体系的目标是价值理念的统一性。外在体系的建构只是民法典体系建构的必要但非充分条件，因为逻辑一致并不必然代表价值理念的统一。只有内在体系才能使民法典成为一个价值理念统一的融贯体系，家的包容性可以更好地证立民法在价值目标上的对立统一性。

其二，可以确保民法的私法属性，还扩充了私法的自治范围。民法的立身之本还是私法，社会化的限制长远来看也是对民事私人生活秩序的保护。通过家的自治，实现社会治

---

① 参见吕忠梅课题组：《“绿色原则”在民法典中的贯彻论纲》，载《中国法学》2018 年第 1 期。

② 参见易军：《民法基本原则的意义脉络》，载《法学研究》2018 年第 6 期。

③ 参见徐国栋：《民法基本原则解释——成文法局限性之克服》，中国政法大学出版社 1992 年版，第 11 页及以下。

④ 参见于飞：《民法基本原则：理论反思与法典表达》，载《法学研究》2016 年第 3 期。

⑤ 参见［德］卡尔·拉伦茨：《法学方法论》，陈爱娥译，商务印书馆 2003 年版，第 318、355 页。

理的“家治”，如加强家风建设、培养绿色家园意识等，以提升社会风尚水平，实现市民社会对连属性关系的自我保护，一方面可以减轻国家公权力的负担，另一方面也使公权力的介入保持在必要的水平之上。

其三，可以更好地区分出一些不易识别的原则。比如，诚实信用和公序良俗两个原则，学界一般都接受两个原则是相近却不同的原则①，但是具体不同在哪里却不乏争议。从二者所对应的关系差异来观察，诚实信用对应的是意志性关系，是意志性关系的规范化表述，也就是说，诚实信用既是意志性关系的体现，也是对意志性关系的限制。公序良俗则是连属关系的反映，也是对滥用连属关系的限制。两个原则都会对意思自治本身构成限制，但是诚实信用原则是对意思自治的内在约束，保护的是意志的真实性和意志贯彻过程中的言行一致性，而公序良俗则是对意思自治的外在约束，保护的不是意志本身，而是确保连属性不受到意志主观性的损害。

其四，一般性原则中的公平原则不好归类，因为公平通常是一般法律上的基本原则，民法中的公平原则可以理解为实现民事私人生活中的公平性。有学者将公平原则的内涵概括为四种正义，包括交换正义、归属正义、矫正正义与分配正义②。这些正义类型基本上都属于意志性的。从连属性上观察，公平正义还包括代际正义、环境正义等。因此，从家观念出发，《民法典》中的公平原则有了更为丰富完整的内涵，以及对民法更广的覆盖面。

五、结语

《民法典》的出台，标志着我国法治建设迈上一个新台阶。经过四十多年的法治实践之后，市民生活在民事法律的规范和调整之下，逐步呈现出中国自身文化与西方现代精神之间的融合和发展。普通百姓在私人自治原则的指引下逐步提升了权利意识，却也受到个体私人自治对传统生活秩序的影响。与此同时，家文化则展现出其原理性和时代性相结合之后的新面貌，家是人作为历史共在的价值理念。理念的家是一种精神，内含个体与家庭之间的历史辩证法，所以内含两种契约精神的二律背反，即“无家之人”达成的海员之契与“家中之人”达成的家际之契。后者是对前者的扬弃，既包含自由意志的意志关系，也包含共生互养的连属关系，中国的民法精神就在于协调和平衡意志性与连属性之间的二律背反。

家是一种文化符号，是中国人日常生活的总结和提炼。中国人的家庭自古以来便不是完全自然的事物，而是一种（初级）理性化的伦理存在。当代中国法治建设包含着一个基本的任务，就是实现社会主义核心价值观，实现现代民法与传统优秀文化的结合。通过家观念来重构意思自治原则，可以优化我国《民法典》总则编中规定的基本原则体系，化解

---

① 参见王利明：《论公序良俗原则与诚实信用原则的界分》，载《江汉论坛》2019年第3期。

② 参见易军：《民法公平原则新诠》，载《法学家》2012年第4期。

人的过强意志性对生活世界的殖民化以及反噬效应。从家观念出发，民法基本原则可以分为意志性基本原则、连属性基本原则以及一般性基本原则，这一框架既为我国民法基本原则体系提供了更具统一性的价值基础，也方便司法裁判实践中民法原则的分类适用。正是站在家际契约这一更为宏阔的私人自治格局之下，中国《民法典》将会更好地实现自由意志性与社会连属性的统一。

立法研究

论立法思维与立法理念

翟　勇*

摘　要：本文针对我国立法工作和立法理论研究中存在的一些现象，在对思维及立法思维基本概念理解研究，并分析我国当代主要立法思维状况的基础上，通过概述近、现代和当代哲学思想对当今立法思维的影响及其结果，寻找问题形成的原因。同时，概括说明了当代我国立法思维的三种主要类型，即立法臆想、立法感知和立法理念，并对这三种主要立法思维类型的理论基础、性质及特征、表现形式和主要内容，以及对国家社会立法实践和立法研究的作用和影响，进行分析、说明。特别就立法理念的思想理论基础及对国家和社会规则、秩序的构建，乃至对立法工作及立法理论研究的影响及决定作用展开论述，提出从理论到实践如何确立正确立法思维，并发挥其应有作用的系统思考。

关键词：思维　立法思维　臆想　观念　理念　规则　秩序

目　次

立法思维是立法行为的基础和前提。因为不会有任何一项立法行为是在缺失立法思维或者毫无立法思索的情况下进行的。这符合一个基本逻辑，即我们的现实是我们行为的结果，而我们的行为又是我们思维的结果，我们的思维方式又受到我们的文化和习惯的影响甚至左右。按照这样的逻辑，我们的立法行为不可避免地要受到我们立法思维的影响和左右。所以，研究立法行为和立法工作，首先应当研究立法思维问题，需要从对立法思维的基础认知开始，最终进入更为重要的立法思维背后的文化和习惯及其思想根源之中。

* 作者简介：翟勇，全国人大常委会环资委法案室原主任，宁波大学特聘教授。

本文所要论述的这个题目下的内容，是基于国家意志及其所确定的国家中社会各类主体及其相互间的行为规范而进行的思维活动。这些行为规范主要是指国家内部社会各个主体及其相互之间的，既包括国家机构、法人和非法人组织及公民和非公民个人之间的行为规范，也包括我国与外国和地区以及国际组织之间的行为规范。针对这些行为规范以及与之相关的各种社会秩序的系统思维问题，均在本文所要讨论的范围之内。但本文所要讨论的并不是上述这些千差万别的行为及其规则和秩序的具体内容，而是针对这些行为、规则及秩序具有普遍意义的立法思维活动及其方式。

确切而概括地说，本文所要论述的立法思维，是指依法直接针对社会行为进行规范的思想活动。此思想活动大致可划分为三种类型：一是一种关于立法的臆想，也算作人们在立法工作中，对所要规范的行为所带有的一种主观想象的思维活动和思维方式；二是一种关于立法的感知，也就是在感性认识的基础上，对行为规范问题作出分析和判断的一种思维活动和思维方式；三是一种关于立法的理念，即对上述行为在感性思维基础之上，通过认知上的飞跃而形成的基于理性认知的思维活动和思维方式。至于为什么将立法思维划分为这三种类型，主要是依据哲学认识论、方法论的基本原理确立的三种哲学思维方式，即理性、非理性和反理性，以及立法实践和相关法学理论研究中人们所表现出的，可以推断立法思维方式的三种客观状态。其中，有关理性的立法理念是本文所要讨论的立法思维问题中最核心的部分，也是关系我们社会建立规则和秩序的最为重要，也最需要认真讨论的问题。

总之，关于立法思维，我们可以从立法实践和立法理论研究中所展示出的千差万别的观点和主张中感悟和感知，并不断运用哲学和法学基本理论和原理对其进行检验和完善。从抽象的认识中，我们可以对立法思维有一个基本的认知，即从人们在立法实践中所表达的各种关于立法的具体观点和主张中，去判明人们的立法思维方式和特征。但最终需要将这些立法思维方式，通过哲学认识论和方法论的基本原理加以分析、检视和判定。因此，本文对立法思维的研究，是从对立法思维的基本认知入手，进一步去认识关于立法思维的方法，最终将研究的重点放在立法理念上。本文主要分为两大部分：一部分讨论立法思维的一般性问题；另一部分重点讨论立法理念问题。

一、关于立法思维

（一）对立法思维的基本认知

1. 关于思维与立法思维

（1）关于思维的概念、性质及研究的意义。

①关于思维的概念。就“思维”一词来说，不同的辞书、词典对其作出不同的解释。诸如《辞海》将“思维”定义为：“亦作‘思惟’。其含义包括：第一，犹思考。第二，

指理性认识，即思想；或指理性认识的过程，即思考。第三，相对于存在而言，指意识、精神。”[①] 按照《辞海》的解释，“思维”等同于“思惟”，其有三个含义：一是指思考。二是指理性认识，即思想；或者是理性认识的过程，即思考。三是指意识、精神。《辞海》的上述解释存在一定的问题：一是“思考”与“理性认识”是否一致。按照人们的认知，思考有正确的也有错误的，有理性的也有非理性的。如果思维等于思考，思维又是理性的认识，那么，思考就等同于理性的认识。事实上思考并不都是理性的认识，这就出现了《辞海》关于“思维”含义解释的冲突。二是“理性认识”和“理性认识过程”是否一致，含义是否等同。如果含义相同，就不应当作重复解释；如果不一致，即含义不同，那就提出了一个问题：理性的认识过程是否都是理性的，是否存在非理性或者反理性的认识问题。因为按照否定之否定的原理，人类认识事物的过程不一定都是始终正确的或者理性的，即便是理性认识的过程也是如此。所以，“理性认识”不应当等同于“理性认识过程”。理性认识过程也可能存在错误，也可能有非理性或者反理性的因素或者现象存在。这就好比好人是否一生都不做错事，甚至坏事。如果做了坏事的好人就不再是好人，那么这个世界上就没有多少好人。这有一个现象和本质的差异问题，需要有一定理性的人们来理解。比如，污染环境的问题，现在看来是违法的，违法的事情应当是坏事，但人类认识环境污染是有一个过程的，在最终认识之前，人类做过许多破坏环境的事情，即便是今天，依然如此。以上所说在于提出一个疑问，即把“思维”认作是理性认识，是否准确。准确地说应当是：思维可能是理性认识，也可能不是理性认识，即思维有理性和非理性，甚至反理性之别。

《现代汉语词典》的解释虽然没有《辞海》的解释更为丰富，但就基本概念的定义可能是更为准确的。其将“思维”解释为：“在表象、概念的基础上进行分析、综合、判断、推理等认识活动的过程。”[②] 按照这一解释，思维不是简单的一种感知或者知觉，也就是不等于直感和直觉，而是经过对表象和概念进行思考加工的活动过程，也应当包括经过这样加工活动过程的感知。这表明思维是复杂的思想活动，不是简单的思想活动。但这并不意味着所有思维活动的结果都是对思维对象准确、周到、完整的判断和认知。也就意味着复杂的思维结果也可能是不准确、不完整、不科学的认知过程。按照这样的推理，思维的结果就应当有正确和错误的不同，或者有准确和不准确的差异。

②关于思维的性质。《辞海》和《现代汉语词典》均对思维的性质作出了一定的解释。《辞海》对“思维”作了这样的解释：“是人脑对客观事物间接的和概括的反映。包括逻辑思维和形象思维，通常指逻辑思维。它是在社会实践的基础上进行的。思维是反映客观现

---

① 辞海编辑委员会编：《辞海》（第3卷），上海辞书出版社1979年版，第3837页。

② 中国社会科学院语言研究所词典编辑组编：《现代汉语词典》（第7版），商务印书馆2016年版，第1237页。

实的能动过程。它既能动地反映客观世界，又能动地作用于客观世界。”① 按照《辞海》的上述解释，“思维”的性质包括几层含义：第一，“是人脑对客观事物间接的和概括的反映”，说明“思维”依附于客观事物而存在，这也是“思维”的第一个来源。第二，是社会实践的结果或者产物。也就是说，“思维”的第二个来源是社会实践。第三，“思维”通过两种方式反映客观世界和客观事物。一是逻辑思维；二是“形象思维”。这表明思维对客观世界和客观事物，包括社会实践具有能动性反映，在此基础上，思维还可以能动地作用于客观世界和客观事物，包括社会实践。

在有关思维性质问题上，与《辞海》的定义有所不同的是，《现代汉语词典》对“思维”一词作出了这样的描述：“思维是人类特有的一种精神活动，是从社会实践中产生的。”② 这一表述没有说明“思维”是对客观物质世界的反映，这与《辞海》的解释相比，有所缺陷。对于《现代汉语词典》的上述描述，我们可以得到这样的认识，即思维是产生于社会实践的人类特有的一种精神活动。这一描述对思维的性质作出了两点定位：一是来自社会实践；二是人类特有的一种精神活动。我们可以这样理解，思维虽然是一种人类的精神活动，但这种精神活动不是由精神造就的，而是由社会实践造就的。这意味着思维不能脱离社会实践，必须以社会实践为基础和前提，因此也必须真实地反映社会实践，不能背离社会实践。不真实反映社会实践的思维，虽然也在思维的范畴，但不应被视为正确的思维，这类思维往往没有实际的社会价值。

③研究思维的意义。如前文所述，我们的现实是我们行为的结果，而我们的行为又是我们思维的结果。有什么样的思维，就会有什么样的行为，同理，也就会有什么样的现实。因此，有什么样的思维决定了我们最终会有什么样的现实。虽然思维作为一种精神，不会决定我们的未来和现实，但却可以影响我们的未来和现实。因为思维对客观物质世界即客观事物和社会实践具有能动反映，不切合实际的思维，不会产生我们理想的现实。不是任何思维都会带给我们美好的现实和未来，要获得理想的现实，必须正确地反映客观物质世界及客观事物，必须正确地反映社会实践，尊重客观规律。所以，研究思维的合理性、科学性意义重大，它影响甚至决定我们的生存和发展。

（2）关于立法思维的概念、性质及研究的意义。

①立法思维的概念。所谓立法思维，简单来说，就是针对立法的思维。按照上述《现代汉语词典》关于思维的解释，可以将立法思维解释为：在立法事务表象、概念的基础上，进行分析、综合、判断、推理等认识和规范立法活动的过程。进一步来说，就是在构建人们的行为规则以及与之相关的社会秩序问题上，人们所从事的系列思考和思想活动。

---

① 辞海编辑委员会编：《辞海》（第3卷），上海辞书出版社1979年版，第3837页。

② 中国社会科学院语言研究所词典编辑组编：《现代汉语词典》（第7版），商务印书馆2016年版，第1237页。

②立法思维的性质。《辞海》和《现代汉语词典》的解释，充分说明了作为精神和意识的思维，是由客观物质世界和社会实践决定的，是对客观物质世界和社会实践的能动反映。所以，从思维的基本属性及各种思维的共性上看，立法思维同样是对客观物质世界和社会实践的能动反映。这样，就存在一个立法思维是否能够正确地反映客观物质世界和社会实践的问题。正确地反映客观物质世界和客观事物及社会实践的立法思维，会给社会和人们带来正确的生活方式、生产方式，引导社会和人们走正确的生存、发展之路。这就向立法思维提出了要求，即必须正确地反映客观物质世界及其客观事物，必须正确地反映社会实践，而不能走向其反面。

③研究立法思维的意义。基于立法思维概念和立法思维性质的上述研究和讨论，可以得出这样的结论：研究立法思维是至关重要的，是决定社会和人类生存和发展的重要事务，具有十分重要的意义。不正确的立法思维可能引导社会和人们走违背自然规律、违背社会实践的错误道路，会给社会和人们带来不幸，甚至带来灾难。或许人们并没有认真注意到，立法思维对立法工作和立法研究，乃至我们的现实具有深刻的影响，甚至决定我们的生活方式、生产方式，决定我们的生存状态。不能正确反映客观物质世界及其客观事物和社会实践的立法思维，会引导立法工作走向偏颇，从而引导社会和人们走向错误的生存、发展道路。这不是哗众取宠和吹毛求疵的臆想，也不是失意的妄言，而是对社会的警示慎言。因为在人类立法史上，乃至当今社会，由不正确的立法思维带来的立法问题是举不胜举的。一些法律实施上的问题，乃至一些已成顽疾的社会问题，与错误的立法思维也有密切的关系。这在古今中外的立法史上，乃至当今社会的立法实践之中是可见一斑的。那么，为什么会存在这样的问题，立法思维问题形成的根源究竟如何呢？其表现形式又是怎样的呢？

2. 立法思维的形成

在对立法思维的概念和性质有基本认识的前提下，我们还需要进入对立法思维形成原因的讨论，特别是对当代立法思维如何形成的讨论。

因为立法思维来自人们关于立法的思想和思考，又经由漫长的历史发展过程演变而来。因此，我们就需要从“历史”和“思想”两个主要方面，来探寻当今人类立法思维形成的根源。

（1）关于立法思维形成的历史痕迹及其影响。

要想弄清前述立法思维形成的原因，我们需要从历史上搜寻。但历史是复杂的，变化是多样的。在如此复杂、多样的历史变化之中，如何找到当今立法思维形成的主要原因，不是一件十分容易的事情。这至少需要我们对整个人类立法史做一个大致的回顾，并在复杂多样的历史往事中，找到形成今天立法思维方式和状态的主要根源。

像其他一切事物经由漫长的历史发展过程一样，人类的立法思维也不可避免地遵循这样的发展规律，即从久远的历史逐步走到今天。但如果从久远的历史时期开启考察立法思维的形成，那将是一件十分艰难的事情，也是没有太大意义和太多必要的事情。因为人类历史发展到今天，从最早建立原始立法规则及其秩序的时期起，直到今天，人类的立法思维发生了巨大的变化，相关内容发生了根本性的改变。像以往的“同态复仇”早已被后来人类的不断文明进步所否定，今天再去研究如何“同态复仇”是没有什么意义的，甚至是十分可笑的。久远历史上人们的立法思维与现代社会的立法思维已经失去了用以比较和借鉴的实际意义。所以，关于久远历史上的立法思维问题，本文不做更多考虑。但概括地总结历史上的立法及其思维，还是十分必要的，因为它可以让我们了解人类立法思维的早期痕迹。

①关于立法思维的历史痕迹。关于人类立法思维的历史演进过程，概括起来是一件十分复杂和难以理出头绪的事情。从原始社会的“同态复仇”，到封建社会及其以前的法典编纂；再到资本主义法治和社会主义法治下的立法过程，人类的立法思维应当是极为丰富的，也一定是极其复杂和混乱的。从整个人类历史发展的过程来看，立法是一定时期社会需求的结果，这种需求伴随国家和社会的形成而变化和发展。不同的历史条件下，人们关于立法的思维是有所区别的。在理性思想诞生以前的早期，人类的立法思维是不可能具有理性精神的，而应当受人类的情感和感知所左右和控制。因此，关于人类立法思维的发展过程，我们只能找到一些不同历史时期的状态和特点。以今天的视角看待立法思维的发展过程，我们只能在各个不同历史时期找到人类立法思维的不同痕迹，而难以从有机、协调、有序和理性的视角找到人类立法思维的理性演进过程。这也表明，人类立法思维的发展应当不是一个完整的理性演进的过程。

②关于立法思维的历史影响。尽管从内容到形式，今天的立法思维与久远历史上的立法思维相比发生了翻天覆地的变化，但我们不应当否定人类的立法思维是从久远的历史时期开始，逐渐发展到今天这样的事实。过去的立法思维仍然不可避免地留有过去历史中的痕迹。我们不去考虑久远历史中的立法思维问题，但不等于对所有历史上的立法思维问题均不加以考虑。否则，我们就会陷入历史虚无主义的困境。这又提醒我们，历史是一个漫长的过程，这个过程是分阶段的。如前文所述，不同历史时期的立法思想受当时社会文化、思想意识的影响，因而表现出当时的时代特征，并因此有别于其他历史时期的立法思维。在人类漫长的历史时期中，如何划分立法思维的不同历史时期应当是难以找到一个合理、标准的尺度。但就几个重要的历史阶段中形成的标志性立法思维，可以借以划分人类立法思维的不同发展阶段：

第一，关于“同态复仇”的立法思维。我们暂且把“同态复仇”作为立法思维的早期表现形式之一。在这种立法思维形式下的立法思想受情感和感性左右，其立法思维应当是不具有理性的。但它可以告诉后人，人类的早期立法思维具有复仇的内涵，而且这种复仇是限定在“同态”，即相同的状态下的，不是无边际任意妄为的。这种“同态复仇”的心理是否属于人类早期的理性思维，是不能下这样结论的，这或许更应当属于人类早期的理智。

第二，关于西方哲学演变的历史情况。为什么在讨论立法思维问题上，这里却讨论起西方哲学的演变问题呢？因为，在西方哲学的产生与发展过程中，对人类的立法思维产生了重要的影响。这是从历史的视角来看立法思维问题，而不是从哲学本身来看待立法思维问题。近现代西方哲学产生和演变的历史过程中，形成了理性、非理性和反理性的意识，这些意识对人类的思维包括立法思维产生了不同程度的影响。但这样的影响不仅仅是留下历史的痕迹，而是对立法思维产生了较大的影响。甚至从根本上改变了人们关于立法思维的传统方式和习惯。关于理性、非理性和反理性思维对立法思维的影响，这里不做过多讨论，后面将分别作不同程度的专门讨论。

第三，马克思主义哲学对立法思维的影响。马克思主义诞生和发展的历史，也是对人类立法思维重要改造的历史。因此，其对立法思维的影响不仅仅是留下一个痕迹，而是对其产生了深刻的影响，特别是在我国的一段历史时期。马克思主义理性精神不但影响了中国，而且影响了整个世界，即便是那些反对马克思主义的西方国家，他们在思维问题上，特别是哲学思维，包括立法思维上，仍然没有真正地、全面地否定马克思主义的理性精神，甚至马克思主义理论被他们“无形地”吸收在立法思维之中。关于这个问题这里也不做过多讨论，因为同样不是本文重点讨论的内容。

（2）当代立法思维的哲学基础及思想根源。

①关于立法思维的哲学基础。这个题目下，意味着立法思维是以哲学思维为基础的，特别是哲学中的逻辑问题，是立法思维最基础和最深刻的内涵。今天我们所要讨论的立法思维，是指那些能够在当今人类社会的生存和发展过程中对建立和维护人类社会的规则和秩序有所作为的那些人们思考的事情。这些事情是当代法学研究和当代立法研究的重点问题和核心问题。当代法学研究和当代立法思维是在哲学产生以后，并不断发展的过程中形成的。所有受过法学基础教育的人们都应当清楚，法学和法律问题研究是以因果关系和逻辑关系为基本元素和基本单元的。

②立法思维形成的思想根源。前面我们讨论了历史上留给当今立法思维的一些痕迹。有些历史痕迹仍然在不同程度上影响当今人们立法思维的方式和内容。也因此使当今人类的立法思维变得复杂和多样，也同时存在正确与错误、进步与落后的差异。对此人们应当会感觉到，我们所谈论的立法思维的形成问题，实际上不是从历史发展的角度去考虑的，而是从思想方法上去考虑的。因此立法思维的思想基础应当是立法思维形成的一个重要根源。它决定了立法思维的方式和内容。那么，又是什么样的思想基础影响，甚至决定了今天人们的立法思维方式和思维内容呢？

③西方哲学思想演变对当代立法思维的影响。尽管当代立法思维的形成源于特定历史时期，但更准确地说是来自这个时期的思想。这个特定的历史时期，就是自文艺复兴以来西方哲学的发展过程。在这个历史过程中，西方哲学在形式和内容上，出现过三种不同的

类型：一是从文艺复兴时期到19世纪中叶的近代哲学；二是19世纪中叶到20世纪六七十年代的现代哲学；三是20世纪六七十年代以来的所谓后现代主义哲学。这三个历史阶段的不同哲学类型，分别反映了理性、非理性和反理性的思想。这些思想不可避免地影响人类的立法思维，包括影响我国的立法思维，直至今天仍然如此。

前面我们粗略地探讨了立法思维的哲学基础。这里需要进一步说明：法学研究包括以哲学为思维基础的立法思维研究。为什么这样说呢？法学研究首先要讲理性，因为法即理性；其次，法要讲逻辑，要讲因果关系。事实上，逻辑就是理性的主要内容。法律思维就是要以理性、逻辑和因果关系作为最基本的思维内容。这是所有了解法学和法律常识的人普遍共识的基本道理。如果法学离开理性，离开逻辑，离开因果关系，就不能称其为法学，法律也不能称其为法律。离开哲学、逻辑学，法学研究和法律问题研究，包括立法问题研究将没有方向，找不到正确的道路。所以，研究法学首先要研究哲学、逻辑学，只有具备充分而正确的哲学、逻辑学理论基础，才能够真正弄懂法学研究的问题，甚至才能进入正确的法学理论研究之中。

但随着哲学思想的不断变化，特别是混乱的哲学思维、思想的出现，诸如非理性、反理性的哲学思想出现，必然影响法学研究和法律的适用、法律的实施。19世纪中叶到20世纪六七十年代的现代哲学及其传播的非理性和20世纪六七十年代以来的所谓后现代主义哲学传播的反理性思想，不但搞乱了哲学，而且严重影响了法学的研究与应用。于是，这两段历史传播的思想，直接影响了法学思维乃至立法思维，直至今天依然如此。所以，在当代立法思维中，充斥了许多非理性和反理性的内容，使国家的法律也不可避免地带有受非理性和反理性思想影响的问题。由此可见，即便从负面的影响来看，法学研究和立法思维研究，也同样受到负面哲学思想的影响。

（二）立法思维类型

1. 关于立法臆想

（1）关于臆想。

笔者本来的想法，是在这里讨论“臆念”。这样就可以与“观念”和“理念”结合起来，形成一个语言文字表述系统，以说明思维的不同表现形态或者状态。但从目前我国的词典中，尚未查询到关于这个词的解释。这表明尚没有人将这个“臆”字与“念”字组合起来去思考一种词义或者现实中的一种思想行为表现。为此，也就不能仅仅望文生义地凭借一种主观上的想法，生造一个“臆念”的词汇。于是，就于此以“臆想”来替代不可行的“臆念”，来讨论关于思维，乃至立法思维问题。

对于“臆想”一词，词典解释为：“主观地想象。”① 按照这一解释，这种臆想具有主

① 中国社会科学院语言研究所词典编辑组编：《现代汉语词典》（第7版），商务印书馆2016年版，第1558页。

观性。同时，这个“臆想”作为“想”，即思考、思维的一种形式，应当包含在思想或者思维的范畴。

（2）关于立法臆想。

有关立法思维中的臆想，我们可以简称其为“立法臆想”。这个词在现代各类词典、辞书中应该找寻不到。按照《现代汉语词典》对“臆想”一词的解释作语言逻辑推理，立法臆想，应当是指针对有关立法事物的主观想象。那么，什么样的立法思维属于立法臆想呢？就是那些不顾客观事实，也就是不考虑客观物质世界和社会实践的实际状况，仅凭个人的主观想象，在法律中表述有关客观物质世界和社会实践的事物。具体来说，我们可以举两个典型的例子：

①关于法律术语的表述问题。最为典型的是在法律术语解释中，不顾客观实际和事实，去表述“本法所称”的内容。在这种思维方式之下，似乎“用本法所称”就可以忽略或者忽视客观物质世界和社会实践的事实，仅仅以法律所确定和表述的内容，作为人们依此行为的基本遵循。这种立法思维充分体现了一种立法意识上的主观性。

②关于“法律宜粗不宜细”。有的立法参与者们十分热衷的一个意识和说法，就是立法“宜粗不宜细”。对此，我们需要从两个方面来理解：一是对这种“宜粗不宜细”的主张是否有理由说得清楚；二是这一主张是否具有客观性。

首先，我们来看看第一个问题，即是否有说得清楚的理由。从理性的角度看问题，对法律“宜粗不宜细”的说法应该是没有人会说得清楚。或者说，有人认为，法律无须写得太细、太清楚，因为需要在实施中不断根据实际情况来调整法律的内容？那么由谁来调整法律的内容呢？不是立法参与者而是执法者？立法参与者要对完善法律内容推脱责任吗？这也难以说出口吧！

其次，我们再来看看第二个问题，即这种说法是否具有客观性。这种说法应当是有客观性的，这种所谓的“客观性”，就是因为反对所谓的“法律烦琐”，追求法律语言和内容的“简单易懂”。这样，我们就需要对这个“简单”和“易懂”分别做一点讨论：

第一，关于简单。立法简单导致法律内容粗糙。事实上，其所谓的简单确实简单，简单到法律的内容高度原则、抽象、有些内容甚至含义模糊不清，充斥诸多的歧义，使法律在实施中因歧义而引发诸多纠纷和争议。导致这样的结果是很好理解的，因为粗糙的事物都是较为简单的，而简单的事情也往往是粗糙的。粗糙的东西必然带来无限的麻烦。

第二，再来看看这个所谓的“易懂”。简单的东西却未必都是“易懂”的。大道至简讲的是一种智慧，这种智慧是出类拔萃的，这里的“简”不是粗糙的简单，而是使复杂的事物被简单、容易地把握，并用起来简单。粗糙之下简单的所谓“易懂”，应该是每个人都可以对法律的内容说上一二，这看起来是大家都懂，但却是不同的人有不同的理解和说法，这样“易懂”的法律内容，几乎都有歧义。

尽管如此，但持有这种“宜粗不宜细”主张的人们或许仍然感觉理由是有的，甚至是充分的。于是，这里就称其为立法臆想，即凭借主观的想象，去思考和判定立法中的事物。

2. 立法思维中的感知

（1）有关感知的基本含义。

关于“感知”一词，《现代汉语词典》作了这样的解释：“①客观事物通过感觉器官在人脑中的反映，比感觉复杂、完整。②感觉，作为动词。”① 按照这一解释，感知应当是一种思维中的感性认识，即对事物不是完整、全面、深刻的认识，而只是通过人的感觉器官对客观事物的表象反映，未经过理性的升华。对于许多事物来说，在人们没有深刻认识其之前，不否定大家都可以对这类事物说出一些观点，只是这些观点不一定准确、全面和深刻，这就是人们对待事物的一种感知，而不是理性的认知。

（2）关于立法思维中的感知。

立法思维中的感知与其他感知不同，就是它主要体现在立法事物中，以感性认识为基础去思考和认识立法事物，有时还会带有非理性或者反理性的意识。这种基于感性认识和非理性或者反理性的立法思维，有许多不同的表现形式。但其实质和根本特征都体现在感性认识或者非理性、反理性的认知能力上。

二、关于立法理念

（一）对立法理念的基本认知

1. 关于理念的词义及其讨论

（1）关于词典的解释。

《现代汉语词典》对“理念”的解释过于简单，其解释为：“①信念；②思想、观念。”② 这是对“理念”一词最基础含义的解释，即仅仅向人们说明，理念属于思想和观念，特别是属于观念的范畴，是观念的一种类型，而没有对理念更深层次的含义作出解释。

（2）关于理念词义的讨论。

笔者认为，从词汇属性上说，理念属于思想和观念的一种，即属于思想和观念的子概念。所以，对于理念的理解，不能仅局限于信念、思想和观念的层面上，应当进入对理念更深层含义上去认识和理解，即在理性观念的层面去进一步理解理念。思想和观念均具有

---

① 中国社会科学院语言研究所词典编辑组编：《现代汉语词典》（第7版），商务印书馆2016年版，第425页。

② 中国社会科学院语言研究所词典编辑组编：《现代汉语词典》（第7版），商务印书馆2016年版，第799页。

多种类型，有正确的思想、错误的思想；有进步的思想、落后的思想。观念也是有区别的，有基于感性认识的观念，即感知；也有基于理性认识的观念，即理念；有正确的观念，也有错误的观念，等等。

总之，理念，是指具有理性的思想和观念。这表明理念是有具体内涵的思想和观念，而不是普通意义上的思想和观念，即具有理性精神的思想和观念。

（3）理性思维是人类思维的升华。

理性思维方式告诫人们，人的认识应当从感性认识上升到理性认识，即要实现认识的飞跃。因为感性认识是人类认识事物的初级阶段，是人们形成对事物感官认识的低级阶段。理性认识则是在感性认识的基础上，对事物更深入、更全面的认识。对于理性认识的更多内容，这里不做更多讨论，因为关于理性认识的理论文章、书籍浩如烟海，无须笔者做多余的解释，以免画蛇添足。

2. 关于立法理念

（1）关于立法理念的含义。

所谓立法理念，是指具有理性精神的立法思想和立法观念。由此可以看出，要准确地理解什么是立法理念，需要首先弄清楚什么是理性精神。这个问题是本文所要论述的核心内容，也是最重要的立法思维问题。对此，后面我们将详细讨论。

（2）认识立法理念的意义。

前面我们讨论了立法臆想和立法感知，并对这样两种立法思维方式带来的问题作了概要的说明，为进一步认识立法理念奠定了基础。立法究竟应当以臆想和感知为主，还是以理性为主，这是关系到立法质量、立法水平乃至法律功能的重大问题。尽管在前述的内容中，并没有用更多的笔墨去说明非理性和反理性的内容。但仅仅这些有限的文字之间，人们就可以感受到立法臆想、立法感知的不科学性，就可以认识到非理性和反理性的问题。本文的目的并不在于让人们如何更多地去了解非理性、反理性，以及立法臆想、立法感知的负面作用，而是力图使人们更多地认识理性立法思维，认识以立法理念为主从事立法工作的重要性。

3. 我国的立法理念

（1）我国立法理念的基础。

在我国的思想发展史上，有过理性精神的广泛传播，并已经确立为我国各项事业发展的基本理论基础和指导思想。这种理性精神虽然受到过一定的影响，但仍然没有失去其主导地位，并且仍在乐观、大踏步地回归和进步。对此，这里需要说明两点：

①关于理性哲学基础。理性立法思维的理性哲学基础在我国有过深厚的积淀，它发端于新中国成立之前，形成于新中国成立之后，虽然受到一定的负面影响，但仍然坚持不倒。

②关于科学理性精神。理性思维固有的科学理性精神，决定了理性立法思维，即立法

理念必然成为我国立法思维的主导力量，并不断发扬光大。

（2）影响立法理念的问题及解决。

①关于影响立法理念的因素。虽然我国的立法思维不受制于西方非理性和反理性哲学思想，但在以往一个历史时期，传统的立法思维乃至立法理念在一定程度上受到影响，这是客观存在的。这种影响的因素主要体现在两个方面：一是反映在法学研究包括立法研究上的非理性和反理性问题；二是反映在立法实践中的臆想、感知乃至个别情况下的非理性和反理性问题。这会给立法思维研究及其实践应用，带来一定的麻烦甚至困难。

②关于影响因素的解决。为了尽快解决非理性和反理性立法思维对立法理念的影响，应当加快对立法理念的研究、宣传和人才培养工作。需要以理性为核心或者为基点，来研究讨论当今人类社会的立法思维问题。要把非理性和反理性的立法思维摆在明处，防止其在暗处悄然生长。这样，我们就可以较为清晰地对当今社会各种不同的立法思维的形成问题，作出有区别的研究，也可以较为清楚地分清理性的立法思维与非理性和反理性立法思维的不同。

（二）立法理念的内容及特征

2019 年 5 月，中共中央在“不忘初心、牢记使命”主题教育工作中，再次重申马克思主义是我们立党立国的根本指导思想。“中国共产党从诞生之日起，就把马克思主义鲜明地写在自己的旗帜上。我们党一路走来，无论是处于顺境还是逆境，从未动摇对马克思主义的坚定信仰。”① 同年 6 月 24 日，习近平总书记在主持中央十九届中央政治局第十五次集体学习时的讲话中指出：“我们党的初心和使命是建立在马克思主义科学理论基础之上的。”② 这充分说明了马克思主义科学理论是我们党和国家从事各项事业的根本指导思想。按照这一讲话精神，我们的立法思维也应当建立在马克思主义理性精神基础之上。为此，笔者从马克思主义理性精神的视角，对立法理念做一点思想理论上的探讨。

1. 马克思主义本体论思想与立法理念

（1）坚持物质决定意识的主张。

马克思主义世界观的基本主张是坚持唯物论，认定世界是物质的，物质是第一性的，意识是第二性的，意识是物质的产物，是物质世界的主观映象，物质决定意识。物质的唯一特性是客观实在性。从这一观点出发，来看待作为上层建筑和意识形态这一精神范畴的立法思维活动，它是由物质世界决定的，是社会实践的产物。任何立法思维都应当建立在客观物质世界和社会实践的基础上，不能超越客观物质世界和社会实践而存在。

（2）立法理念重视法律规范体系的客观性。

伴随宪法和各领域立法实践的不断丰富和发展，我国的立法思维也不断发展和趋于成

① 习近平：《在“不忘初心、牢记使命”主题教育工作会议上的讲话》，载《求是》2019 年第 13 期。

② 习近平：《牢记初心使命，推进自我革命》，载《求是》2019 年第 15 期。

熟，其涉及的行业、领域、部门也越来越广泛。相关立法思维研究也在立法实践的推动下，不断丰富和发展，其对立法实践的依赖也越来越明显。这样的现实决定了立法思维成果不是天上掉下来的，也不是人的头脑中固有的，更不是所谓神的力量造化的，它是社会发展和社会实践的产物和结果。这决定了无论其内容还是表现形式，甚至其整个形成发展过程，都应当是社会实践的结果和产物。具体来说，各领域、各部门的立法理论研究和立法思维研究是由我国各领域、各行业经济社会发展实践过程所决定的，也充分体现了这一经济社会发展实践的客观性。

经过几十年的发展，到目前为止，我国已经制定有关法律300余部，还有数百部甚至上千部的行政法规、地方性法规、部门规章（包括地方规章）、标准、规程等，加上宪法的有关规定，共同组成一个庞大的法律规范系统。如此庞大的法律规范系统，应当是客观形成的，不应当是主观臆想的结果。坚持这种客观性是立法理念的本质特征。用理性精神去衡量这种客观性，可以更为清楚地认知什么是立法思维的客观性。

（3）立法理念充分体现有关社会关系、社会实践和自然世界的客观性。

立法理念重视体现法律规范体系客观性的同时，更加重视体现社会关系、社会实践和自然物质世界的客观性。

①关于体现社会关系和社会实践的客观性问题。任何法律的制定、法律体系的建立，都离不开一定的社会关系和社会实践。这决定了立法思维活动必须以社会关系和社会实践为基础，并正确反映社会关系和社会实践的客观性，而不能在主观上随意改变或者否定社会关系和社会实践的客观性。这正是立法理念最基本的内涵，而一切忽视、否定或者歪曲社会关系和社会实践的立法思维都是违背理性精神的，都是非理性或者反理性的。

②关于体现自然物质世界的客观性问题。有些传统法虽然也存在体现自然物质世界客观性的情况，但是极其少见，大部分法律是不存在这一问题的 。但是，随着人类赖以生存的自然环境在人为活动的作用下不断发生变化，大量的环境、资源、生态问题对人类社会的生存、发展产生巨大的影响。相关的法律从国际到国内不断制定，逐渐形成了环境法律规范体。环境法突出体现由人与人之间因环境资源问题而形成的社会、法律关系，这与传统法律有较大的区别。同时，在这个过程中也就自然形成了相应的立法思维。这就决定了环境法律规范及环境立法思维，不可避免地要体现自然物质世界的客观性，并使其具有了与传统法和传统立法思维不同的特征，具体体现在以下几个方面：

第一，关于人与自然关系问题。这一关系问题决定了环境类法律的复杂性要高于主要由人与人之间形成的社会、法律关系的传统法律规范。因为它在人与人关系之外，包含了大量的自然因素，如动物、植物、矿物及其生态系统，以及它们的运动、变化因素等。因此，如何认识环境法体现自然物质世界的客观性，也就使环境立法思维更为复杂。

第二，关于保护自然问题。环境法律规范大多突出“保护”自然的含义及其内容，而大多数传统法不突出体现“保护”自然的含义及其内容。其中最核心的问题就是有关如何确定保护对象的问题或者如何表述“保护”一词含义的问题。在这个问题上，有关立法理念和立法思维的非理性和反理性之间的冲突也就更为明显。

第三，关于法律名称问题。从环境法的名称上看，与传统法的名称有较大的不同。传统法律规范的名称一般相对明确和稳定，但环境法律规范的名称有所不同。有的称为环境法，有的称为环境资源法，有的称为生态法，也有的称为资源法，还有的对上述几种类型的法律名称加上“保护”二字。上述这些法律规范均可以称为环境法律规范，其中包含环境、资源和生态三大体系内容。法律名称的多样性和多变性是环境法律规范及相关立法思维与传统法律规范及立法思维最明显的不同。这样的称谓为相关法学理论研究，包括立法理论研究增加了麻烦，同时也为相关立法思维增加了复杂性。

第四，关于法律规范系统问题。现行环境法律规范系统不仅限于国家立法权下制定的法律，还包括大量的行政法规、地方性法规、部门规章、地方规章、标准、规程等诸多环境法律性文件。尽管其他行政类的部分法律规范系统中，也包括行政法规、地方性法规、规章、标准等。但环境法律规范与这些行政类部分法律规范之间还有一项不同的特征，就是其地方性法规的特殊性。由于不同地区所处地理环境的特殊性，决定了这些地方的地方性法规、地方性规章和标准、规程等方面，因受区域自然地理条件的影响，一方面，需要充分体现自然物质世界的客观性；另一方面，不同地理区域的地方性法规、规章、标准等也要充分体现其不同自然地理条件下的客观性，这是由自然条件决定的特殊性。

这种体现自然物质世界客观性的含义，包括以下几方面内容：一是不能仅重视国家立法权下制定的法律及立法思维体现自然物质世界的客观性，也要考虑行政法规、地方性法规、部门规章等环境法律规范及立法思维体现自然物质世界的客观性；二是不能“一刀切”地对待不同地区体现自然物质世界客观性的特殊性，要有区别地对待不同地理条件下地方性环境法律规范及立法思维体现自然物质世界客观性的不同特征；三是上述所有这些环境法律规范及立法思维都应当真实地反映我国环境、生态、资源与人类社会生活关系的实际情况，能否有效地规范当今和未来所有涉及环境、生态、资源问题的社会行为，能否准确、科学、有效地解决我国的环境、生态和资源问题，特别是解决那些至关重要的环境、生态和资源问题。

（4）关于两个体现客观性问题。

以上分别谈到了立法思维体现法律规范客观性和体现自然物质世界、社会关系和社会实践的客观性，即体现两个客观性问题。这两个体现客观性问题是有差异的，一个客观性不是完全、纯粹意义上的客观性，有人为确定客观性的因素；而另一个客观性则是纯粹意义上的客观性，即自然物质世界和社会关系、社会实践的客观性。前一个客观性，是指已经制定的法律及其体系的客观存在；后一个客观性，是指制定这些法律及其体系源泉的客观性，这个源泉就是物质世界和社会实践。研究立法思维，不能仅仅考虑已有法律的客观性，因为这个客观性不完全是直接、真实的客观性，它是经由人对于物质世界和社会实践的主观能动性而导源的。这就有一个人们在制定这些法律规范时，是否真实地反映了客观物质世界和社会实践的问题。所以，真实的客观性是立法所依据的自然物质世界和社会实践的客观性。立法理念就是真实地反映这个客观性。

以上四个方面的不同特征，决定了环境法及环境立法思维要更多体现自然物质世界的客观性。

2. 立法理念坚持全面、联系、发展看问题的主张

（1）从全面看问题的观点出发。

前面已经反复强调，立法理念坚持法律规范系统的完整性。任何将法律规范系统作片面性、局部性的考虑，都是不符合关于全面地认识事物的基本理性主张和方法的，也是不符合立法理念的。如果从主观愿望和主观意识出发，片面地、局部地、有缺陷地思考法律的制定和修改，就不能对完整的客观物质世界和社会实践作出准确、全面的分析、判断和相关决策，就不能最终制定出符合客观物质世界和社会实践的法律。如果用不完整的法律规范体系来应对完整、复杂的客观物质世界和社会实践，就会使我们制定的法律脱离社会实际或者违背客观规律。可以肯定的是，符合客观存在的、完整的并不断丰富完善的法律规范体系，有利于应对纷繁复杂的相关社会问题。所以，立法理念更有利于保障整个法律规范体系的功能和作用，而不是压缩或者弱化其功能和作用。在立法理念下制定的法律，有利于保证法律规范的系统性、严谨性、科学性、有效性和统一性。

（2）从联系的观点出发。

①立法理念高度重视法律规范内部的联系性。重视事物之间的相互联系性，是立法理念坚持的基本方法。按照这样的方法，保障法律体系内部结构各部分的和谐统一，也是立法理念要考虑的重大问题之一。

②立法理念重视法律规范体系外部的联系性。立法理念不但关注部门法律规范体系内部各组成部分之间的联系性，而且也同时关注部门法律规范体系外部与其他法律规范体系的联系，包括与宪法之间，与其他法律之间，与行政法规、地方性法规、部门规章、地方规章以及标准规范、技术规程等其他各类法律性文件之间的联系，注重与上述法律性文件之间的联系。而不是使之相互分离、各自为政，甚至导致其相互之间的矛盾和冲突。其中，十分重要的一点是，如果忽略了地方性法规的存在，或者使法律规范与地方性法规相割裂，就可能导致地方在相关行为规范问题上各自为政，其带来的连锁反应可能是麻烦甚至危险的。立法理念注重对这些麻烦和危险的防范。

（3）从事物发展变化的角度出发。

立法理念高度重视法律规范体系的运动、变化、发展规律，并满足法律规范体系的运

动、发展、变化的客观需求。以环境法律规范立法思维为例，资源、能源、环境和生态问题，是关系全人类和整个世界的全局性重大问题。一切资源的利用和环境、生态的保护问题，都可能是世界性的，均可能产生世界性或者局部地区性的变化和影响。灵活多变的环境、资源、能源、生态问题及其引发的社会法律关系和社会变化，不同于稳定成熟的民事问题及其引发的社会法律关系和社会变化。前者具有极其不稳定的多变性，需要灵活的环境法律规范予以应对，繁杂、呆板的环境法律规范是难以应对灵活、多变的环境、资源、能源、生态问题及其引发的社会问题乃至国际风云变幻的。所以，立法理念在于使环境法律规范的灵活性功能更强。对于应对不断变幻的全球环境、资源、能源问题来说，环境法律规范的立法思维应当切忌成为国家制定灵活应对政策、方针的"紧箍咒"。这是环境法律规范立法思维应当考虑的又一重大问题。总之，立法理念符合马克思主义关于认识事物运动变化规律的主张。

3. 立法理念遵循内容和形式、现象和本质关系的原理

（1）关于内容与形式的关系。

马克思主义认为形式和内容是不可分离的。形式是内容赖以存在和发展的方式，因而也是内容的外部表现。内容则是形式的深层根基和实质；内容总是比较活跃的，总在不断变化和发展之中。形式则是相对稳定的，因而经常出现形式落后于内容的矛盾。所以，内容决定形式，形式对内容具有反作用，过度强调形式，容易陷入形式主义的泥潭。

按照内容与形式关系的原理，坚持立法理念，树立正确的立法思维，应当把握以下几条原则：

①立法理念坚持以内容为主，首先重视内容。法律规范与法律之间，一个是内容，一个是形式。内容，即法律规范只有一个。法律规范的形式有多种，如法典、单行法、法规、规章等。正确的立法思维应当首先弄清楚法律规范包括哪些基本的内容，需要一个什么样的内容体系，这个体系有哪些结构，即法律规范系统的结构。如果对内容不清楚，立法思维及立法工作就可能是无缘之水，无本之木，就不可能准确处理好法律与法律规范的关系。如果对内容的完整性尚不能作出准确的认定，那么至少应当有一个基本的范围，或者确定这一基本范围的原则。

②立法理念对法律规范形式的性质和作用有一个准确的定位。需要掌握以下几个关键问题：一是应当明确法律规范形式的性质，法律规范形式的性质决定了它仅仅是法律规范的外在表现，不能替代法律规范这一内容本身，只能从属于法律规范这一内容。二是应当准确定位法律规范形式的作用，其主要作用就是反映和展示法律规范这一内容，防止形式对内容错误的表现和展示；同时，不能夸大形式的作用，应当实事求是地把握和定位形式的作用。

③不能颠倒法律规范这一内容与其形式的关系，颠倒内容和形式的主次关系，把内容当形式或者把形式当内容，都是违背立法理念的。

④要重视和准确把握法律规范与其形式的运动变化特点和规律。法律规范随着有关社会事物的变化而变化，而作为法律规范的形式，往往跟不上法律规范这一内容的不断变化，这就需要人们充分发挥主观能动性，使形式尽可能地跟进内容的变化，而不能不顾内容变化的实际需要，固守落后的形式、抑制形式的变化，这应当在立法思维中对形式适应内容变化的问题做好有效的设计，以避免未来形式与内容的冲突难以协调。

（2）关于现象与本质的关系。

立法理念遵循马克思主义基本原理，坚持本质是事物内在的根本性质，处于事物的内部，人可以通过抽象思维把握本质；现象是事物的外部特征，表现于事物的外部，人可以直接感知。事物的本质是相对平静和稳定的，事物的现象是多变、易逝的。立法理念准确理解和把握关于本质与现象关系的原理如下：

①事物的本质，即一事物区别于他事物的内在特征，反映事物各个基本要素组成之间的内在联系性，这种内在联系是由事物本身所固有的特殊矛盾所决定的。本质体现事物的必然性、规律性。

②事物的现象，即事物的表面特征，反映事物各个外部特征的外部联系性。

③事物的本质和现象之间既相互对立，又相互统一。有些现象与本质是一致的，即为真相；有些现象与本质是不一致的，即为假象。所以，现象包括真相和假象。现象是事物的外在表现，不等同于事物的本质，要透过现象看本质。

（3）从本质与现象关系的原理认识立法思维的正误。

掌握这一原理应当首先明确什么是法律规范的本质问题，什么是现象问题。然后在此基础上处理好本质与现象的关系，防范假象，重视并抓住真相。

①关于法律规范的本质问题。这个问题的关键是弄清法律规范的本质问题是什么，包括哪些内容、其结构和体系是什么等一系列问题。笔者认为，这个本质问题应当包括如下一些内容：一是提升法律规范的功能，使其发挥应有的作用是最实质、实际的问题，也是最本质的问题；二是使法律规范更加适应解决国家有关社会问题的需要；三是保障法律规范能够有效协调各行业、各领域需要规范的问题，使其更好地为国家各项事业提供物质保障。

②立法思维应当正确处理本质与现象的关系问题。前面对法律规范的本质与现象问题作了讨论。按照立法理念的基本原理，立法思维应当以本质问题为主，现象问题为辅。特别是要透过现象看本质，重视真相，防范假象。本质问题是根本问题，也是立法思维应当重视的主要问题，就是如何通过立法提升整个法律规范的功能，使之为国家各项事业的发展，处理好相关社会关系，促进整个经济社会的高质量发展提供有效保障；同时，还要保护绿水青山，实现经济建设与生态环境保护双赢，为推进生态文明建设贡献力量。

关于地方立法高质量发展的几点思考

丁祖年*

摘　要：立法主动适应改革和经济社会高质量发展的需要，立法质量的提高已成为中国特色社会主义法治体系"关键"所在。地方立法需以"质量"为核心，实现立法者宗旨或者目的。地方立法存在立法数量上相互攀比；选题上盲目追求"高大上"；内容上满足于相互抄袭、复制，特色意识弱；方案设计上缺乏创新思路；框架结构上松散化、空泛化；规范措施上粗放化、实效性低等问题。由此，地方立法质量的提高应围绕影响立法质量和效率的关键因素上下功夫，认准科学、民主、合法三大关键目标，抓好选题、起草、审议三个关键环节，用好社会、代表、专家三大关键力量，建立健全保障落实的措施和制度。

关键词：地方立法　立法进程　立法质量　立法效率

目　次

近年来，我国对地方立法高质量发展的关注越来越多，我国地方立法已取得了丰硕成果，地方性法规已有1万多部。但是有的地方，在真正需要适用的时候，发现法规不够用、不好用或者不管用。立法实务界和立法学界正在进行反思，立法究竟用来做什么的？立法如何实现其初衷？立法质量究竟是什么，提高地方立法质量的障碍和难度究竟在哪儿？如何破解地方立法高质量发展的瓶颈和困境？

---

* 作者简介：丁祖年，浙江省人大常委会法制委员会原主任委员、中国法学会立法学研究会副会长、浙江省法学会副会长、宪法与地方学会会长、宁波立法研究院特聘顾问。

一、提出问题的背景

地方立法质量，是指地方立法活动能够实现立法宗旨或者目的的有效程度。“立法的宗旨”，就是按照立法者的意志规范、推动、保障社会发展。在不同社会形态和历史阶段，不同的立法者对“社会发展”有不同的理解和追求。在中国特色社会主义制度下，“社会发展”就是中国共产党所提出来的满足人民日益增长的美好生活需要。党的意志与人民意志高度统一。立法是通过规范社会成员的行为来实现体现和人民共同意志的国家意志。高质量发展，实质上是地方立法回归以质量为核心的状态。

新中国成立以来，对立法质量的认识和追求，大致经历了四阶段：偏重立法速度—逐步开始重视立法质量—以质量为重心—以质量为核心兼顾立法效率。第一个阶段是偏重立法速度，追求立法数量阶段。这一阶段主要是20世纪90年代中期之前。新中国成立初期，百废待兴，我国法制建设和法律制度一片空白，革命和建设都需要秩序和规范，特别是彻底废除了国民党的伪法统，要快速制定出能够满足和适应新中国建设所需要的大量法律法令。据统计，1950年至1953年，中央立法共435件，年均立法109件。地方立法也是一样，以浙江为例，1950年至1953年共制定暂行法令条例和单行法规653件，年均立法163件。[①] 而后受“左”的错误和“重人治、轻法治”思想支配，在相当长的一段时间内，我国立法基本处于停滞状态。“文化大革命”结束后，我国拨乱反正，国家政治、经济和社会生活逐步恢复正常，特别是党中央确立以经济建设为中心的基本方针后，我国亟须快速制定出大量的法律以满足实践需要。以1979年五届全国人大二次会议一次性通过《刑法》《刑事诉讼法》《地方各级人民代表大会和地方各级人民政府组织法》《全国人民代表大会和地方各级人民代表大会选举法》《人民法院组织法》《人民检察院组织法》《中外合资经营企业法》七部重要法律为代表，我国立法工作迅速恢复并步入快速发展期。邓小平同志在五届全国人大二次会议期间指出：“这次全国人大开会制定了七个法律……这是建立安定团结政治局面的必要保障。这次会议以后，要接着制定一系列的法律……我们的法律是太少了，成百个法律总要有的，这方面有很多工作要做，现在只是开端。”1981年五届全国人大四次会议关于全国人大常委会工作报告的决议中明确提出“继续抓紧立法工作”。1993年八届全国人大一次会议上彭冲同志代表七届全国人大常委会作工作报告时，将七届全国人大常委会立法工作成就归纳为“增强立法工作计划性，加快立法步伐”，对下一届常委会立法工作的建议依然是“加快立法刻不容缓”，均没有明确提到“立法质量”问题。1998年九届全国人大一次会议上对八届全国人大常委会立法工作的表述还是“加快立法步伐，抓紧制定社会主义市场经济方面的法律”。由此可见，全国这一时期立法的主要任务是

---

① 参见李林：《新中国立法60年》，载中国法学网，iolaw. cssn. cn/zxzp/201002/t20100208_ 4605094. shtml。

解决无法可依的问题，立法工作的显著特征是注重立法数量和立法速度，对立法质量问题关注比较少。邓小平同志在改革开放初期指出：“现在立法的工作量很大，人力很不够，因此法律条文开始可以粗一点，逐步完善。有的法规地方可以先试搞，然后经过总结提高，制定全国通行的法律。修改补充法律，成熟一条就修改补充一条，不要等待‘成套设备’。总之，有比没有好，快搞比慢搞好。”这个讲话精神成为改革开放以后很长一段时间内我国立法工作的基本方针，反映了那个阶段立法工作面临的形势和任务，是符合当时实际情况的，体现了实事求是的精神，为当时尽快提供改革发展所需的法律制度产品发挥了积极作用。当然，这一阶段在有些场合也曾提出了一些与立法质量相关的要求，如1981年五届全国人大四次会议全国人大常委会工作报告提出，“在立法工作中，应当注意到全国千差万别的具体情况，避免一刀切”；1982年五届全国人大五次会议全国人大常委会工作报告提出：“立法要慎重，法律要有稳定性、连续性”，等等。但总体上来说对立法质量的关注不多。

第二个阶段是逐步开始重视立法质量阶段。这一阶段大致是党的十五大召开以后至党的十七大召开之前。虽然我国最早明确提出“提高立法的速度和质量”是在1994年八届全国人大二次会议上的全国人大常委会工作报告中。但是质量还是被列在速度之后，而且其后几年正式文件中主要还是提“加快立法”。直到1997年党的十五大报告提出：“加强立法工作，提高立法质量，到二零一零年形成有中国特色社会主义法律体系”，首次在党的全会报告中把“提高立法质量”作为加强立法工作的重要任务。1998年九届全国人大一次会议全国人大常委会工作报告中也把“提高立法质量”正式确定为全国人大常委会立法工作的基本要求，标志着提高立法质量被正式提上重要议事日程，我国由偏重立法数量和速度阶段逐步进入速度与质量并重阶段。2003年九届全国人大常委会在总结本届立法工作时也提到“五年来，常委会把加强立法工作、提高立法质量作为首要任务”，而且“采取了一些重要举措和做法，不断加强和改进立法工作，提高立法质量”。这一阶段开始逐步重视立法质量主要表现在：一是党和国家领导人的讲话和正式文件中直接提到“立法质量”这个词的频率越来越高；二是在提高立法质量方面的探索实践越来越多；三是立法工作变得慎重，每部法规调查研究和审议时间越来越长，特别是全国人大法律案经过三审以上的越来越多，还出现了很多创新做法。这一转变，主要是基于当时经济社会发展和立法工作出现的新情况：一是我国经济正处于快速发展阶段，但结构性问题比较突出，对外开放和发展社会主义市场经济需要立法有效保障，对立法质量产生了刚性需求；二是随着法治的推进和社会对法制保障依赖性的增强，已经出台的法律法规在实施过程中针对性、可行性、可操作性不强的问题逐步凸显；三是经过改革开放后20多年的立法工作，我国立法已达到一定数量与规模，社会生活很多方面已经做到了有法可依。正如2003年时任全国人大常委会委员长吴邦国所指出的那样，“在基本形成中国特色社会主义法律体系的目标下，需要更加强调的是，提高立法质量。这样讲，不是不重视数量，而是说不要片面地追求数量”。2000

年全国人大制定出台《立法法》，基于规范立法工作、提高立法质量，建立了一系列重要立法制度和机制。2002 年党的十六大报告重申了“加强立法工作，提高立法质量”的要求。吴邦国同志进一步提出了“切实加强立法工作，重在提高立法质量”的要求。但是从这一时期立法实践来看，对立法质量的重视程度，总体上来说还没有成为立法工作的优先选项，提高立法质量的实际措施也比较少，效果还不是很明显。

第三个阶段是以质量为重心阶段。党的十七大召开以后，我国对立法质量重要性的认识，开始进入逐步深化的时期。2007 年党的十七大报告中第一次提出“要坚持科学立法、民主立法，完善中国特色社会主义法律体系”，标志着我国对立法质量重要性的认识上升到了一个新的高度。2008 年吴邦国同志在全国人大常委会工作报告中指出，“积极推进科学立法、民主立法……是做好立法工作、提高立法质量的重要途径”，并就推进科学立法、民主立法，提高立法质量做了较为深入的阐述。2014 年党的十八届四中全会作出《中共中央关于全面推进依法治国若干重大问题的决定》，把提高立法质量提到了建设中国特色社会主义法治体系“关键”的高度。2015 年修正后的《立法法》，围绕提高立法质量，就完善立法程序和机制，推进科学立法、民主立法，将党的十八届四中全会决定的精神转化为了具体的法律制度。这些都说明我国对立法质量重要性和规律的认识已经上升到了理性阶段。形成这一转变的主要背景和原因在于：一是到 2010 年年底，我国已制定现行有效法律 236 件，行政法规 690 多件，地方性法规 8600 多件，国家经济、政治、文化、社会建设等各个方面实现了有法可依。2011 年 3 月，吴邦国同志在十一届全国人大四次会议上宣布中国特色社会主义法律体系形成，从立法的注意力和精力上来说，我国具备了从数量向质量转移的条件。二是改革开放以来，我国立法解决的主要是“有没有”的问题，对立法质量长期不够重视，导致多年的粗放型立法，立法不好用、不管用的问题进一步凸显，而经济社会发展和百姓生活对立法和法治的依赖性进一步增强，社会上对提升立法质量的呼声日益强烈。正如 2013 年习近平总书记在中共中央政治局第四次集体学习上的讲话所指出的，“人民群众对立法的期盼，已经不是有没有，而是好不好、管用不管用、能不能解决实际问题；不是什么法都能治国，不是什么法都能治好国”。三是党的十八大以来，以习近平同志为核心的党中央形成并积极推进“五位一体”总体布局和“四个全面”战略布局，各项改革进入深水区、攻坚期，涉及深层次利益和重大体制机制调整，立法要求越来越高、难度越来越大，对立法质量提出了更高的要求。

第四个阶段是以质量为核心兼顾立法效率阶段。2017 年党的十九大报告作出了中国特色社会主义进入新时代的重大政治论断，再次提出了“两个一百年”的奋斗目标，并对我国发展作出了“两步走”的战略部署安排。处于“两个一百年”的历史交汇期，一方面，为妥善应对重大风险挑战，着力深化改革开放，推进国家治理体系和治理能力现代化，对立法调整社会关系的精准化、精细化要求进一步提高，提高立法质量仍是立法工作的核心与关键。习近平总书记强调，发展要高质量，立法也要高质量，并多次提出要抓住立法质量这个关键，要求立法做到有效管用，确保立一件成一件行一件。另一方面，“五位一体”“四个全面”确定的改革发展目标很近，改革发展步伐进一步加快，为做到立法紧跟改革发展步伐，实现立法和改革决策有机高效衔接，提出了一系列新的重大而紧迫的立法任务，同时现行的许多法律法规也面临及时修改与时俱进的需要。立法项目越来越多，立法时间要求越来越紧，客观上要求在保证立法质量的前提下，立法主动适应改革和经济社会发展需要，不断加快立法节奏步伐，提高立法工作效率。2018 年党中央批准的全国人大常委会党组关于立法规划的请示明确提出“加快立法工作步伐”。党的十九届四中全会决定明确提出：“立改废释并举，不断提高立法质量和效率。”栗战书委员长也在多个场合的讲话中强调立法效率，要求抓紧制定修改深化市场化改革、扩大高水平开放急需的法律，集中力量加紧做好立法调研、起草工作，确保如期完成党中央确定的重大立法事项。以质量为核心兼顾立法效率方针的提出，也反映出我党对立法规律和立法质量地位认识的进一步升华，契合当前和今后一个时期我国改革发展新常态的需要。

2011 年，在全国人大会议上宣布了中国特色社会主义法律体系已经形成。由此，有部分人认为中国特色社会主义法律体系已经形成了，所以今后中国法治建设的任务已经不是立法，主要是实施。这显然是一种误解。2012 年，习近平总书记就明确指出，“人民群众对立法的期盼，已经不是有没有，而是好不好、管用不管用、能不能解决实际问题；不是什么法都能治国，不是什么法都能治好国”。有段时间，我们提出要加快立法速度，提高立法效率。那么到底要速度还是要质量？最后达成一个共识：既要立法速度又要立法质量。我们立法机关的立法能力是有限的，既要立法速度又要立法质量，势必带来很大的挑战，这就是我国现在的立法面临的重要挑战。

新时代确立新的发展定位和任务：中国式现代化和法治中国建设对地方立法质量提出了更高、更迫切的要求。党的十八大以后，党中央提出中华民族伟大复兴，并确立了“四个全面”方略。全面深化改革和全面依法治国必然需要更高水平更高质量的法律制度供给。同时，在中国特色社会主义法律体系中，地方立法又是具有独特地位和价值、具有不可替代作用的组成部分。特别是地方立法在全面准确贯彻落实宪法和法律、行政法规，在保障地方先行探索和试点，精准引领地方发展改革方面的地位愈加突出。地方立法地位越突出，地方立法的质量问题也就越突出。

近年来，以习近平同志为核心的党中央不仅对提高地方立法质量越来越强调，而且对立法质量的内涵的要求也越来越明确。“要坚持问题导向，提高立法的针对性、及时性、系统性、可操作性，发挥立法引领和推动作用。要抓住提高立法质量这个关键，深入推进科学立法、民主立法，完善立法体制和程序，努力使每一项立法都符合宪法精神、反映人民意愿、得到人民拥护。”“地方立法要有地方特色，需要几条就定几条，能用三五条解决问题就不要搞‘鸿篇巨制’”。习近平总书记在党的二十大上还进一步指出“全面推进国家各方面工作法治化”，“增强立法系统性、整体性、协同性、时效性”。

同时，全国人大领导对地方立法质量的内涵的要求也越来越明确。十三届全国人大常委会委员长栗战书指出，“在内容上，坚持问题导向，紧密结合省情区情市情实际，更加注重针对性，聚焦实际问题‘对症下药’；在条文体例上，不搞‘大而全’、‘小而全’，而是开门见山、直入主题，增强法律条款的针对性、可执行性，避免宣誓性立法、口号式立法、简单化立法”。十四届全国人大常委会委员长赵乐际指出，“把握好提高地方立法质量这个关键，遵循客观规律、立法规律，因需、应时、统筹、有序开展立法工作，成熟一个，出台一个。把握好地方立法的问题导向、实践导向、目标导向，坚持不抵触、有特色、可操作原则，保证各项法规立得住、行得通、真管用”。

以上就是当前我们关注地方立法高质量发展的基本背景。

二、当前地方立法质量状况

近年来，地方立法发展很快，地方质量也在不断提升，在推进当地的经济社会发展和法治建设中发挥了积极的作用。但是从新时代新征程，中国式现代化和法治中国建设的迫切需要，以及人民群众的期待来看，地方立法质量的状况依然不能令人满意，“不管用、不能解决实际问题”的状况依然存在，科学性、民主性方面依然有较大差距，而且这些状况，在有些地方还比较突出。由此出现了一种奇怪现象：一方面，地方人大全力加快立法速度、地方立法数量以前所未有的速度大幅度上升；另一方面，地方改革发展中大量亟须立法明确、规范、保障的事项依然存在立法空白或者无管用好用的法可用，存在立法需求的焦虑。

当前有的地方立法质量存在的比较突出的问题，可以归纳为以下几个方面：一是立法数量上相互攀比；二是选题上盲目追求“高大上”；三是内容上满足于相互抄袭、复制，特色意识弱；四是方案设计上，因循守旧，缺乏创新思路；五是框架结构上追求“大而全”，松散化、空泛化；六是规范措施上，存在粗放化、简单化，可操作性、可行性、实效性低。

此外，值得注意的是，作为立法质量的主要承载者，立法工作队伍显现了疲惫化苗头，可持续性堪忧。

三、地方立法质量不高的原因分析

地方立法质量之所以会长期存在这些问题，可以从主客观两方面来分析：

从主观上看，一是一些地方立法参与者存在追求形式主义倾向。提高和保证立法质量，需要更加深入广泛的调查研究和更高水平更高智慧的创新思维，需要投入更多的人力、物力和更持久的时间精力；立法质量的提升效果，往往被认为是“看不见摸不着”的，是无法考核的。因而一些地方的立法工作片面追求立法数量和“大而全”的立法形式，而忽视地方立法的质量。二是一些立法工作决策者不熟悉或者不能熟练把握立法规律和知识。

从客观上看，一是立法专业队伍力量和素质的不足。具备必要的专业知识又有较丰富经验的人员少。编制不足，引进人才难，队伍不稳定，留住人才难，积累经验难。二是缺乏科学、可行的立法质量标准。没有规矩不成方圆，没有标准也不可能有高的地方立法质量。近年来学术界和实务界也尝试提出了一些标准方案，这些标准或者方案虽然对进一步提高全社会关于地方立法质量重要性的认识，以及探索提高地方立法质量的方法发挥了一定积极作用，也提供了有价值的思路和路径，但从地方立法实践的总体情况来看，其作用并不明显。原因在于这些标准未能全面反映地方立法规律与特征，可操作性不强，同时缺乏有效的落实机制。三是缺乏科学、严格的立法机制或者缺乏对立法规则和机制的尊重和严格遵守。主要表现在以下几个方面：

（1）立项随意化。在有的地方，立法项目的选择，主要还是靠少数人拍脑袋来定。这些地方，没有建立专门的立项规则或者已有的规则本身就不科学，如缺乏规范的收集信息的路径，缺乏科学论证机制，缺乏明确立项标准。有的地方虽然有比较科学的立项规则，但实践中缺乏权威性和严肃性，得不到真正的遵守。（2）程序简约化。省略了很多必要而重要环节和程序，或者虽然经过了程序，但匆匆而过。比如，征求意见的充分性和广泛性不足，意见的整理、评估、采纳行为不规范，或者甚至阙如；起草机制简单化或者单一化；草案论证评估的参与人员选择和论证充分性不足，论证意见的采纳应用规范性；重要法规或者重要制度的创立，基本上缺乏听证环节；重要制度的创立缺乏成本效益、实施可行性和有效性及社会风险等方面的专项评估；审议程序形式化、浮浅化，审议意见的采纳行为缺乏规范；重大分歧意见或者重大不同利益缺乏权威、科学的协调机制，等等。（3）节奏仓促化。主要表现在片面追求及时性或者速度和数量，大幅压缩时间和精力，导致“萝卜快了不洗泥”。（4）工作低效化。增加了烦琐没有意义的程序或环节，有的规定程序或环节只走形式不重实效。

四、地方立法高质量发展的对策思考

（一）在围绕影响立法质量和效率的关键因素上下功夫

第一，认准科学、民主、合法三大关键目标。

科学性目标的主要内涵包括以下几方面：（1）针对性：对问题的分析挖掘的精准、深度。（2）可行性：实施的条件。（3）可操作性：方案的明确具体的程度。（4）实效性：解决问题的预期成效，包括成本效益（最优化）、潜在的社会风险等。（5）创新性：对现有机制的变革和突破。（6）协调性：与本法规其他制度或者周围法律法规的法律制度的统一协调和协同性。

民主立法，就是依靠人民立法，立法为了人民，立法中要全面充分贯彻全过程人民民主要求。民主性的核心要求就是：更加全面准确地了解掌握人民群众的意见建议（所思所愿所想），科学有效地平衡、协调、整合不同意见和利益，达成人民群众的最大的利益结合和最大的共识。实现路径上，主要聚焦两个方面：一是征求意见的广泛性、全面性和有效性，最大程度提升人民群众参与（发表意见）的广泛性、直接性、便捷性。二是整合意见建议的准确性和科学性：最大程度达成人民群众的最大的利益结合和最大的共识。

合法性目标包括以下要素：（1）没有超越本级立法机关立法的立法权限。（2）与上位法的规定、原则、精神不违背（包括党的领导和党的意图的落实）。（3）符合立法的法定程序不违背。

第二，抓好选题、起草、审议三个关键环节。

在选题（包括立项和具体问题选择）方面需要把握：（1）精准发现和把握客观存在、适合立法解决、存在立法空白、属于本机立法机关权限范围内的事项，注重突出本地特色。（2）坚持区别轻重缓急、保证重点、急需先立、成熟先立的原则，可以尝试对候选项目进行轻重缓急和成熟度打分排序，再根据需要和能力确定年度计划项目和立法先后顺序。（3）注重立法主要参与方的愿望衔接和协调，如党委、人大、政府、社会等对立法项目的关注度，进行充分协调衔接，尽量争取各方意愿得到最大程度的兼顾和统一。（4）注重立法计划的严肃性，一旦确定不要轻易调整或者补充，除非遇有特别重大紧急事项。（5）科学理解和处理保障党委意图落实（包括围绕中心）与遵循立法规律的关系：党委意图的落实是基本前提和基本原则，但是如何落实却是一个科学和水平能力问题。我们需要研究的是如何按照立法规律和特点优势，把党委的意图和中心工作得到最有效的落实。

在起草方面，针对实践中存在的问题，起草环节有两个问题值得特别重视：（1）建立科学的起草工作机制。浙江省人大在实践中摸索出了“三结合起草小组”机制，即由政府（包括相关业务的主管部门和立法综合审核部门）、人大（包括有关专业的委员会、法工委和重点参与的人大代表）和专家（按项目确定的全程参与立法项目的专家）。实践证明，“三结合起草小组”机制有利于提高集中力量、集中精力、集中智慧，容易取得共识，容易提高效率，容易保证起草质量。（2）科学的起草工作顺序模式：问题—方案—条文。首先，应该是查找问题，要求找准找透；其次，针对确认的问题，设计解决问题的法律方案，要求科学、民主、合法；最后，通过专业的法律用语和立法技术把设计的方案准确、简明、规范地表达出来。

在审议方面，包括主任会议的讨论把关、有关专委的预先审议，常委会的主体审议和法制工作委员会的统一审议。针对实践中存在的问题，都存在需要完善的地方。

一是主任会议的定位和完善。定位：重大方向把关；重大分歧协调；程序决策。完善：避免过于具体问题的讨论；加大讨论的深度，发挥集体的作用。

二是专委初审的定位与完善。定位：审议引导，专业性把关。完善：避免对具体表述或者非原则问题的纠结，避免直接提出具体方案，集中精力发挥好本职作用。

三是常委会审议的定位与完善。定位：主体性实体性审查与决策。完善：加大审议深度（督促或协助委员事先调研，提供更加充分的背景和引导性材料，增加辩论性）；重视委员意见的应用（规范委员意见吸收行为，提高委员意见吸收率）。

四是法律统一审议的定位与完善。定位：法制统一和不同认识、意见、利益诉求的协调、平衡、统一。完善：坚守定位，强化职能，提高能力和水平。完善法制工作委员会组成结构，提升识别和协调不同意见的能力，完善审议程序（增加辩论或者讨论深度，坚持少数服从少数，重大意见报主任会议或党组会议决策）。

第三，用好社会、代表、专家三大关键力量。

首先，社会参与的主要问题是：公众参与立法的广泛性、全面性、直接性不足。主要原因是渠道少，参与门槛高，发表意见便捷性差，缺乏辅助力量。完善社会参与的重点：一是拓展渠道，开发更适合、便利普通公众参与的平台和渠道（如立法民意通过）；二是完善网上公开征求意见和基层立法联系点的工作机制；三是建立公众意见便捷表达的方式（如手机终端参与，草案问题表达通俗化，表达问题简单化或者选项化等）。

其次，代表参与的主要问题：代表联系人民反映人民意识不强，代表联系和反映人民群众意见能力低，代表联系人民群众的渠道和条件不足。

完善代表参与的重点：（1）加强代表培训，增强素质，提高能力；（2）用足用好现有代表联系群众的平台和渠道，如改进代表联络站设置和运行机制，多点化、常设化、网络化，增加代表进代表联络站的次数，乃至常态化；（3）开发更加便捷的代表联系人民群众的形式，如划区包干联系机制、微信群联系机制；（4）代表列席常委会议取消次数限制和轮流制，逐步走向常态化，自愿化，对列席常委会会议的代表的意见；代表全程参与立法机制（分专业有重点参与立法）。

最后，专家参与的主要问题：专家选择不规范；专家参与立法的能力不足；专家参与立法途径和方式单一；专家意见的应用水平不高。完善专家参与的重点：（1）完善立法专家库建设和使用的机制。增进专家库成员结构合理化和及时更新，促进专家选择的科学化，增加熟练参与立法的专家的比例。（2）制定专家参与立法指引。规范专家参与立法的行为与责任，引导专家正确有效参与立法，提出更加有效有质量的意见。（3）丰富专家参与立法的形式，如线下与线上结合，书面与会议结合，综合与专项结合，便利不同专家更加方便更加有效参与立法。（4）促进专家意见的采纳使用规范化和科学化。

（二）建立健全保障落实的措施和制度

建立健全保障落实的措施和制度主要有以下几方面：第一，要建立科学、可行的立法质量标准，有利于统一认识，明确方向。编制科学、可行的立法质量标准需要遵循特别的原则，比如，反映立法本质（宗旨），符合立法规律，强化立法功能；体现中国国情（党的领导，中国特色社会主义特征，中国文化传统等）；以立法宗旨实现的实效为导向；具有操作性、可行性，便于实际遵循和衡量；具有统一性和权威性；具有一定的保障落实措施，能产生明显的引导和促进效果。

我们现在提出的科学、可行的立法质量标准，大致有以下框架思路：以立法产品质量标准为核心；以立法过程质量标准为辅助；以问题选择、方案设计及形式表达等三个层面和立项、起草、审议等三个环节为落脚点；以政治性、民主性、科学性及合法性等维度为要素。

第二，要建立健全科学民主的立法体制机制，规范行为。关键是要实现制度化、机制化，并赋予一定的权威性。

第三，要加强立法知识和程序的宣传，提高立法参与者按照规律和法定程序开展立法工作的意识。建议对立法参与者开展全方位培训。

第四，要加强立法专业队伍建设，发挥有力的专业支撑作用。建议尽快实体推进立法队伍专业化、职业化、正规化建设。

第五，应用AI等现代技术，辅助提升立法质量和效率。一方面，新形势下地方立法高质量发展面临越来越多的困境或瓶颈，比如，立法效率提升的瓶颈；民主化提升的瓶颈；科学化提升的瓶颈；合法性要求落实难度的增加，等等。另一方面，数字技术发展带来的越来越多的可能和机会。例如，当代数字技术蕴含的无限“可能性”；多方参与的便捷性；资源利用的有效性；发现问题的精准性；解决方案的最优性；效率提升的显著性；立法行为的规范性，等等。另外，要探索实施地方立法质量评估考核机制，形成倒逼机制。要建立规范的立法前、立法中、立法后评估，促使标准得到真正落实。探索开展科学的地方立法质量评估考核，倒逼地方立法机关真正重视地方立法质量。

民商法治

从数据资产担保融资的法律性质到商业自由判断原则

赵意奋*

摘　要：数据资产作为融资担保物在实务中逐渐受到重视。关于数据资产的融资担保性质引起了一些争论。从物权法定原则而言，《民法典》因没有明确将数据资产纳入担保物权的标的，且其不能直接和应收账款挂钩，故将数据资产融资担保权利定性为依据担保合同设立的担保债权更为合适。用数据资产担保融资存在制度上的确权之难、估值之难、执行之难，担保权利难以实现。为了促进数据资源的配置，现阶段选择数据资产融资的自由原则，即尊重市场主体基于商业判断规则作出是否接收数据资产融资担保的意思表示。

关键词：数据资产　担保融资　担保债权　数据确权　资产估值　自由原则

目　次

一、从数据资产融资实践到法律追问

《中共中央、国务院关于构建数据基础制度更好发挥数据要素作用的意见》（以下简称《数据二十条》）中正式确定数据为生产要素。数据资产担保融资作为目前发挥数据要素价

---

* 作者简介：赵意奋，宁波大学法学院教授，法学博士。研究方向：商法、金融法。

值的重要路径，已在全国范围内广泛实践。

（一）数据资产融资实践

从生产、销售领域运用到金融领域，数据资产作为金融融资工具受到银行等金融机构的重视。① 财政部于2023年8月21日印发《企业数据资源相关会计处理暂行规定》（财会〔2023〕11号，2024年1月1日正式实施）明确数据资产可以入表，各地逐渐尝试用数据资产融资。数据资产的金融化成为数字经济发展中的新模式，在入表以及融资的数据资产中有企业的数据资产，也有部分涉及公共数据资产。②

数据资产具有金融属性，数字资产的本质是具有商业价值和金融属性的数据资本。数字资产的金融属性应该引起重视，金融属性的意思是形容某种商品具有金融的性质，商品可以被视为资产，可以起到增值、保值或融资的作用。一方面，数据资产作为信用担保，金融机构可以根据数据资产发放贷款，数据资源的货币价值变现；另一方面，企业投资可以把数据资产直接等同于原始出资的方式，与其他形式的财产（如货币资本、实物、土地使用权等）结合，作为生产经营活动的组成部分。数据交易形成数据资产。③ 2024年作为“数据资产元年”，很多省市都传出了数据资产入表、数据资产融资、数据资产交易第一单的新闻，数据资产融资最高金额也不断突破，据不完全统计，截至2024年9月30日，全国共计实现融资总金额约14亿元，④ 足见数据资产融资市场之庞大。

质押、增信、保险、信托、证券等数据资产创新应用为企业实现数据资产的流通和价值实现提供途径，是企业推动数据资产入表工作的动力。各大银行与数据交易所正在积极探索数据资产质押融资与增信融资的模式。2024年企业“入表+融资”相关的落地案例不断增加，进一步增强了不同规模与类型企业的信心，为其提供了更强的支持与发展动力。以上海数据交易所为例，通过“数易贷”产品，为银行提供了可供参考的数据资产质押经验，并增强了质押融资的技术支持，为行业内的数据资产确权、估值和质押提供了强有力

---

① 比如，2023年9月27日，福茶网科技发展有限公司通过数据资产成功获得福建海峡银行1000万元授信额度。拉开了福建省数据资产融资的序幕。此次福茶网将其持有的茶产业生态数据在全国数据资产登记服务平台进行登记，通过福建省大数据集团旗下福建省数易科技有限公司提供的专业化服务，依照第三方服务机构合规指引，完成了数据确权、审计核验、质量评价、数据治理、资产评估等工作，最终获得福建海峡银行开出的全省首单数据资产融资质押授信，为探索数据要素化“福建模式”积累了经验。载新华网，http：//www. fj. xinhuanet. com/20230927/bf0c09dfc3974d0893b1b3b4481f6d8d/c. html。

② 比如，2024年3月，北京商务中心区信链科技有限公司以数据资产为担保获中国建设银行北京市分行授信融资55万元，这是北京首单数据资产授信融资成功的案例。参见《北京市首笔数据资产质押融资落地　创新实现数据资产增信贷款全链闭环》，载微信公众号“朝阳国资”2024年3月29日，https：//mp. weixin. qq. com/s/U－wROGAjUC6O8PmwmqLHrg。“数据资产最前线”2024年6月7日公众号文章《最新数据资产入表及融资案例汇总（5. 7－6. 7）》，主要对2024年5月7日到6月7日一个月之间的数据资产融资案例进行了介绍，载https：//mp. weixin. qq. com/s/E01WT_ hlJb3M3w6rMAqGtA。

③ 参见欧阳日辉：《数据资产的金融属性及其实现路径》，载《科技中国》2023年第11期。

④ 参见邱阳、冀辉涛：《2024年前三季度数据资产入表融资情况分析及展望》，载微信公众号“中建政研集团”2024年10月24日，https：//mp. weixin. qq. com/s/4Zh3ddN8vGsbkcGvQUxu2A。

的参考。目前，上海数据交易所已落地包括潮鹰科技、芯化和云、看看智能、素象科技、维智科技、四卜格、百维金科、极目生物、信领数科等多个案例，为行业提供了可借鉴的经验。①

我国还出现了数据资产证券化的实例。2023 年 7 月 5 日，杭州高新金投控股集团有限公司 2023 年度第一期杭州高新区（滨江）数据知识产权定向资产支持票据 ABN 在中国银行间市场交易商协会成功簿记，发行金额 1.02 亿元，票面利率 2.80%，发行期限 358 天。这是全国首单包含数据知识产权的证券化产品，是中国在数据知识产权证券化领域的首次尝试。与其他地方的知识产权证券化有所不同，本次作为质押物的知识产权中，有 2 件为数据知识产权。这也被视为数据资产证券化的参考案例。② 2023 年年底，基于江苏省盐城市公共数据基础设施健全，汇聚治理水平良好、业态完善的原因，由数交数据经纪（深圳）有限公司、华泰证券股份有限公司、广东省电信规划设计院有限公司、广东广和律师事务所牵头，联合发起了针对盐城市公共数据资产证券化（PDABS）方案。

数据的股权融资得到了制度的支持。2024 年 12 月 20 日国家市场监督管理总局制定出台《公司登记管理实施办法》（2025 年 2 月 10 日实施）。该实施办法第 6 条明确规定“法律对数据、网络虚拟财产的权属等有规定的，股东可以按照规定用数据、网络虚拟财产作价出资”，即数据可以进行股权融资。

（二）对数据资产融资的法律追问

当前数据资产融资发展迅速，有助于缓解中小微企业在抵押、贷款和股权融资方面的难题，同时为城投企业拓宽融资渠道，为数字金融和普惠金融的发展注入新的活力。数据资产质押融资是主要方式，对于金融机构而言，数据资产作为抵押物能够降低金融系统风险，同时也为企业提供了一种灵活、低门槛的融资选择。其他数据资产创新应用也在市场活力持续提升与政策支持下得到推动发展。但是对于如何进行数据资产融资尚未形成统一规则，存在实践做法缺乏法律依据的问题。关于数据资产的商业价值已经达成共识。但是其价值到底如何计算，不仅是商业价值判断，亦需要法律支持。

---

① 参见上海数据交易所等编：《2024 年中国数据交易市场研究分析报告》，第 34 页。

② 参见杭州高新区管委会、杭州滨江区人民政府发布的《数据变“资产”杭州高新区（滨江）首单数据知识产权证券化产品面世》，据新闻中显示：项目由杭州高新区（滨江）市场监管局（知识产权局）等单位牵头，杭州高新金投控股集团有限公司作为发起机构，杭州高新国有控股集团有限公司作为差额补足义务人，杭州高新融资担保有限公司、杭州高科技融资担保有限公司、杭州银行等 9 家机构共同参与。以 145 件知识产权（其中：发明专利 26 件、实用新型专利 54 件、软件著作权 63 件、数据知识产权 2 件，评估价值 1.43 亿元）作为质押物，滨江区内四维生态、紫光通信等 12 家高新技术企业将通过信托贷款获得融资 1.02 亿元，创新型中小企业融资难、融资贵问题将得到有效缓解。参见 https://www.hhtz.gov.cn/art/2023/7/10/art_1487008_59056670.html。高新金投集团也在 2023 年 7 月 7 日的公众号发布了《试水数据“知产”证券化，高新金投集团创下全国“首单”!》，载微信公众号“高新金投集团”2023 年 7 月 7 日，https://mp.weixin.qq.com/s/lOpLdu1zF-MQUbVYNORjpQ。

目前数据资产融资以数据资产的担保融资最为主要。① 关于数据资产担保融资的法律追问主要有以下几个方面：

（1）数据资产融资担保合同保障下的担保权利属于哪种性质，担保物权或担保债权。关于数据资产的概念目前无法统一。关于数据资产大致已经形成了三个共识：一是数据资产是经济主体自己形成或控制的数据资源；二是数据资产是能给经济主体带来预期经济利益的数据资源；三是数据资产化是数据要素价值化的基础，成为数据资产的数据资源需要由经济主体拥有或者控制。中国通信标准化协会大数据技术标准推进委员会发布的《数据资产管理实践白皮书》（6.0 版）将“数据资产”定义为由组织合法拥有或控制的数据，以电子或其他方式记录，可进行计量或交易，能直接或间接带来经济效益和社会效益。但是“数据资产”缺乏法律定义，导致数据资产到底为何物存在不确定性，给担保合同项下的担保权利定性带来影响。

（2）金融机构接收数据资产担保融资的法律风险有哪些。《企业数据资源相关会计处理暂行规定》自 2024 年 1 月 1 日起施行，迈出了数据资源化到数据资产化的关键一步。但数据资产无统一定性，在数据资源到数据资产化的过程中，《企业数据资源相关会计处理暂行规定》虽明确“数据资源”可以入表，明确了数据资源作为资产的价值，但并未对“数字资产”入表进行规定。比如，上海数据交易所提出数据资源、数据产品、数据资产三阶段的不同会计处理思路，要求企业把数据资源提升到数据产品才能进入交易市场。数据资产化是将数据资源转化为数据资产。企业利用数据资产担保融资，对金融机构来说可能存在法律风险。

（3）数据资产融资担保是否需要监管。金融机构接收数据资产作为担保物面临的法律风险，使人担心过多的数据资产是否会带来金融泡沫，从而理论上开始讨论关于数据资产金融化是否需要监督以防范风险的发生。

二、数据资产融资担保权利的债权性质

以数据资产作为担保物向金融机构等主体融资，该担保权利如何定性。按照我国目前《民法典》和其他法律的规定，因物权法定，数据资产融资担保权利属于一般的债权，并不纳入担保物权的范畴。换言之，我国现有法律并未将数据资产作为抵押或质押的标的。

（一）数据资产动产质权的否定

《民法典》第 426 条的规定几乎完全承认了动产的质押能力，② 这也给予了数据资产质

① 数据分为个人数据、企业数据和公共数据，针对数据资产入表，目前主要是指企业数据资产。国有企业的数据资产可能涉及公共数据资产，因为其权属复杂，本文容量有限，故不区分数据资产的来源是企业数据还是公共数据。

② 参见谢鸿飞：《财产的担保能力：限制与扩张》，载《社会科学辑刊》2022 年第 6 期。

押的机会，数据资产并非法律明确禁止转入的动产，实践中出质人可以通过将数据资产交付给质权人或者有保管能力的第三方（托管人）以设立质权。但如此做法主要存在两个问题：第一，数据资产是否可以归入动产？学界对此也未形成主流观点，有学者认为数据既非动产亦非不动产，[①] 也有学者认为数据与传统动产并无二致，数据资产作为法律上的动产并无问题。[②] 第二，即便数据资产可以归类为动产，由于数据本身具有可复制性，交付并不能确保质权人实际控制了作为质物的数据资产，从而质权是否设立也存在争议。

（二）数据资产作为权利质押的否定

《民法典》对于权利质权的设立限于法律、行政法规明确规定可以出质的权利，实践中，根据数据是否具有知识产权属性，数据权利质押形式可以分为数据资产自身权利质押和数据知识产权质押。但是也存在极为明显的问题：第一，数据资产自身的权利并不明晰，虽然数据资产一定具有财产属性，但并未在法律上明确其权利，自然不可能是法律、行政法规中明确可以处置的权利。实践中解读为参照权利质权的质押路径，[③] 可以通过中国人民银行动产融资统一登记公示系统进行质押登记。这种“参照”是否可以得到司法实践的承认目前仍尚待检验，但早在《民法典》出台前，就有学者呼吁应当考量将数据权利质押纳入权利质权范畴内，[④] 但最终未能见于《民法典》当中。第二，现有数据知识产权保护路径指向的并非落入传统知识产权客体，而是试图将数据作为一种新的知识产权客体，[⑤] 但是同样面临缺乏法律依据的问题。《民法典》第123条规定的知识产权客体是有明确范围的，即便是第8项法律规定的其他客体，也需要得到法律的明确承认才可以纳入知识产权体系当中。因此，即便不考虑数据通过知识产权保护的可行性，数据知识产权登记在没有上位法的依据的情况下也不可能赋予数据以任何权利，何况将数据以知识产权路径加以保护本就争议颇大。[⑥]

虽然学界有从数据资产属于动产的角度论证动产可以抵押亦可质押，从而得出数据资

---

① 参见程啸：《论个人数据经济利益的归属与法律保护》，载《中国法学》2024年第3期；雷达：《数据财产犯罪中占有认定的构建方案：公法与私法的双重视角》，载《法治现代化研究》2024年第2期；吴汉东：《数据财产赋权的立法选择》，载《法律科学（西北政法大学学报）》2023年第4期。

② 参见龙松熊：《论企业数据善意取得制度的构造》，载《云南社会科学》2023年第2期；姜程潇：《论数据财产权准占有制度》，载《东方法学》2022年第6期；丁晓东：《数据交易如何破局——数据要素市场中的阿罗信息悖论与法律应对》，载《东方法学》2022年第2期。

③ 参见汪文张、李筱涵：《数据资产化的理论基础及实现形式研究》，载《当代经济研究》2022年第12期；周立群、李智华：《工业4.0时代的供应链金融》，载《信息系统工程》2016年第9期。

④ 参见王利明：《我国民法典分编编纂中的几个问题》，载《中国人大》2018年第17期；谢鸿飞：《〈民法典〉担保制度内在体系的变迁》，载《东南学术》2021年第5期。

⑤ 参见刘建臣：《数据知识产权登记的底层逻辑》，载《华东政法大学学报》2024年第6期；吕炳斌：《数据知识产权登记：商业秘密模式抑或数据库模式》，载《知识产权》2024年第6期。

⑥ 参见魏昌东：《数字经济时代知识产权刑法的供求与回应》，载《国家检察官学院学报》2024年第3期；程啸：《企业数据权益论》，载《中国海商法研究》2024年第1期；林刚、徐建波：《揭开虚拟财产的属性面纱——基于法律解释论角度》，载《北京邮电大学学报（社会科学版）》2023年第5期。

产担保权利可以根据合同和实际情况确定为担保物权。亦有以数据产品知识产权为例，而知识产权明确属于质押标的，从各地出台的地方性数据产品知识产权登记条例亦可证明其符合知识产权质押登记的生效要求。① 2024年12月在上海市知识产权局的指导下，上海数据交易所联合工商银行上海分行、武汉分行落地上海市首笔数据产品知识产权质押融资案例，该笔业务是落实上海市知识产权局、上海市数据局印发的《上海市数据产品知识产权登记存证暂行办法》的创新实践，也是做好科技金融、数字金融大文章，培育发展新质生产力的重要举措。② 但是，从我国对担保物权标的的规定可以看出，其分类非从普通的动产、不动产落脚的（若一定要如此分类，所谓动与不动，这标准如何，世间万物大部分可以分为动与不动，即便是无形资产，依然如此），而从更为具体的、法律上有明确名称的分类落脚的，不动产如建筑物、建设用地使用权，动产如生产设备、交通运输工具等。与传统有形之物不同的权利作为另一类选择性纳入质押标的，其中包括仓单、票据、知识产权、应收账款等。数据资产作为明确的入表分类，应不同于以上权利。关于“数据知识产权”是否为数据资产，从字面含义便可以看出其属于知识产权之一类，知识产权是形态，数据是产权内容的特殊形态。可以将数据资产从广义定义，包括登记后的数据知识产权和未登记的数据资产。但作为入表的类别，在数据、数据产品未登记为数据知识产权、数据产品知识产权时，数据资产和数据知识产权应是并列的类别。

（三）数据资产作为应收账款质押的否定

数据资产的收益、部分数据资产是否应该纳入应收账款的答案同样是否定。资产本身用以担保融资，背书的应是资产在流动中产生的价值，即财产权益。数据资产流通中产生什么？比如是否为应收账款。中国人民银行颁布的《应收账款质押登记办法》第2条第1

① 数据知识产权和数据产品知识产权说法不统一，无论哪一种目前无统一法定定义。浙江省市场监督管理局等11部门印发的《浙江省数据知识产权登记办法（试行）》明确了登记程序，未对数据知识产权下定义。各地条例或相关部门的登记办法强调了数据产品的特殊性，但落脚点仍然是将其与知识产权结合，才可按照知识产权方式予以登记。上海知识产权局、上海数据局2024年11月8日印发的《上海市数据产品知识产权登记存证暂行办法》第2条明确数据产品知识产权“是指自然人、法人或者非法人组织对其合法获取的数据资源，经过实质性加工和创新性劳动后形成的具有智力成果属性和商业价值的数据加工集合、数据加工产品、数据技术算法等数据产品享有的权益”。

② 该次融资涉及的核心资产是武汉理工数字传播工程有限公司的数据产品知识产权——睿思数据平台，是企业基于核心技术自主研发的一款数据服务产品，该平台以全国图书数据为基石，为出版行业提供一站式的图书信息查询与可视化分析功能。武汉理工数字传播工程有限公司已在上海市数据产品知识产权管理平台完成数据知识产权登记，成为上海市首批数据知识产权登记成功的企业，获得由上海市知识产权局颁发的数据（产品）知识产权登记证书。上海市知识产权局为上海数据交易所开通数据知识产权快速申请通道，目前双方正加速共建数据知识产权生态、推动平台互联互通。该笔业务中，企业通过上海数据交易所数据资产交易服务系统（DAM）实现数据产品知识产权的价值评估、资产交易、质押登记等服务，全链路实现了企业数据产品知识产权的价值转化路径。上海数据交易所依托于已有的“金准估”数据资产估值理论体系，充分考虑数据知识产权特有的价值体现方式，开发形成一套科学合理、具有针对性的数据知识产权估值模型，为数据知识产权的交易、投资、质押等经济活动提供可靠的价值参考依据。工商银行上海分行通过专业的行业研究及风险评估，联动武汉分行为企业提供了1亿元授信，推动了数据知识产权与金融服务的深度融合。

款规定："本办法所称应收账款是指权利人因提供一定的货物、服务或设施而获得的要求义务人付款的权利以及依法享有的其他付款请求权，包括现有的和未来的金钱债权，但不包括因票据或其他有价证券而产生的付款请求权，以及法律、行政法规禁止转让的付款请求权。"同时在该条第 2 款列举了可以登记的应收账款，包括：销售、出租产生的债权，包括销售货物，供应水、电、气、暖，知识产权的许可使用，出租动产或不动产等；提供医疗、教育、旅游等服务或劳务产生的债权；能源、交通运输、水利、环境保护、市政工程等基础设施和公用事业项目收益权；提供贷款或其他信用活动产生的债权，并在第 5 项以兜底方式明确应收账款还包括"其他以合同为基础的具有金钱给付内容的债权"。数据产品在场景中应用，通过合同等方式收取财产权益，是目前很多数据产品产生财产价值的方式。但是数据产品本身的资产价值和数据产品供他人使用产生的价值非同一概念。正如商品房本身的价值和出租商品房所获租金，是不同的。故不能将数据资产纳入应收账款的范畴从而得出其属于权利质押标的的结论。

据此，从上述分析，数据资产在未登记为数据知识产权，亦未明确以数据产品之使用等应收账款作为质押标的，纯粹将数据资产本身作为担保物的，担保权利按照我国《民法典》第 288 条规定的"具有担保功能的合同"确定为担保债权。企业数据因自身的公共物品属性无法发挥客体界定担保权利私域的参照物作用，而企业数据利益具有财产性与价值性的内容，并能够依托其利益的形态与现行法律框架下的担保客体形态相容纳。区别于单一的赋权或行为控制，将企业数据纳入尚未上升为权利的法益体系并对企业数据利益适用《民法典》担保制度的积极规制，能对担保利益予以更加积极灵活的保护。理论上，企业数据利益因具有特定性与独立性且能够变价转让而具有担保客体适格性。[①] 当然至于是否需要在规范层面，扩大解释《民法典》第 440 条第 7 项担保客体规定以容纳企业数据利益，公示由统一登记渐进至权利担保体系内抵押的登记对抗与质押的移转生效的配套公示模式，是需要实践逐渐推进再上升法律规范的事情，个人认为不宜直接将其纳入为担保物权的客体。

三、数据资产融资担保的法律风险

财政部于 2023 年 8 月、12 月相继发布了《企业数据资源相关会计处理暂行规定》《关于加强数据资产管理的指导意见》，分别从技术层面与管理层面为数据资产入表提供指引。为贯彻落实党中央、国务院关于数字经济的决策部署，充分激发数据资产潜能，防范数据资产价值应用风险，推动数字经济高质量发展，根据《数据二十条》、《财政部关于印发〈关于加强数据资产管理的指导意见〉的通知》（财资〔2023〕141 号）、《财政部关于加强

① 参见宋云婷：《论企业数据利益的可担保性》，载《金融发展研究》2024 年第 3 期。

行政事业单位数据资产管理的通知》（财资〔2024〕1号）等文件精神，财政部制定了《数据资产全过程管理试点方案》并于2024年12月19日公布。财政部选取部分中央部门、中央企业和地方财政部门作为试点单位，从2025年年初至2026年年底，组织开展数据资产全过程管理试点，将围绕数据资产台账编制、登记、授权运营、收益分配、交易流通等重点环节，试点探索有效的数据资产管理模式，完善数据资产管理制度标准体系和运行机制。数据资产的交易等环节仍然处于探索阶段，其制度更是处于不完善乃至空白的阶段，这无疑给数据资产金融化带来了极大的法律风险。

（一）能否融资之难：权属确定的法律障碍

从数据确权到数据资产的权属确定，我国并无准确的法律规范。政策层面的《数据二十条》将数据权利区别于传统财产权利，舍弃了财产所有权、使用权的思路，而是强调“建立数据资源持有权、数据加工使用权、数据产品经营权等分置的产权运行机制”。从三权分置的逻辑看出数据不同流程的权利归属。数据进行加工之后的资产化形成了数据资产。关于数据资产的概念，我国目前也同样无统一界定。2023年9月，中国资产评估协会发布的《数据资产评估指导意见》中数据资产被定义为“特定主体合法拥有或者控制的，能进行货币计量的，且能带来直接或者间接经济利益的数据资源”。2023年12月财政部发布的《关于加强数据资产管理的指导意见》指出“数据资产，作为经济社会数字化转型进程中的新兴资产类型，正日益成为推动数字中国建设和加快数字经济发展的重要战略资源”。中国信息通信研究院发表的《数据资产管理实践白皮书》（5.0版）中明确了数据、数据资源和数据资产的区别与联系，原始数据进行资源化形成具有经济价值的数据资源，数据资源进行资产化确认形成“数据资产”，数据资产能为所有者或使用者带来经济效益。

2022年11月，按照《国家知识产权局办公室关于确定数据知识产权工作试点地方的通知》的要求，在北京市、上海市、江苏省、浙江省、福建省、山东省、广东省、深圳市等8地开展数据知识产权工作试点。各地在试点中明确主管部门基本是职能部门，包括知识产权局等。比如，北京市知识产权局统筹本市行政区域内的数据知识产权登记管理工作，建设全市统一的数据知识产权登记平台，开展本市行政区域内数据知识产权登记工作。北京市知识产权保护中心具体承办数据知识产权登记工作。但是在各地的探索中数据知识产权登记的对象存在不同，在数据知识产权的权利名称上也略有不同，其中深圳市称为“数据产权”，上海市称为“数据产品知识产权”等（见表1）。

表1　数据知识产权试点登记

资产名称	登记依据的制度	登记对象
数据知识产权	《江苏省数据知识产权登记管理办法（试行）》	依法获取的，经过一定规则或算法加工处理，具有实用价值和智力成果属性的数据

续表

资产名称	登记依据的制度	登记对象
数据知识产权	《北京市数据知识产权登记管理办法（试行）》	数据持有者或者数据处理者依据法律法规规定或者合同约定收集，经过一定规则或算法处理的、具有商业价值及智力成果属性的处于未公开状态的数据集合
数据知识产权	《浙江省数据知识产权登记办法（试行）》	应用场景 + 数据
数据知识产权	《天津市数据知识产权登记办法（试行）》	依据法律法规规定或者合同约定收集，经过一定规则或算法处理的、具有商业价值及智力成果属性的处于未公开状态的数据集合
数据知识产权	《山东省数据知识产权登记管理规则（试行）》	依法依规获取，经过一定规则处理形成的，具有实用价值、智力成果属性及非公开性的数据集合，享有的自主管控、加工使用、经营许可和获得收益等权益
数据知识产权	《广东省数据知识产权登记服务指引（试行）》	依法依规获取的、经过一定规则处理形成的、具有商业价值的数据集合
数据产权	《深圳市数据产权登记管理暂行办法》	数据资源和数据产品
数据产品知识产权	《上海市数据产品知识产权登记存证暂行办法》	自然人、法人或者非法人组织对其合法获取的数据资源，经过实质性加工和创新性劳动后形成的具有智力成果属性和商业价值的数据加工集合、数据加工产品、数据技术算法等数据产品享有的权益

其他数据相关资产（排除公共数据资产，主要指企业数据资产）的登记模式主要体现市场化特征（见表2）。

表2　数据相关资产市场化登记模式列举

登记名称	登记平台	登记服务内容
数据资产	北京国际大数据交易所数据资产登记中心（全国首个数据资产登记中心）	结合数据来源、数据持有、数据运营发放数据资产登记凭证
数据资产	天津数据资产登记评估中心	数字资产评估服务
数据资产	青岛数据资产登记评价中心（华通集团所属华通智研院全资子公司）	数据资产登记和价值评估
数据产品	上海数据交易所	数据产品登记凭证，通过数据产品登记凭证与数据交易凭证的发放，实现“一数一码”
数据产品	海南省大数据管理局授权的数据产品超市运营者	发放数据产品确权登记凭证
数据资源	赣江公证处的省级数据资源登记平台	发放数据资源公证登记
数据要素	贵阳大数据交易所	发放数据要素综合登记对象标识符（Objiect Identifier，OID）行业节点
数据要素	人民网。人民数据管理（北京）有限公司	发放“数据资源持有权证书”“数据加工使用权证书”“数据产品经营权证书”数据要素市场“三证”

从表1、表2可以看出，数据资产的名称都不统一，登记的内容五花八门，更不用说在法律上要明确权属了。数据资产的价值基本得到学界共识，由于数据权利主体和数据权利内容等问题贯穿数据的整个生命周期，从数据采集获得数据处理加工、传播，再到数据更新维护、风险控制，每个阶段都有不同的人与数据接触，数据采集者能否成为数据采集获得阶段的数据所有者，数据处理者能否成为数据处理加工阶段的数据所有者，数据使用者能否得到数据所有权利内容等疑问，至今没有统一的标准答案，权利主体对权利内容的分离或融合、权利内容对权利主体的平衡划分也没有得到充分、详尽的说明。目前，数据分类还不够细化，数据权利内容也较为繁杂，从法定所有权角度很难针对不同类型的数据进行恰当的权利分离。①

（二）融资担保价值确定之难：成熟的价值评估法缺失

数据资产价值评估是指通过构建价值评估体系计量数据的投入成本、业务效益、经济效益等，是推动数据资产化的重要环节。与传统生产要素相比，数据种类多样、价值易变，具有更加丰富的潜在应用场景，其资产化后的价值评估也需要综合考虑多方面因素。

数据产品以变动性和未来性为生命，其价值评估基于现实和未来。数据资产的非实体性、动态性等特征导致了数据资产难计量的问题。数据资产不同于传统的有形资产，且数据资产的价值随着时间的推移和环境的变化而变化且往往与其相关的应用场景和用户需求密切相关，因此这种价值易变性使数据资产的计量需要多种因素，增加了计量的难度。②

数据资产入表理论上可能实现对数据资产的估值，但是数据资产的入表在会计准则上同样存在难度。“数据资产入表”是一个法学与会计学交叉的问题。当下数据资产入表面临数据确权规范缺失、数据质量评估计量规范欠完备、数据资产经济利益流入不确定等法律困境。③

《数据资产确认工作指南》依托企业会计准则，推荐优先选择历史成本法、公允价值法、数据因素法、评估计量法等进行计量。但这些方法得依赖于市场。

《资产评估法》第2条规定：“本法所称资产评估（以下称评估），是指评估机构及其评估专业人员根据委托对不动产、动产、无形资产、企业价值、资产损失或者其他经济权益进行评定、估算，并出具评估报告的专业服务行为。”我国法律未强制要求数据资产评估由专业评估机构进行。从第3条来看，民事主体按照自愿性原则委托评估机构评估，只有在“涉及国有资产或者公共利益等事项，法律、行政法规规定需要评估的（以下称法定评估）”才强制要求其“依法委托评估机构评估”。

数据资产的价值易变性，增加了数据资产估值的难度。数据资产的价值容易受到环境

① 参见贾小爱、潘雯铃：《经济所有权视角下的数据资产确权》，载《统计学报》2023年第2期。

② 参见赵治纲编著：《数据资产入表：理论与实务》，中国财政经济出版社2024年版，第67页。

③ 参见张素华：《数据资产入表的法律配置》，载《中国法学》2024年第4期。

和时效性的影响，在有些应用场景实时数据才有价值。数据所反映的事物变化速度越快，其时效性越弱，进而影响数据的价值。①

（三）担保权利实现之难：与传统执行制度的分野

数据权属的复杂性，导致数据资产的强制执行困难；数据资产担保权利实现在法律上也有障碍。正如学者指出：“在数据交易日益频繁的背景下，以数据资源要素为基础衍生出一种新型的数据财产权。《数据二十条》从国家政策层面确立了我国在数据确权问题上‘淡化所有权、强化使用权’的基本立场，以及‘三权分置’的数据产权制度框架。相较于实体法中数据确权研究的蓬勃之态，我国与数据财产权强制执行相关的程序法理论研究与法律法规却极为薄弱。一般而言，确认数据财产在流通交易中的权属关系，是数据交易与数据财产权强制执行的实体法要件，执行标的适格则是其程序法要件。就数据财产权的执行模式而言，无论是对于数据财产权的金钱债权执行、物之交付请求权执行，还是行为请求权的执行，依然是参照传统财产权理论与规范。我国应遵循实体法上的数据确权基本方向，尝试在既有规范与经验的基础上，从数据财产权强制执行的规范依据、执行措施的适用、评估与变价、豁免执行，以及整合与完善全国统一的数据交易市场等方面建构数据财产权强制执行体系。”②

从数据到数据资产的流程（见图1）可以看出，企业积累了大量的原始数据形成数据池，完成数据资源化，继而通过数据资源设计数据产品，在推进数据资产化时需要持续丰富和更新数据资产，方可成为企业的重要生产要素。

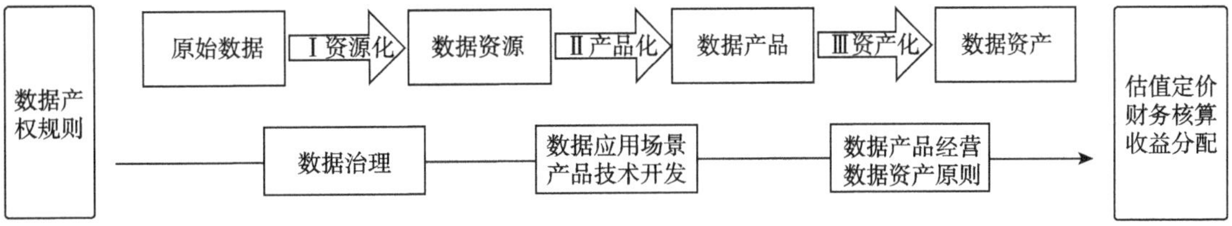

图1　数据资产化流程

数据资产的执行会涉及数据产品、数据资源和原始数据。数据资产以源源不断地更新数据，推动数据产品应用到具体场景。以上海数据交易所交易的数据产品为例，主要有数据集、数据服务和数据应用三大类数据产品，这些数据产品反映的数据资产之上的担保权利实现存在执行上的难点：

（1）数据资产的收益是否会因为执行难以维系。资产流动产生收益，但不同于土地使用权，数据资产的流动反映在数据产品的交易流动上。数据产品的应用和服务基本以合同完成交易，不转让数据的控制权，应用和服务收益是数据资产最大的来源。那么当数据资

① 参见赵治纲编著：《数据资产入表：理论与实务》，中国财政经济出版社2024年版，第64页。

② 陈爱飞：《数据财产权强制执行论》，载《当代法学》2024年第3期。

产如同其他担保物一样被强制执行时，数据资产的价值是否仍然存在。

（2）数据产品对生产者有极强的依附性，并且高度依赖生产者开发的数据收集和产品生产的技术程序。理论上，到底是数据资产依据的数据产品成为强制执行的对象还是数据产品产生的收益成为强制执行的对象。若是前者，则离开数据产品的生产者，数据资源得不到保障，强制执行并无价值。若是后者，则需要数据资产的担保人仍然能够保证源源不断地投喂数据资源，保证数据产品的应用不受影响，则产生的收益成为被强制执行的对象，保证债权人的债权实现。

（3）数据产生的收益具有未来性，其是否可以成为数据资产强制执行的载体。一般情况下，能够被强制执行的是现在的财产。数据资产在被强制执行时，若是以未来收益作为执行对象，那么将严重冲击现在的执行程序。未来收益是未来的，具有不确定性，如何在现在执行；若是以约定未来收益归担保权人的方式，则突破了类似流质的禁止，对其他债权人是不公平的。

当然，在金钱债权的执行过程中，能否通过变价措施将数据财产金钱化，并将其作为责任财产纳入执行范围是一个值得思考的议题。需要注意的是，此处执行的数据财产实际上并非诉讼系争财产，也非执行依据明定的执行标的，而是为了实现金钱债权，通过扩大责任财产边界的形式将被执行人持有的数据财产纳入执行范围。事实上，从执行效果来看，实践中交易的数据产品类型多样，如果能将这些数据产品或服务转换成金钱，不失为一条化解执行难的有效路径。同时也应当注意，如果数据财产不符合“可变价化”的要求，则不能作为责任财产参与执行程序。①

四、数据资产融资担保的商业自由判断原则

如上金融机构面临的法律风险在短时期内是无法实现的。数据资产的法律制度不完善无疑加剧了数据资产融资的法律风险。那么是否对数据资产融资进行一定的限制？当两个商事主体进行交易，将数据资产作为融资担保物，不管法律制度是否完善均应坚持自由原则，即不必限制。

（一）采用非典型担保合同鼓励担保融资有明确的制度保障

《民法典》编纂之前，实务中新类型担保、非典型担保在金融领域已经大量存在。合同需符合法律规定的有效要件，只要签订的担保合同不违反法律行政法规的规定、不违反公序良俗、不侵犯他人利益或公共利益，商事主体自由意思表示的担保合同应该有效。故即使在《民法典》确立抵押合同、质押合同之外的担保合同效力前，司法实务已经承认了

① 参见陈爱飞：《数据财产权强制执行论》，载《当代法学》2024年第3期。

合同的效力。不仅如此，还鼓励使用抵押、质押标的之外的其他财产进行担保。[①] 比如，用理财产品担保融资，同样理财产品不是我国法律规定的担保物权的标的。实践推动了我国司法实务对担保合同效力的认识，《民法典》更是明确肯定了担保功能的合同效力。数据资产融资，在法律没有明确数据资产是否为担保物之前，其就是新类型担保。

交易自由是我国民事主体从事民事法律行为的基本原则，包括合同自由、交易自由。谁有权利决定将数据资产作为担保物或接收为担保物——交易的双方。

（二）数据资产融资的当事人有能力基于商业判断作出决定并自承风险

我国A股上市公司2024年第三季度数据资产，截至2024年9月在我国A股上市公司共5354家中有共计54家上市公司在财报上披露了数据资产，入表总额约15.12亿元，有37家上市公司将数据资源计入无形资产科目，23家计入开发支出科目，4家计入存货科目。[②] 从该数据可以看出，数据资产入表的上市公司仅占1%，表现出上市公司对数据资产入表总体上仍持较为谨慎的态度。财报上显示，表内数据资产占总资产比例的平均值为0.43%，同样不足1%，说明企业对数据资产的态度非常谨慎。

数据资产作为担保物融资，在其未登记为数据（产品）知识产权时，担保权人享有的仅是担保债权，无担保物权，不具有优先性。这是担保权人接收数据资产融资的最大风险。担保权人是否知道有这个风险在？应该是非常清楚的。无论法律是否有规定，对作为担保物的数据资产具体涉及什么数据产品、数据应用，有哪些数据价值，如金融机构在贷款给这些借款人的时候应该非常客观地掌握了全面信息。在借款合同之债权无法实现时，撇开优先性不谈，担保权人能否通过处置数据资产以及如何处置数据资产实现债权，担保权人应早有预期。既有预期，仍然接受，说明担保权人同样接受风险。作为金融机构，经营贷款业务不是奔着借款人不还借款继而通过担保物实现债权而去的，更重要的是金融机构认为借款人在融资之后能够实现融资目的并带来较好的利润。借款人以数据资产进行融资，说明企业掌握有大量有价值的数据，生产出数据产品或数据应用，才可以将数据资产化并

---

① 2017年8月4日最高人民法院印发《关于进一步加强金融审判工作的若干意见》，其中第3条规定："依法认定新类型担保的法律效力，拓宽中小微企业的融资担保方式。丰富和拓展中小微企业的融资担保方式，除符合合同法第五十二条规定的合同无效情形外，应当依法认定新类型担保合同有效；符合物权法有关担保物权的规定的，还应当依法认定其物权效力，以增强中小微企业融资能力，有效缓解中小微企业融资难、融资贵问题。"2019年《全国法院民商事审判工作会议纪要》进一步明确了新类型担保、非典型担保的合同效力：会议认为，要注意《担保法》（现为《民法典》）及其司法解释与《物权法》（现为《民法典》）对独立担保、混合担保、担保期间等有关制度的不同规定，根据新的规定优于旧的规定的法律适用规则，优先适用《物权法》（现为《民法典》）的规定。从属性是担保的基本属性，要慎重认定独立担保行为的效力，将其严格限定在法律或者司法解释明确规定的情形。要根据区分原则，准确认定担保合同效力。要坚持物权法定、公示公信原则，区分不动产与动产担保物权在物权变动、效力规则等方面的异同，准确适用法律。要充分发挥担保在缓解融资难融资贵问题中的积极作用，不轻易否定新类型担保、非典型担保的合同效力。

② 数据来源于2024年9月中国上市公司协会统计月报，https：//www.capco.org.cn/sjfb/dytj/index.html。

入表。新兴行业、科技行业原本就代表了未来。从最近数据资产融资的企业可以看出[①]，金融机构恐怕是没有想过真正处置数据资产。若真发生了坏账，在金融机构众多的融资业务中，坏账率是被允许且很正常的。相反，倘若觉得对当事人有风险，劝其不要行动，反而与金融活动的创新特性背道而驰。

（三）现阶段市场因素多元的数据资产估值更适合自由原则

《关于加强数据资产管理的指导意见》指出畅通数据资产收益分配机制，完善数据资产收益分配与再分配机制。按照“谁投入、谁贡献、谁受益”原则，依法依规维护各相关主体数据资产权益。支持合法合规对数据资产价值进行再次开发挖掘，尊重数据资产价值再创造、再分配，支持数据资产使用权利各个环节的投入有相应回报。

数据资产作为担保物被强制执行时，虽有各种法律障碍，甚至出现价值偏离融资时的估值，但若双方清楚这个后果，仍不失为一种较好的融资担保物。

不同行业的数据资产形成规律不同，数据资产化的路径存在差异。比如，金融行业依托交易系统和风控模型实现数据资产化，互联网企业的数据资产化建立在用户使用和交易场景的基础上。行业场景和战略重点，与数据资产估值之间的市场因素紧密相连，只有特定的市场主体才具备特定数据资产估值和对其未来评价的能力。

从数据出现到其财产属性的表现乃至到金融化的过程，都不是鼓励将数据资产作为传统的财产来对待。正如学者指出，“数据是人类社会活动的‘副产品’，数据经过不断加工处理成为人类认知世界重要的原材料，也成了数据经济时代新的生产要素。数据的社会化流通利用是人类进入数据智能时代的新问题，不能援用传统的产权范式，而需要根据数据作为生产要素的特点，配置最大化实现数据社会价值的新型产权规则。数据权利配置不是对数据控制（支配）的保护，而是旨在保护数据加工使用（价值创造）和流通利用之利益，本文称之为数据持有者权”；故“相对于传统产权，数据持有者权本质上是构建数据流通利用秩序的一种财产治理范式。数据持有者权以价值或利益识别区分保护为基础，并不消灭数据上叠存的合法利益，以实现数据社会化流通利用为目标，需要配合适当的数据治理体系才能有效运行”。[②]

市场主体根据数据市场流通中的样态判断、自由决定是否接收数据资产作为担保物最为合适。因为数据资产所反映出来的价值，如同数据的权属一样，根据市场的流通运行模式表现多样性。“在信息开放的数据权利条块标准化为不同层次的权利模块，从而在立法层面实现基础上，可将后一模源主体之法定在先权利模块与数据处理主体之数据财产权利模块的二分基最先出现且最为完全细分为数据一般财产权模块与各类子财产权利模块。数据一般财产权是数据子财产权利模整的权利样态，包含了持有权能、使用权能和以经营为核

---

① 根据微信公众号“数据资产管理大讲堂”对数据资产融资案例的统计进行分析。

② 高富平：《论数据持有者权　构建数据流通利用秩序的新范式》，载《中外法学》2023年第2期。

心的处分权能；各块的样态取决于具体的数据流通模式。”①

五、结语

虽然数据资产担保融资应秉承商事自由判断原则，但对探索数据资产权属的法律构建，明确界定数据资源持有权、数据加工使用权和数据产品经营权势在必行。为防止数据资产融资产生泡沫，建议现阶段建立国家级数据资产登记平台，为企业提供数据资产的注册、验证和追踪服务，确保权属的透明性和合法性；鼓励企业建立内部数据资产管理体系，通过政策激励和技术支持，促进企业对数据资产的合理利用和保护；政府应提供指导和框架，帮助企业理解并遵守数据权属的法律法规。② 为市场主体对数据资产的合理估值，建议制定企业数据资产估值的统一标准，整合定量性估值方法和评价性估值方法，为企业提供统一的估值框架和操作指南。数据产权登记制度作为数据要素市场化配置改革的基础性制度，在数据确权、合规评估以及交易流通等各方面具有重要制度价值与实用功能。目前，我国数据产权登记总体特征呈现为宏观政策引领与地方先行试点相结合、国家标准与行业标准并行的发展态势。由于全国数据产权统一登记管理的制度供给严重不足，当前工作面临标准不一、管理分散、权责不明的困境。为充分激活数据要素价值，促进数据合规高效流通使用，有必要围绕登记机构、登记平台、登记程序、登记效力、权责范围、登记凭证确立“六统一”原则，进而构建全国统一的数据产权登记制度。③

---

① 熊丙万：《论数据权利的标准化》，载《中外法学》2023 年第 5 期。

② 参见汪小龙：《确权、估值与入表：我国企业数据资产化及其实践成效》，载《深圳大学学报（人文社会科学版）》2024 年第 6 期。

③ 参见张素华、邓鹏：《数据产权统一登记体系的探索与制度构建》，载《电子政务》2024 年第 12 期。

未注册商标的实然面貌与应然构造

李士林*

摘　要：在我国单一注册制的商标法律体系下，未注册商标并不享有商标权，即便依据市场使用所积累的商誉，赋予其享有不同程度的排他权，也没有改变其为注册商标附庸的地位。虽然未注册商标差别性规范的实然具有历史沿袭、对象不确定性、成本效能方面的合理性说辞，但是现状合理的逻辑无法妥当证成其正当性。如果立足于注册与使用之间的矛盾，将未注册商标与注册商标一体化规定，那么使用与注册之间的张力自然可以纾解，抢注等痼疾会很方便地被市场内化和消解。为此，欲形成商标规范一体化的应然，可以从扩张商标权客体、使用人自证、商标使用界分三个层面调整和改变。

关键词：未注册商标　不正当竞争　商业标识　商标使用

目　次

一、问题的提出

我国第一部《商标法》颁行于1982年，历经1993年、2001年、2013年、2019年修正，至今已历四十余载，其体系性和合理性日臻完善。但是滋扰商标发展的痼疾一直存在，

---

* 作者简介：李士林，知识产权法学博士，南昌大学法学院教授，硕士生导师。

影响到推进商标品牌强国建设纲要的实施,① 其中突出表现为存在注册商标闲置、恶意注册、商标囤积、商标抢注等“恶疾”。《中国商标品牌战略年度发展报告(2017)》中的数据显示,2017 年,商标局依申请撤销三年不使用商标 2.8 万件,注销商标约 1.4 万件,期满未续展注销商标约 16.39 万件,全年共清理闲置商标约 33.19 万件。② 为了更有效地遏制商标恶意注册,加大商标专用权保护力度,2019 年 4 月 23 日第十三届全国人大常委会第十次会议决定对《商标法》进行修改,增加了规制“恶意注册行为”的条款,在一定程度上打击了商标违法行为,但是并未明显扭转恶意申请的大局面。据商标局统计,2021 年以来商标局累计打击不以使用为目的的恶意商标注册申请 48.15 万件,不予核准涉嫌恶意囤积商标转让申请 420 余件,快速驳回“清澈的爱”等易造成重大不良影响的商标申请 1111 件。③ 为了维护商标法立法宗旨,完善以强化保护为导向的商标审查政策,坚决打击商标恶意抢注、囤积注册等违法行为,引导申请人恪守诚实信用原则,2022 年 1 月 1 日生效的《商标审查审理指南》新增“不以使用为目的的恶意商标注册申请的审查审理”专章,依照审查实践,归纳、列举了 9 种恶意申请的典型情形,其中,除抢注他人商品名称、包装、装潢等与未注册商标有关联外,其他与大量申请、售卖有关。当然,这一审查指南的效果如何,仍有待社会实践的观察和印证。

追究商标恶疾产生的根源,与我国单一商标注册制度有一定的关系。依据单一注册制度的规定,获得商标注册证的商标方能取得商标专用权,享有许可、转让等积极权能和排他性禁用权。④ 未注册商标包括包装装潢在内,即便其具备了识别商品来源或商家身份的功能,仍不能享有商标权,只能寻求反不正当竞争法层面的救济。这种注册商标和未注册商标分别保护的双轨制,⑤ 有其深刻的历史源流和演化的社会背景。我国 1963 年《商标管理条例》第 2 条要求“企业使用的商标,应当向中央工商行政管理局申请注册。不使用商标的商品,如果有必要和可能在商品或者商品的装潢上载明企业名称和地址的,应当载明以便管理”,这被认为是全面注册原则的典型。1982 年、1993 年版《商标法》推行自愿注

---

① 中共中央、国务院于 2021 年 9 月印发了《知识产权强国建设纲要(2021-2035 年)》。纲要就“商标部分”指出,根据实际及时修改商标法……提高审查质量……修改完善相关司法解释……推进商标品牌建设,加强驰名商标保护,发展传承好传统品牌和老字号,大力培育具有国际影响力的知名商标品牌。

② 国家工商行政管理总局商标局与商标评审委员会联合发布了 2017 年《中国商标品牌战略年度发展报告》,载中国商标网,http://sbj.cnipa.gov.cn/sbtj/201805/W020180513829986812509.pdf。

③ 国家知识产权局商标局:《强化学习,凝聚共识,推进商标事业更高质量发展》,载中国商标网,http://sbj.cnipa.gov.cn/gzdt/202112/t20211229_338637.html。

④ 李琛教授认为,商标禁用权依然是商标专用权支配效力的逆向表达,是商标专用权保护的表现。参见李琛:《商标专用权概念考辨》,载《知识产权》2022 年第 1 期。

⑤ 王春燕教授在对 1982 年《商标法》只规定对注册商标的保护和 1993 年《反不正当竞争法》也对注册商标保护但对未注册商标保护规定阙如的分析基础上,提出我国的商标保护立法既与实行“单轨制”的国家截然不同,也与推行“双轨制”的国家有别。至今两法已经几次修改,依照现行《反不正当竞争法》第 7 条的规定,未注册商标在内的商业标识受该条保护,但注册商标并不包含在内。

册与自由使用并行，注册商标才享有商标权，未注册商标可以使用但是不享有商标权，不能寻求《商标法》的保护。2001 年、2013 年、2019 年版的《商标法》采用缓和的注册主义，使用也可以产生权益，但不能定性为商标权，仅为《反不正当竞争法》有限保护的权益。这种沿袭维持了注册商标制度的刻意，加剧了《商标法》与《反不正当竞争法》的分野，成为两法关系多种学说争议的规范源头。① 尽管立法者关注到单一注册制度引发的问题，并在历次修正中兼顾未注册商标，但是仍无法从根本上解决诸问题。其实通过优化注册程序和改革注册机构体制仅能一时缓解问题，虽然区分未注册商标与注册商标在某个历史阶段具有一定的现实意义，但是经历四十余年的演变，② 当初选择双轨制的现实因素业已变迁，再行修修补补的调整也已不合时宜。虽然《商标法》修订草案增加了第 22 条"禁止恶意注册商标申请"，一定程度上为未注册商标的禁止使用提供了制度支持，但是并未本质上改变现行《商标法》中的未注册商标地位。③

究未注册商标未获《商标法》正面肯定的制度根源，乃在于过于刚性的单一注册制度疏略和冷遇了未注册商标的保护，现行《商标法》在处置注册与未注册商标的关系时着重关注权利、权益的抽象概念辨识，纠结于《商标法》与《反不正当竞争法》的二选一，理论上总难自洽。就此议题，学界业已进行了多方面的探索，研究的路径可归纳为三条：第一，以未注册商标保护为研究对象，研究保护未注册商标的正当性及保护途径；诉诸使用和识别性原理，提出由《商标法》规范未注册商标，④ 或者为未注册商标保留一定的制度空间。⑤ 第二，以注册商标保护制度为研究对象，讨论未注册商标、在先权等对注册体系的矫正和完善。⑥ 第三，以两法关系为研究对象，探求两法关系的基本理论和调整对象的

---

① 两法关系学说主要存在一般与特殊关系说、平行保护说、补充保护说的争议，相关文献参见卢纯昕：《反不正当竞争法在知识产权保护中适用边界的确定》，载《法学》2019 年第 9 期，第 30 页相关内容的综述。也可以参见黄汇：《反不正当竞争法对未注册商标的有效保护及其制度重塑》，载《中国法学》2022 年第 5 期，第 85 页相关表述。

② 参见李琛：《中国商标法制四十年观念史述略》，载《知识产权》2018 年第 9 期。

③ 《商标法修订草案（征求意见稿）》第 22 条。

④ 彭学龙教授提出应当建立使用取得商标权制度，彭学龙：《寻求注册与使用在商标确权中的合理平衡》，载《法学研究》2010 年第 3 期。黄汇教授提出《反不正当竞争法》保护未注册商标的路径，黄汇：《反不正当竞争法对未注册商标的有效保护及其制度重塑》，载《中国法学》2022 年第 5 期。王太平教授对未注册商标的法律效力予以层次化解释，为未注册商标获得与注册商标平等保护提供了思路，王太平：《我国未注册商标保护制度的体系化解释》，载《法学》2018 年第 8 期。孙山博士提出注册与否均受法律保护的观点，孙山：《商标制度的拐点与未来走向》，载《知识产权》2017 年第 9 期。

⑤ 参见郑敏渝：《德国未注册商标的保护制度及其对我国的启示》，载《电子知识产权》2020 年第 7 期，有关完善未注册商标条款的论述。孙山：《未注册商标法律保护的逻辑基础与规范设计》，载《甘肃政法学院学报》2015 年第 2 期，文中讨论了商标法保护未注册商标的可能与路径。

⑥ 杜颖：《在先使用的未注册商标保护论纲——兼评商标法第三次修订》，载《法学家》2009 年第 3 期，本文从未注册商标的在先使用权层面对注册商标制度提出完善。刘铁光：《规制商标"抢注"与"囤积"的制度检讨与改造》，载《法学》2016 年第 8 期，本文提出从完善申请程序和限制未使用商标权利的角度完善注册商标制度。

分工。[①] 毫无疑问这些研究提出的真知灼见奠定了讨论问题的理论立足点和解决问题的路向，为深入研究体系性和系统性制度问题提供了丰富的成果。无论是从注册与使用的商标权获取方式着手，还是在现有制度框架内修修补补，抑或提出申请行政程序的优化策略，终究难以克服商标法律制度本身存在的体系性缺陷。本文从我国商标法律制度的体系性缺陷出发，根植于商标、商标法内在机理和基本法理，提出克服体系性缺陷的对策，主张建构容纳未注册商标在内的泛商标法体系，采纳注册与未注册并行制度，增加私人举证的制度设计，以期构建合理的商标一体化法律制度。当然，本文并非否定《反不正当竞争法》为未注册商标提供的有限保护，而在于为未注册商标争取有限条件下与注册商标平等的商标法上的一体地位，解决注册商标程序上遭际的结构性问题。

二、未注册商标规范的实然面貌

商标是商业标识的一种，其原初功能和基础功能是标示商品或者服务的来源。[②] 这一识别商品来源的功能基于商标在市场上的实际使用，可以说商标就是符号市场意义的事实描述，其商标符号的含义通过市场上消费者与商标权人的互动共同赋予。于是，科学制定的商标制度应当以商标符号的本质功能为其基本遵循。在我国的《商标法》体系中，注册商标是法制体制下的称谓，是法律所调整的商标使用关系，它不但表明一个商标是经过有权行政机构核准注册的，而且更主要表明注册人对该商标享有专用权，受到《商标法》的保护。[③] 其实，注册是获得商标权的一种形式，同样未注册也并非一种自然的事实状态，而是被《商标法》评价之后，予以排除至商标权之外的对象，这表现出与美国等商标使用制度截然不同的特征，[④] 呈现出特有的面貌。

（一）两法并行侧重不同

1.《商标法》所调整的未注册商标

我国现行《商标法》直接或间接调整未注册商标的条款主要有第 13 条“禁止对驰名未注册商标的混淆性使用和注册”，第 15 条“明知为他人未注册商标的禁止注册”，第 59 条“有一定影响的未注册商标享有在先使用权”。虽然散碎的有限几条难谓体系和完整，但却准确表达出了多层旨意。

---

① 提出以权利和权益分别适用知识产权特别法和反不正当竞争法，孙山：《法益保护说视角下知识产权法的概念还原与体系整合》，载《浙江学刊》2021 年第 4 期。卢海君认为商标是《反不正当竞争法》的组成部分，卢海君：《反不正当竞争法视野下对商标法若干问题的新思考》，载《知识产权》2015 年第 11 期。

② 来源识别功能为商标的原始功能和基本功能，是整个商标制度建构的基础。此断论得到绝大多数知识产权学者的支持和认同。参见吴汉东：《知识产权法》，法律出版社 2021 年版，第 487 页；黄晖：《商标法》，法律出版社 2004 年版，第 2 – 40 页。

③ 参见吴汉东等：《知识产权基本问题研究》，中国人民大学出版社 2005 年版，第 501 页。

④ 美国的商标使用制度可以参见 J. Thomas McCarthy，*McCarthy on Trademark and Unfair Competition*（*4th ed.*），§ 19. Thomson/West 2009。

其一，未注册商标的排他力大小与商誉正相关。依据市场的知晓程度不同，《商标法》将未注册商标区分为普通的、有一定市场影响的和驰名的未注册商标三种，并赋予它们不同的排他力。[①] 普通的未注册商标除可以制止知情者的恶意抢注外，并不享有其他权益；有一定市场影响的知名商标（以与驰名商标相区别）除排除恶意抢注之外，还针对善意注册者享有在先使用权；[②] 此外，未注册驰名商标具有最强的排斥他人在相同或类似商品上注册的权利。[③]《商标法》的这种梯阶式规定以法定效力认同了“商誉为商标的灵魂”之观念，是“商标为影子，商誉为实体”的制度写照，[④] 为未注册商标的保护提供了基本遵循。这也是王太平教授提出将未注册商标法律效力分阶为最强、适中和特定效力的制度基础。[⑤]

其二，保护未注册商标是保护注册商标的修饰和手段，体现了工具主义理性。[⑥]《商标法》赋予未注册商标一定排他权的目的在于保护注册商标，规范商标的注册秩序，未注册商标是注册商标的修饰，是保护注册商标的手段。我们不能因为形式上授予未注册商标排他力，就一厢情愿地认为未注册商标也是我国《商标法》保护的对象。姑且搁置未注册商标的定性争议，即便体系性地审视《商标法》的整个未注册商标保护条款，我们也无法得出未注册商标享有商标权或商标专用权的结论。在我国单一注册制度体制下，商标授权确权行政机构面临着甄别大量囤积和抢注申请的压力，《商标法》第 13 条、第 15 条的立法意图乃在于规范注册秩序，禁止恶意申请和抢注他人的未注册商标，但绝不意味着未注册商标享有《商标法》上的积极权利，充其量其仅具有抗辩他人申请的程序性权益，即便第 15 条规定的未注册商标在先使用条款也仅仅对善意注册者的后续使用形成一定的限制，即使获得了一定的市场影响，未注册商标也并非为此获得了《商标法》上的排他性使用权，其权益仍由《反不正当竞争法》保护。质言之，《商标法》并非对未注册商标授予排他性专用权，未注册商标的排他力需要从其他制度上寻找依据和解释。

其三，单一注册制度并不认可商标获权的市场供给机制，只承认商标的行政配置方式。

---

① 这个排他力是否为民法上的权利，学界颇有争议。王太平教授提出未注册的阶梯性法律效力，张鹏博士提出未注册驰名与一般的排他权利，在行文中并无权利与权益的分别，孙山博士提出未注册商标享有权益，注册商标享有权利，分别适用《商标法》与《反不正当竞争法》。王太平：《我国未注册商标保护制度的体系化解释》，载《法学》2018 年第 8 期；孙山：《法益保护说视角下知识产权法的概念还原与体系整合》，载《浙江学刊》2021 年第 4 期；张鹏：《我国未注册商标效力的体系化解读》，载《法律科学（西北政法大学学报）》2016 年第 5 期。

② 参见李雨峰：《未注册在先使用商标的规范分析》，载《法商研究》2020 年第 1 期，本文提出有一定影响的未注册商标排除他人抢注的权能为消极的抗辩权，在原有范围内积极使用的权能为积极的使用权能。

③ 未注册驰名商标的排他力论述，可以参见王莲峰、曾涛：《国际视角下我国未注册驰名商标保护制度的完善》，载《知识产权》2021 年第 3 期。

④ Edward S. Rogers, *Comments on the Modern Law of Unfair Trade*, 3 ILL. L. R. , 1909.

⑤ 参见王太平：《我国未注册商标保护制度的体系化解释》，载《法学》2018 年第 8 期。

⑥ 法律工具主义颇具争议，一说认为法律应当保持自身的工具理性，维护法律的权威和稳定；另一说认为法律应当为实现政治、政策和经济目的之工具。参见［美］布赖恩 · Z. 塔玛纳哈：《法律工具主义：对法治的危害》，陈虎、杨洁译，北京大学出版社 2016 年版。本文认为《商标法》设定未注册商标条款并非出于保护未注册商标的目的，而是用来保护注册商标。

依据商标法原理，商标是在市场中标识来源的符号，只有在市场中使用的符号才具备了商标的属性，才能被称为商标。[①] 经营者在经营活动中，是否使用一定的符号标示自己的商品或者服务，端赖于自身的市场经营需要。未注册商标可以不断地在消费者市场形成自己的商誉和品牌，并获得消费者的尊重和青睐，当然也可能受到消费者的鄙视和唾弃。其实，是否使用商标的决定应当由经营者根据市场状况自由选择和取舍，并在市场的实际使用中获取对应的商标权。注册制度固然可以由经营者根据自己的需要选择注册与否，但是存在非出于市场使用的意图而申请商标，存在挤兑行政供给秩序的可能。[②] 质言之，单一商标行政配给制度容易造成商标申请与市场使用的脱节，剥夺了通过市场使用自然获取商标权的途径。

2.《反不正当竞争法》上的未注册商标

《反不正当竞争法》第7条规定，经营者擅自使用他人有一定影响的商业标识导致商品或商家关系混淆的，为不正当竞争行为。该条所述商业标识包括但不限于商品名称、包装、装潢、网站名称、网页等，其中的有一定影响固然可以理解为市场知名度，[③] 但究其实质，应为原告可以证明未经行政认可和注册的符号为其所使用，可以区别商品来源，指明自己的特定身份，在市场上已经形成稳定的联系，该符号产生的商誉应当由其所有。虽然司法实践中存在证明商业标识与使用人关系的“稳定对应”、“特定联系”、“唯一对应”，或者“市场联系”标准方面的争论，[④] 但毫无疑问都一致肯定了符号识别商品来源（特定身份）的功能。比照权利的构成要素，我们可以认为，《反不正当竞争法》规范的商业标识具有以下三个特征。

第一，规范的客体为广泛意义上的商业标识。商业标识是指商业经营中能够识别经营者身份、商品等信息的符号。广泛意义上的商业标识不仅限于未注册商标，还包括商品名

---

① 彭学龙教授提出，只有通过实际使用，消费者将商标与某种商品的出处联系起来，商标权才真正产生。使用不仅促成了商标权的产生，而且决定着商标权的强度和范围。商标的市场影响有多大，商标权的效力就有多大。参见彭学龙：《寻求注册与使用在商标确权中的合理平衡》，载《法学研究》2010年第3期。李明德教授同样认为，商标权作为一项财产权，来自商标的实际使用以及由此而产生的商誉。商标作为一种智力活动成果，商标权作为一种财产权，永远不可能来自行政机关的商标注册。参见李明德：《两大法系背景下的商标保护制度》，载《知识产权》2021年第8期。

② 抢注、圈占带来的损害，在邓宏光教授的研究成果中有清晰的描述，可以参见邓宏光：《商标圈地运动的法律规制》，载《甘肃社会科学》2008年第1期。

③ 《最高人民法院关于适用〈中华人民共和国反不正当竞争法〉若干问题的解释》（2022年3月20日施行）第4条第1款规定：“具有一定的市场知名度并具有区别商品来源的显著特征的标识，人民法院可以认定为反不正当竞争法第六条规定的‘有一定影响的’标识。”

④ 这三个标准从商标局评审委员会在乔丹案中使用的唯一对应标准，《最高人民法院关于审理商标授权确权行政案件若干问题的规定》第20条规定了特定联系、稳定对应关系标准提炼总结而来。笔者认为符号与主张人之间的关系应当放在特定的市场关系中考虑，以诉讼主张时符号与请求人之间的市场联系为标准。有关观点可以参见孔祥俊：《姓名权与姓名的商品化权益及其保护——兼评“乔丹商标案”和相关司法解释》，载《法学》2018年第3期。

称、包装、装潢、网站名称、网页等显著性符号。《反不正当竞争法》（2017年修订草案）第5条“本法所称的商业标识，是指区分商品生产者或者经营者的标志，包括但不限于知名商品特有的名称、包装、装潢、商品形状、商标、企业和企业集团的名称及其简称、字号、域名主体部分、网站名称、网页、姓名、笔名、艺名、频道节目栏目的名称、标识等”，这种概括加列举式的语词，足以涵盖所有可能在市场上使用的符号或标识。① 虽然该条最终并没有被采纳，但是立法通过的文本第7条第4项，在司法实践中作为兜底条款已被拓展至包括“作品名称、角色名称”等商业符号。② 质言之，该条囊括了所有未注册的，有一定市场影响的商业标识，当然也包括未注册商标在内，至于注册商标是否被容纳，理论和实践中尚有争议，③ 如果搁置注册商标的争论，广泛意义上的未注册符号即为未注册商标，《反不正当竞争法》第7条的商业标识条款正是规范未注册商标的条款。

第二，规范的主体为商业标识的使用人。依《反不正当竞争法》第7条之规定，商标标识的使用人为经营者，由于包括商品名称在内的商业标识并未在行政机关登记备案，无官方的证据可以证明使用人的主体身份，只能使用人自证其为商标标识的使用人。由于来自商标符号的市场实际使用者可能不止一个，这端赖于使用人举证的实际情况，根据民事诉讼的优势证据规则，谁的商业符号能够产生市场影响或者影响较大，谁就为诉争商业符号的使用人。当然，在不引起混淆的情形下，不同的经营者使用的商业标识可以共存。由是而论，第7条所规定的“一定影响”的意图并非对商业标识的商誉进行知名、驰名等的测度和评价，而是为使用人自证其身份设定的证据标准，只有商业标识具有一定的影响，方能在消费者之间产生市场联系，才能证明使用人对其市场联系具有排他性利益。退而言之，如果使用人在市场中使用的符号并没有在消费者之间产生一定影响，那么这种符号的保护就不具有法律上的正当性，丧失了保护的基础。质言之，“一定影响”的要求为未注册商标的保护提供了技术上实现的可能，一定程度上克服了未注册商标的不确定性。

第三，规范的框架为责任规则。被告采用他人有一定影响的商业名称、包装、装潢等未注册的商业标识，足以引人误以为是他人商品或者与他人存在特定联系的，构成对他人商业标识的侵害，应当承担侵权责任。顺从《反不正当竞争法》为经济法部门，主要采用

---

① 参见李士林：《商业标识的反不正当竞争法规整——兼评〈反不正当竞争法〉第6条》，载《法律科学（西北政法大学学报）》2019年第6期。

② 在上诉人北京光线传媒股份有限公司、徐某等与被上诉人武汉华旗影视制作有限公司不正当竞争纠纷案［最高人民法院（2015）民三终字第4号民事判决书］中，法院认定“人在囧途”经过大量使用、宣传，能够实际上发挥识别商品来源的作用。在金庸诉江南案中法院也探讨了作品中知名人物名称的不正当竞争法层面上的性质与定位，可参见广州市天河区人民法院（2016）粤0106民初12068号民事判决书。

③ 我国的司法政策认同两法为平行关系，《商标法》已有规定的，《反不正当竞争法》不再规定。理论上而言，《反不正当竞争法》与《商标法》既有交叉又有重叠，将两者制定得泾渭分明既不可能也无必要，无论宽模式还是窄模式，商标、商业标识、市场竞争三者内在紧密关联。参见郑成思：《必要与不必要的界定》，载《国际贸易》1998年第7期。

行政控制和司法控制模式的特征,[①]《反不正当竞争法》的任务旨在对扰乱市场的行为予以规制，以充分发挥市场的资源配置等功用，维护自由竞争的市场秩序。权利人视角的权利逻辑和话语并不能套用到《反不正当竞争法》身上，其之所以被视为权利保护法，端赖于其以权益为工具达致维护正当竞争的目的，保护权利只是实现目的的手段。[②] 商业标识通过私人控制的方式维护着商业符号的市场使用及其符号供给的竞争秩序，禁止混淆性使用他人具有一定影响的商业符号。姑且不论未注册商业标识的定性为权利、权益还是利益，采用侵权逻辑的责任规则重在对行为的评价，以《反不正当竞争法》第7条为依据，混淆可能性就是责任规则的表达逻辑。[③] 吊诡的是，注册商标采用的财产规则禁止的范围却不如未注册商标责任规则的宽泛，因为根据《最高人民法院关于适用〈中华人民共和国反不正当竞争法〉若干问题的解释》第12条之规定，商业标识混淆的对象既包括商品来源关系，也延伸于商业联合、许可使用、商业冠名、广告代言等特定联系。比如，《公司法》上认定的公司之间存在的关联关系，通过外在商业标识使消费者产生了混淆，即可认定为《反不正当竞争法》第7条的引人误认或混淆，而《商标法》第57条第2项“混淆可能性”限定的为商品来源关系。

（二）未注册商标与注册商标存在制度差异

如上文所论，未注册商标与注册商标的规范路径、规则框架等存在差异。当然这不能仅归咎于商标注册的行政程序，商标本质与获权规范之间的撕裂才是导致两者制度差异的根源。从规范的表征上看，两者的制度不同主要表现如下。

1. 法律状态和地位不同

虽然我国允许商业中自由使用《商标法》第10条排除之外的符号作为商标，但第3条业已明确表明只有注册商标才能取得商标专用权，受到《商标法》的保护。换言之，在我国注册商标体制下，未注册商标不能获得与注册商标同等的法律地位，不能受到《商标法》的充分保护。即便《商标法》第32条对有一定市场影响的未注册商标保有优先注册和继续使用的便利，但更多出于维护商标注册秩序的需要，并非对未注册商标授予《商标法》上的权利。

依据是否通过行政注册程序的确认，以财产和非财产区别对待注册和未注册商标的结果，与商标源于市场使用中消费者来源认知的本质相悖，商标源于使用是社会事实，也是

---

① 参见吕来明、熊英:《反不正当竞争法比较研究》，知识产权出版社2014年版，第260-270页。

② 财产规则与责任规则的划分，通常对应权利与权益的类型，特定领域的规则选择，对应着国家干涉的程度和成本效率的考量。参见凌斌:《法律救济的规则选择：财产规则、责任规则与卡梅框架的法律经济学重构》，载《中国法学》2012年第6期。

③ 从规则的选择视角审视，凌斌教授吸收“卡梅框架”，采用五类框架概括法律规则的类型，即无为规则、禁易规则、财产规则、责任规则和管制规则。比照其理论，注册商标的事前采用的是管制规则，事后采用的为财产规则；未注册商标事先采用的为无为规则，事后采用的为责任规则。参见凌斌:《法律救济的规则选择：财产规则、责任规则与卡梅框架的法律经济学重构》，载《中国法学》2012年第6期。

自然法思想中劳动论的自然体现，具有天然正当性，[①] 以是否经过官方程序的认可而区别为财产与非财产的逻辑是荒谬的，假定商标权源于官方授予，以注册获取财产权的推定也是错误的，既不符合现实，又缺乏理论上的妥当。笔者认为，商标注册获得的是优先使用权，与财产权不同，否则就无法解释符号为何是财产的论断，也是抢注和囤积、贩卖注册商标的制度根源，治理就要断根，不是仅从程序上“做文章”，那无法根本解决问题。

2. 权利和权益的差异

学者以商标属于知识产权为逻辑前提，推定《商标法》保护的注册商标专用权为财产权，属于绝对权，未注册商标等商业标识是未上升为权利的法益，专有性较弱，属于《反不正当竞争法》的对象。由此而论，《商标法》与《反不正当竞争法》属于平行关系，两者规范的对象存在根本的区别。[②]

如此而论，注册与否是商标关系规范分野的标尺，从而导致《商标法》与《反不正当竞争法》分别规制的差异，以为权利和权益不同而适用《商标法》和《反不正当竞争法》的观点是表象的推论。其实，商标注册与否才是导致其法律上享受不同待遇的根源。需要反思的是我们是否过于夸大了注册的法律效力，赋予了其太多的法律功能，反而异化了商标制度，导致符号垄断、抢注、囤积，恶意维权等不正常的经济现象，反而挤压了诚实经营者的生存空间，整个社会出现商标焦虑。其实，商标并非与物权具有等同效力的财产，商标财产的称谓更多是一种虚指，是一系列权利成束的总称。未注册商标在市场上获得消费者认可，形成来源认可和商事主体身份认知，实质上已经形成了注册商标的同等排斥力和支配力。如果形式上一概歧视，排除《商标法》保护，反而将扭曲商标权的正当性。

3. 适用两法的差别

注册商标适用《商标法》，未注册商标、包装等商业标识适用《反不正当竞争法》，于是注册商标与未注册商标的适用差异就转变为两法的差异。关于两法形式上的差异主体表现为：其一，两法的侵权构成要件不同；其二，两法规范的客体不同；其三，两法的性质不同。当然有些著作还整理出较多的不同，但其实这些都是规范上的特征区分，并非本质上的追溯，最本质的区分在于两法的逻辑关系。综观现有的研究成果，大体上有两个视角：第一，从整体上比较两法，主张补充说。[③] 第二，从商业标识条款和一般条款论及与知识产权的关系，提出平行说。[④] 在解释两者关系时，通常采用不正当竞争构成理论、权利权

---

① 劳动论诠释商标获权的论述，可以参见彭学龙教授的论述。彭学龙：《商标法的经济学分析》，载吴汉东主编：《知识产权年刊》，北京大学出版社 2006 年版，第 230 页。

② 参见郑友德、万志前：《论商标法和反不正当竞争法对商标权益的平行保护》，载《法商研究》2009 年第 6 期。黄汇教授也认可《商标法》与《反不正当竞争法》为平行关系的论断，黄汇：《反不正当竞争法对未注册商标的有效保护及其制度重塑》，载《中国法学》2022 年第 5 期。

③ 参见吴汉东：《论反不正当竞争中的知识产权问题》，载《现代法学》2013 年第 1 期。

④ 平行关系说可参见郑友德、万志前：《论商标法和反不正当竞争法对商标权益的平行保护》，载《法商研究》2009 年第 6 期。

益理论、财产与责任规则理论。[①] 但从规范本身看，其他误认为特定联系的混淆行为，也包括使用注册商标、未注册商标等相同或近似标识造成混淆的可能。不过最高人民法院的司法政策已经排除了该条涵盖注册商标的解释，《最高人民法院关于当前经济形势下知识产权审判服务大局若干问题的意见》第11条指出，“凡专门法已作穷尽规定的，原则上不再以反不正当竞争法作扩展保护”。由于《商标法》和《反不正当竞争法》都涉及注册商标，因而规范的选择适用，其实就是对两法关系的适当调处。进而言之，《反不正当竞争法》调整的未注册商标与《商标法》调整的注册商标之间的差异，不仅牵涉两法关系，而且关乎对未注册商标的法律认同。如果以更宏大的叙事融合整个商业标识法，那么注册与未注册将实现一体保护，标识规范的碎片化和冲突自然得以消除。

三、未注册商标差别性规范的立论辨析

我国制度上将未注册商标与注册商标区别对待，导致两者呈现出不同的制度特质，但不应当说因为两者不同的制度特质，就决定了两者归于不同的制度调整。究其因果，制度选择由调整对象的内在本质和品性决定，然后因制度特性呈现出规范差异。纵览学者们的研究成果，学界认为造成未注册商标与注册商标差别对待的因素是多方面的，我们认为有些因由具有一定的合理性，有些因由并无妥当的理论支持，更多是对社会现状的白描和对既有制度的妥协。

（一）商标制度的历史沿袭

商标制度源于商品流通中符号的使用，行销商品或提供服务所标识的符号在市场上为消费者所认知，传递商品销售者、生产者、提供者等身份与商品之间联系的信息，这便为法律制度所界定的商标。商标产生于符号在市场中的使用，离开了市场，符号只是静态的线条、图案等，并非消费者所认知的商标。[②] 换言之，符号的商品化使用才是商标的品性和灵魂。依此逻辑，商标权自然产生于市场使用，而不是注册或其他别的东西。这符合自然法理，也尊重商标的原旨。但是，单一自然使用的规则被他人恶意模仿、混淆，善意相同或相似的情形被冲击、拷问和消解，为了解决证据不清、地域割据、财产认同的使用混乱，注册登记制度引入到现代商标制度中，这种行政式注册体系的采用使商标的自然使用获得了闭合，缓解了商标视为财产的不确定性缺陷，为商标纳入知识产权体系找到了因由。[③] 审视商标发展史可见，注册制度的历史意义集中表现为二：其一，注册使商标获得

---

① 学界对《反不正当竞争法》保护的客体为权利还是利益的问题颇多争议，龙俊博士的新论对此有详细的归纳。参见龙俊：《反不正当竞争法“权利”与“利益”双重客体保护新论》，载《中外法学》2022年第1期。

② 参见李明德：《两大法系背景下的商标保护制度》，载《知识产权》2021年第8期。

③ 最初发生在英国商标法演进史上的注册登记起到制度闭合和不确定克服的功能，参见［澳］布拉德·谢尔曼、［英］莱昂内尔·本特利：《现代知识产权法的演进：英国的历程（1760－1911）》，金海军译，北京大学出版社2006年版，第233－235页。

了财产权的历史地位，商标法得以纳入知识产权体系；其二，注册制度本身并无排除商标使用主义的功能，但却成为部分国家商标立法的路径依赖，由此在国际上形成四种商标立法制度：美国的使用制度，英国的注册与使用制度并行，注册专用权制度，强制注册制度。①

我国《商标法》采用了单一注册体制，虽说历经多次演变，“单一”也变幻出多重面孔，但并没有改变注册获权的核心要旨。一重面孔为全面注册主义，未注册的商标不得使用。我国1963年《商标管理条例》第2条要求“企业使用的商标，应当向中央工商行政管理局申请注册。不使用商标的商品，如果有必要和可能在商品或者商品的装潢上载明企业名称和地址的，应当载明，以便管理”，这被认为是全面注册原则的典型。二重面孔为自愿注册原则，注册商标才享有商标权，未注册商标可以使用但是不享有商标权，不能寻求《商标法》的保护。我国1982年、1993年版《商标法》推行自愿注册与自由使用并行，但不注册不享有《商标法》上的权利。三重面孔为缓和的注册主义，使用也可以产生权益，但不是商标权，仅为《反不正当竞争法》有限保护的权益。该主义构成我国2013年、2019年版《商标法》的脊骨，由此也造成《商标法》与《反不正当竞争法》的分野，成为两法关系多种学说的规范根据。② 尽管单一注册制度引发的问题得到立法者的关注，并在历次修改中兼有顾及未注册商标，但是仍无法解决注册商标带来的诸问题。注册商标引发的问题，并不能仅通过注册程序和注册机构的体制改革就得到解决，其根源在于未注册商标与注册商标之间的关系没有得到足够的重视，两者的内在逻辑未曾得到认真的审视。

商标的本质就是通过标识在商品或服务上的符号，向消费者传达的商品来源等信息。如果符号脱离了市场中的使用，就不可能产生商标。抛开商标来源的争议不论，不管追溯至欧洲中世纪的垄断行会，还是颂扬宋元时期的民本会馆，抑或铺陈伊斯兰国家等商标法律实践，③ 商标催生于商品经济却是普遍的共识。无须逐一陈述商品经济生活中商标的使用和发展史，我们就可以断言商标的使用和意义由市场赋予，先于商标法律制度产生，商标并非制度的产物，更不是一个用来说明符合哲学正当性的法律例。它的出现是当时的经济条件、商业实践习惯和交易环境共同催生的结果，虽说不上具有历史的偶然性，但具有突出的非自然性、非哲学性的本质特征。④ 管窥普通法上商标发展史，可以用三个重要节

---

① 参见郑成思：《知识产权法通论》，法律出版社1986年版，第67－96页。

② 两法关系学说主要存在一般与特殊关系说、平行保护说、补充保护说的争议，相关文献可参见卢纯昕：《反不正当竞争法在知识产权保护中适用边界的确定》，载《法学》2019年第9期，第30页相关内容的综述。也可以参见黄汇：《反不正当竞争法对未注册商标的有效保护及其制度重塑》，载《中国法学》2022年第5期，第85页相关表述。

③ 邵科博士总结和对比了中欧商标法的发展史，提出中国古代商标发展与法律保护的因果关系，参见邵科：《经济史视野下的商标法：中国与欧洲的对比》，载《清华法学》2010年第5期。

④ 参见［澳］布拉德·谢尔曼、［英］莱昂内尔·本特利：《现代知识产权法的演进：英国的历程（1760－1911）》，金海军译，北京大学出版社2006年版，第169页。

点概括其被承认为独特领域的事实：其一，商业标记在商业实践中逐渐成为主流，盗用他人商标的行为不断被司法以欺诈性使用所禁止。其二，注册登记的引入为商标国际贸易的使用和保护提供了条件，但注册的制度功能在不同国家作用有所差异，呈现出注册取得商标权和使用取得商标的基本差异。其三，国际条约的谈判和缔结推动商标法成为知识产权法的一个分支，比照和准用著作权和专利权的相关规则，造就了商标法日益成为今天的样子。①

从法律制度与经济发展的关系看，我国商标制度的科学设定应当满足三个前提：其一，体系完整，逻辑严密；其二，服从知识产权强国建设，根据实际及时修改；其三，扩大保护客体范围，提高保护标准。审视我国商标法发展史，不难看出每次制度的修改都是应时所需，应景所要。比如，1982 年制定应和了商品经济的发展和经济体制的改革，允许企业根据自身的需要自由注册。1993 年修改增加了撤销欺骗性注册商标，针对市场上以不正当手段将他人长期使用并具有一定信誉的商标抢先注册的情形。2001 年修改考虑到我国恶意注册他人商标现象的日益增多，增加了禁止代理人或代表人恶意注册商标的规定。2013 年修改增加了诚实信用的注册和使用要求，以有效应对愈演愈烈的商标囤积和抢注的现象。2019 年修改增加了不以使用为目的的恶意申请注册应当予以驳回，以及对恶意申请的处罚、惩罚性赔偿等规定。一言以蔽之，从顺应市场改革需要出发，从服从深化“放管服”改革的大局出发，《商标法》得以不断完善和优化。反观单一注册制度，其当初建立时的社会、经济、文化等背景已经发生了翻天覆地的变化，再行坚持注册才能享有商标权的观念未免过于固执和任性了。如果我们能够坚持在完善注册商标无效的情形下，及时将未注册商标权完整纳入商标法体系，消除对未注册商标的差别性对待，打破歧视性制度隔阂，不啻为明智之举和应时之需。

（二）未注册商标的不确定性

在现代知识产权制度形成之前，商标法一直不被承认为知识产权法的一类。这是因为：其一，知识产权法调整创造行为和智力产品，而商标关注的是现行存在的东西；其二，知识产权涉及的是财产，而商标防止的是混淆和欺诈等市场行为。② 其后，随着现代知识产权法的形成和自身的变化，商标也逐渐被看作一种财产。商标地位的变化固然可以归功于司法案件的推动，更为重要的是在现代知识产权制度形成之初登记制度被引入商标法的决定，使商标成为登记上的名义财产，③ 且不论学界对注册的制度效力学说如何申辩，就主

---

① 参见［澳］布拉德·谢尔曼、［英］莱昂内尔·本特利：《现代知识产权法的演进：英国的历程（1760－1911）》，金海军译，北京大学出版社 2006 年版，第 170 页。

② 参见［澳］布拉德·谢尔曼、［英］莱昂内尔·本特利：《现代知识产权法的演进：英国的历程（1760－1911）》，金海军译，北京大学出版社 2006 年版，第 233 页。

③ 参见［澳］布拉德·谢尔曼、［英］莱昂内尔·本特利：《现代知识产权法的演进：英国的历程（1760－1911）》，金海军译，北京大学出版社 2006 年版，第 235 页。

流的使用优先证据说、初步证据说，抑或所有权说而言，[①] 其存在认同商标为财产的这一共同逻辑前提。我们审视注册与商标财产两者之间的逻辑关系，可以认为商标权是未经本人同意或没有其他充足正当理由不得侵入的个人主权领域，[②] 商标注册就是划定这个权利领域的圈。换言之，商标注册是商标权划定边界，从而获得确定性的法律行为。

回溯商标发展史，商标制度形成的时期正值法律理性主义盛行的时期，以马克斯·韦伯为代表，认为法律应当遵从理性主义，法律的形式应当合理，判决才具有确定性。[③] 商标注册制度的引入某种程度上符合确定法律所保护对象的意图，虽然理性主义的法律观在现实主义法学运动中被消解，但是法律确定性中增加了不确定性的因素，至今确定性与不确定性并存已成为现代法的底色。[④] 至今看来，注册将商标从一个广博的公共领域内划分出来，至少明确了商标法所保护的对象、权利范围和界分市场竞争行为的功用，在初步划定的领域内建立起商标法的基本理论，建立自己基础的理论自信，并不断向外拓展其调整领域。这种拓展虽然增加了商标法的不确定性，[⑤] 但更贴合其制度的品性，阻止了商标法在狭义确定性范围内的异化和扭曲。

商标注册取得制度的基本思想在于以成文法和商标注册方式，将商标权的客体、权利内容及商标权边界加以固定和公示，以解决商誉本身的不确定性问题。[⑥] 未注册商标的商誉具有动态性，既不具体又不稳定，这注定了未注册商标的权利范围和侵权标准都非常模糊，难以在司法实践中适用，无法为市场的经营者提供行为指引。商标权注册取得制度是通过成文法赋予商标注册人以注册商标权的方式，来帮助其实现对商誉的间接保护，这是公权力对市场缺陷的弥补和秩序塑造之过程。换言之，注册是商标保护的一种方式，以解决商标保护不确定性问题，但注册却不是商标保护的唯一原因。注册使商标获得确定性，以诠释商标制度建立正当性和确立基础理论的历史任务已经完成，非注册之外的不确定性客体也并非属于商标法当然的排除对象。即便是注册商标也并非完全确定，未注册商标也并非完全不确定，其实在注册与确定性之间并非唯一对应。

有学者以我国单一注册制度为立论基础，将未注册商标本身的不确定性归结为未注册

---

① 余俊注重商标注册功能的体系化思考，主张财产说，李雨峰认为注册具有权利推定和公示的效力。参见李雨峰、曹世海：《商标权注册取得制度的改造——兼论我国〈商标法〉的第三次修改》，载《现代法学》2014 年第 3 期。

② 参见徐国栋：《民法哲学》，中国法制出版社 2021 年版，第 95 页。

③ 法律确定性与不确定性的争议在法理学上一直存在，并无定论，理性主义与现实主义各执一端，各有解释的空间和适用余地。参见张玉洁：《法律不确定性命题的司法检视》，载《法律科学（西北政法大学学报）》2015 年第 3 期。

④ 参见曹祜：《论法律的确定性与不确定性》，载《法律科学（西北政法学院学报）》2004 年第 3 期。

⑤ 商标法的不确定性体现在法律宗旨、商标概念、混淆可能性等方面。参见卢文祥：《智慧财产权不确定性法律概念的剖析研究》，台北，瑞兴图书股份有限公司 2006 年版，第 11、70 页。

⑥ 参见吴伟光：《商标权注册取得制度的体系性理解及其制度异化的纠正》，载《现代法学》2019 年第 1 期。

商标不受商标法保护的原因。[①] 由于注册商标专用权以核定的商品和核准注册的商标为基准范围，因而注册商标的客体是固定的，权利边界是确定的，内容具有法定化。未注册商标由于没有行政登记，所以商标客体、权利范围和内容都无法确定。其实，用注册商标的确定性与未注册商标的不确定性相比较是偏颇和不妥当的。

商标是由标志、所附着的商品、商标传递的来源等信息构成的三元结构。[②] 商品是商标表达信息的承载物，属于物权的范畴，标志是文字、图案等表达商标信息的符号形式，可能构成著作权法上的作品，也可能只是普通的非作品性符号。商标意义的形成和功能的发挥就是来源信息通过符号向消费者传递和向市场表达的动态过程。[③] 遵循商标意义的形成机理，商标权的设置也应当框定在商标意义形成的信息场域内，既不能扩展至作品和符号的本身意义上，也不能任意解释消费者的信息认知，甚至探秘至与符号关联的心理变化上。如果对商标权准确定量性具化，存在很大的困难，商标意义、信息场域、消费者认知都是抽象性和描述性概念，几乎无法准确揭示，目前普遍采用限定性描述商标权的保护范围和边界的方式。较为普遍的观点认为，商标权包含了正向的积极权能和反向的消极禁止权能，由于禁止权能边界比使用权能边界大，故而禁止权的边界就是商标权边界，[④] 用公示表述为："积极权能 + 消极权能 = 商标权范围"，可视化为：关系图、灯筒图、坐标图。

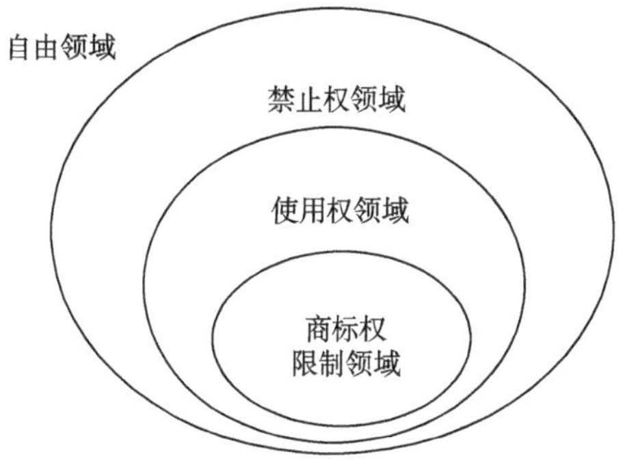

"关系图"描述了单一商标的权能、权利限制与自由领域之间的关系，如果剔除注册获权的设置，"饼图"一样适用于未注册商标。

灯筒图是用隐喻的方式来比喻某一个商标的权利范围到底有多大。我们可以用灯筒图隐喻商标专用权的边界，类似于一个手电筒在黑暗处所映照的光圈，商标的知名度越强，这个光圈覆盖的范围会越大，亮光会更强，它的传播范围和照亮的范围更大。灯筒图形象地勾连商标权与商誉之间的正相关关系，如果不考虑注册的因素，一样适用于未注册商标的保护范围分析。

彭学龙教授提出了商标侵权中的二维坐标图示，用来解析商标符号、商品类别与混淆可能性之间的关系。[⑤] 商品类别越相类似，商标符号越近似，两个商标权的边界越可能发

---

① 参见邓宏光：《中国经济体制改革转型与〈商标法〉的第三次修改》，载《现代法学》2010 年第 2 期。

② 参见彭学龙：《商标法基本范畴的符号学分析》，载《法学研究》2007 年第 1 期。

③ 商标通信说的机理可以参见王太平：《商标法：原理与案例》，北京大学出版社 2015 年版，第 6 – 11 页。

④ 商标权范围的权威性表述，参见吴汉东：《知识产权法》，法律出版社 2021 年版，第 537 – 541 页；王太平：《商标法：原理与案例》，北京大学出版社 2015 年版，第 161 – 163 页。

⑤ 参见彭学龙：《商标法的符号学分析》，法律出版社 2007 年版，第 71 页。

生重叠，产生消费者混淆可能的结果。

其实，二维坐标图同样可以适用于事后未注册商标的争议处置，只不过其不具有注册商标事前的二维坐标点先行确定的优势。未注册商标可以在案件纠纷的证据对比中明晰，其实也不啻为解决不确定性问题的一种办法，因而以不确定为由，排除未注册商标的正当性不足，将其推向反不正当竞争法的笼统式规定，援引一般条款的判决实践，只会使未注册商标变得更抽象，让侵权问题更复杂。

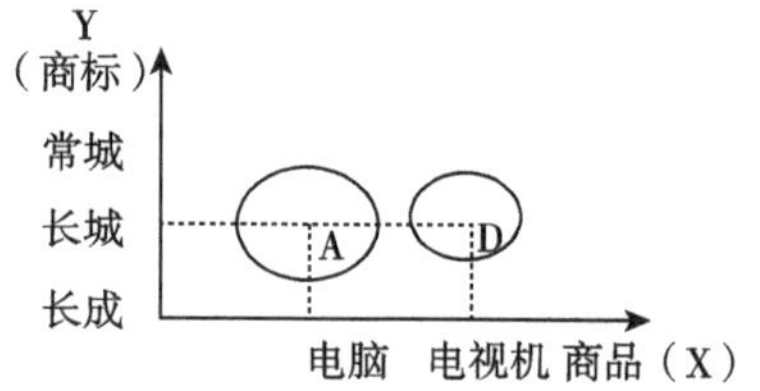

“长城牌”电脑和“长城牌电视机”商标分别对应于二维空间中的A点（电脑，长城）和D点（电视机，长城）。

以上述三种方式描述的商标权边界，不仅适用于注册商标而且也可以用来解析未注册商标，在描述边界的界定方式方面两者并无区别。但就同一个商标的注册和未注册而言，我们依据“积极权能 + 消极权能 = 商标权范围”的公式测度，差异迥现。我国采用自愿注册原则，不论注册与否并不影响商标的商业使用，即便未注册商标不能享受制度上的权利待遇，也并不影响其转让、质押、标注等实质上等同与积极权能的积极行为。由于《商标法》上并没有授予未注册商标的消极排他性禁止权能，我们无法单一通过《商标法》上的禁止权进行比较，但可以将普遍认为保护未注册商标的《反不正当竞争法》第 7 条的规范与之对比。

首先，注册商标禁止权主要限定为在相同或类似商品上使用相同或者近似商标导致消费者混淆的行为。混淆的判定不同于双相同侵权，这一法律结果的判定本身就代表了商标价值的取舍，对商品类似和符号近似的判定，属于证据事实，只有通过尽可能全面客观的证据证明，不存在可以自由解释的弹性空间，否则就相当于将符号混淆替代商标来源信息的混淆判定，回到 1993 年《商标法》规定的非混淆性判定的老路上。以官方注册的方式明确商品类别和注册的符号，一定程度上框定了坐标的纵横位置，如果将商标权范围比拟为一个圆，圆的周长和圆点基本事先通过注册的方式明确了。从《反不正当竞争法》第 7 条的本意看，有一定影响的商业标识被擅自使用，导致消费者误认为商品来源混淆，或者存在来源的特定联系混淆的，构成不正当竞争侵权。与《商标法》第 57 条第 2 项对照，两者都可能是通过使用相同或者近似的标识，导致消费者发生来源的误认，不同之处就在于一个是注册商标标识，一个是非注册商标或其他标识。《反不正当竞争法》统一使用了“有一定影响”的语词，一定影响固然是对未注册商标符号的市场控制力的表述，其实更精准的功能在于界定其所有人及其保护的边界。对于未注册商标而言，如果赋予其权利并诉诸判决，最大的困难在于原告如何证明对未注册符号拥有权利以及权利边界的大小，没有官方注册的证明，一切问题可能变得迷离和复杂，难以固定证据。对于这个问题，一般持有《商标法》不保护未注册商标的惯性思维，所以认定未注册也不保护的逻辑，鲜见探寻最终的问题症结，至今仍无立法确定未注册商标的边界。其实，依照《反不正当竞争法》的司法解释，“一定市场知名度”“具有区别商品来源的显著特征”“独特风格”“为相关公众知悉”“特有的”等词汇，无疑都在描述和强调未注册商业标识的显著性和身份性，即能够与其他经营者使用的同类符号相区别，足以标示出经营者的身份。换言之，虽为未注册的符号，但是在功能和身份识别上并不比注册商标低贱，通过适当的立法技术和证据固定方式可以获得与注册商标一样明确权利边界和权利人身份的法律效果。

其次，从历史上看，我国商标的立法早于《反不正当竞争法》十多年，《商标法》于1982年颁布，最早的《反不正当竞争法》是1993年版本，其第5条禁止仿冒并没有包括未注册商标和其他商业标识的混淆，20世纪的《反不正当竞争法》和《商标法》并没有区分，《反不正当竞争法》为兜底法的说法是立法现状的客观反映和真实归纳。但是也造成通过《反不正当竞争法》无序和无节制地扩张商标权边界，交叉使用《商标法》和《反不正当竞争法》的乱象。2017年修订的《反不正当竞争法》将注册商标剔除，容纳了理论上包括未注册商标在内的所有未注册的商业标识，应当说为最广泛意义上的未注册商业标识条款。2019年《反不正当竞争法》第6条集中规定了注册商标之外的商业符号的侵权保护规则，虽然并非授予财产权益的模式，但以侵权规则的逻辑为未注册商标提供了一定的保护措施。《反不正当竞争法》修正案第5条规定，“本法所称的商业标识，是指区分商品生产者或者经营者的标志，包括但不限于知名商品特有的名称、包装、装潢、商品形状、商标、企业和企业集团的名称及其简称、字号、域名主体部分、网站名称、网页、姓名、笔名、艺名、频道节目栏目的名称、标识等”。虽然该条款在最终版本中并没有采纳，但是这种保护商标在内的所有商业符号的大一统思想，似乎也揭示出注册商标、未注册商标、其他商业标识之间难以厘清的关系和内在本质上的一体性。2019年的最终修正文本虽没有使用概括性定义，但是第6条第4项“其他足以引人误认为是他人商品或者与他人存在特定联系的混淆行为”理论解释上可以扩展到包含注册和未注册商标在内的其他商业标识，也基本保持了草案中的宽泛界定。但是为了解决我国司法实践中长期存在的商标侵权与反不正当竞争混用，广泛扩展商标侵权的现状，最高人民法院的司法解释多次强调《商标法》穷尽的不再适用《反不正当竞争法》，《商标法》没有规定确实又违背《反不正当竞争法》一般条款的，才可以适用第7条。简言之，依注册与否适用规范并非由权利的不确定性决定，而是出于技术上的考量。

最后，审视商业标识的混淆认定，存在注册与未注册的差异，表现在证权标准和适用依据上的差异，一个是注册的官方推定，另一个是具有一定影响的事实证据；在混淆的结果上，注册商标主要限定为来源混淆，而《反不正当竞争法》不仅限于商品混淆（其实还是来源者身份），还扩张至身份关系的混淆。此外，我们还可以分析两法的侵权主观、道德性原则等特征上的差异，但这些特征性表现并不影响注册与未注册本质相同的判断。由此，我们可以断言，注册与未注册的区分只是立法体制机制的表现，两者并非实质上存在差别。

即便理论上诉诸为财产与权益或者法益的区分，也只是影响到财产规则和责任规则的选择，并未改变两者本质一致的属性。

（三）成本与效能的差异

注册取得商标权的逻辑中，注册是程序，并非商标之所以为财产的原因，认为注册制度具有权利推定、权利公示的功能，① 但不应据此认为商标因为注册就取得了财产地位，固然程序性规定可以为制度赋能，但却不是赋予财产的正当性理由。在产权经济学家看来，知识产权的私有化有利于促进知识产权生产要素的配置，虽然知识产权不具有公共性，但知识的复制、技术的传播不会减损知识和技术的应用价值，因而在授权著作权和专利时如果说还有疑问的话，那么商标标识的存在，是商业实践的自然天性，它并非为公共产品，只有指示某一品牌时，商标才具有社会价值，但是丧失法律保障，获得显著性和市场商誉的标识，很容易被他人侵害。当标识存在产权时，为了将自己的标识与自己产品或者服务的质量联系起来，销售者就有直接的激励去开创有效的标识。② 由是观之，注册与未注册的成本和效益并不存在可以言明的差异，注册更具有效率的论断在很大程度上出于直观经验。

首先，商标发展史表明商事主体使用符号表征商品或服务的来源，以产生拓展市场影响，获得消费者青睐和选择，也就是说，商标使用是市场推动的自然结果，主体根据市场需要选择使用商标，在相同和近似商标的使用上，以市场竞争力确认归属，侵权以普通法上的仿冒等不正当竞争行为为因由。谁使用符号更早，优先具有更强的市场影响和竞争，谁拥有符号的排他使用权。在这个自然规律运作的机制中，商标的供给完全遵循市场规律，需求使用和保护都以市场为主要支配力，市场发挥着配置商标资源的作用。但注册制度的引入改变了商标由市场自由选择和供给的自然法则，增加了注册制度的成本。第一，注册商标符号并非全部市场竞争的使用需要，注册者甚至并没有使用的意图，而纯粹出于符号占有和注册后转让的目的也可以注册；第二，市场使用的要求对注册商标而言限制力非常弱，即使没有真实的市场使用，也要连续三年不使用才会导致商标被撤销，而且不被使用商标的赔偿数额低甚至不予赔偿，对不使用的注册者造成的损失可以忽略不计；第三，行政程序和效率左右下的注册制度，与商标形成的市场力并非一致，这压榨了未注册商标使用的空间，导致注册商标成为商业经营的首要成本；第四，商标供给的非市场化促成和加重了商标焦虑，削弱了商标制度在市场竞争中的制度功能和作用。

其次，商标经济学虽以商标符号为立论的基点，但是鼓励创造新颖性词汇的推测并没

① 参见李雨峰、曹世海：《商标权注册取得制度的改造——兼论我国〈商标法〉的第三次修改》，载《现代法学》2014 年第 3 期。

② 参见［美］斯蒂文·沙维尔：《法律经济分析的基础理论》，赵海怡等译，中国人民大学出版社 2013 年版，第 149 页。

有商标法的立论点，虽然商业实践中创建品牌的企业在设计商标事项上投资不菲，但是商标制度的旨趣并非在于激励创造更多的词汇。法经济学家提出商标经济学的模型，用来诠释商标的正当性原理，假借消费者搜选成本的减少，以激励商家提供优质的产品，投资广告塑造品牌显著特征。① 这个模型的基础框架为消费者的认知，也就是说，只有根植于市场，商标的经济分析才能发挥效用。如果剔除注册与否的因素和外部性成本，所有商标符号的分析具有同样的经济遵循。从商标获权的层面分析，商标权的获权成本，就是抢先取得商标权利所支付的代价。本质上而论，通过向公众销售附有商标符号的商品或者提供服务，在消费者市场形成符号标识商家来源的功效，这种识别来源的符号功能应当归属使用人专有，即为商标符号的市场使用方式获权，也正是商标识别商品来源本质功能的表现。商标使用人具有市场上使用商标的内在需求，这与单纯注册方式的获权存在不同，不存在申请程序引发的诸多成本，但是由于注册具有事前宣示商标符号优先被占有的优势，所以申请制和使用制在社会管理和制度运行成本上难较高下，即便如此，我们至少可以断言以注册制度减少了社会争议成本为由，拒绝未注册商标保护的论断并无可靠数据的支持，更多是一种抽象的感觉和伪经验的妄断。

再次，注册制度的引入并非创设了商标财产权，而是与商标使用相呼应作为使用的公示方式，并未对已经存在的法律规则做任何改变，而是为简化证据提供便利。但是注册促成了形式化，强化了财产属性。进而言之，注册并不构成商标为财产权的一种理由或者关键，注册也不是法律保护商标的关键。注册与保护之间并不存在因果关系，注册不过是商标权取得的一种方式或者唯一方式而已。未注册商标不应当要求来源是知名的，在一定的程度上，只要来源得到一贯的公开认可，与特定的商品或者服务相关联，即可为商标。谁的未注册商标与商品的来源关系得到一致性认可，谁就是符号的所有人。之前的先使用人或者善意使用人有权继续使用，并不被认定为侵权，即不存在对未注册商标权人的事先认知和认同，无法推测其达到公示的效力，没有完成实质上注册所达到的公示公信的效果，所以也不应当认定为侵权，而并非认定其不存在侵权故意。如果说未注册商标存在证明难，诉讼成本高的问题，其实注册也没有克服这两个问题，对于未注册商标而言，虽然无法通过注册的方式事先获得商标形式上的确定性，但就公示性和社会管理成本的问题而言，未注册商标也并不存在与注册商标根本的差异。注册具有警示功能，未注册没有这一功能，可能导致在后使用者成本的增加。但这并不构成拒绝保护未注册商标的理由，警示与否在于商标权人的选择，避让是使用者自然应当承担的经营成本，不应转化由社会和国家来承担。在未注册商标涉及诉讼或者对外权利请求时，未注册商业标识使用人有义务证明符号

① 商标具有减少消费者搜选成本，激励商家提高产品质量的功能，这也是经济学上商标具有正当性的解释。参见［美］威廉·M. 兰德斯、理查德·A. 波斯纳：《知识产权法的经济结构》（第2版），金海军译，北京大学出版社2016年版，第204－206页。

与其关系的特定性或者市场的联系性，这就节约了注册商标的注册成本。至于无法清楚公示，导致善意和无辜使用者的资源浪费的情形，可以通过共有标识的方式解决，或者由各使用人在各自的领域内分别使用该标识。①

最后，建立在商业使用上的商标所有权以使用人向公众销售附有该商标的商品所获得。在使用获权的过程中，使用人付出的经济成本包含两项：其一，商标的设计和选择成本。与注册商标相比，未注册商标设计的成本可以忽略不计。与单纯的注册囤积更不同，未注册商标产生的寻租行为几乎可以忽略不计。通过苦思冥想创造的符号乃至模仿抢注他人未注册商标产生的成本，以及将这些符号以完成申请行政程序所发生的注册费用，是使用取得制度所不曾发生的。其二，将商标使用于商品上所做的生产和销售投资。未注册商标产生权益机制乃在于商业中真实地使用，在市场中形成未注册商标与商品提供方之间的来源联系信息，这契合商标的本质，正是商标市场生命力和商标竞争排他力实效的舞台和战场，围绕未注册商标使用所产生的成本与企业市场经营成本同步，被内化和吸收，并未产生多余的耗散成本。注册商标则不然，除善意注册所产生成本外，尤其对于囤积和抢注情形，注册本身就是一笔商业投资，且不说注册商标存在异议等争端增加的成本，被异议后撤销、无效的沉没成本，而且那种抢注他人不再使用或者不能覆盖商品类别上的驰名商标再回售给最初商标权人的寻租行为，必定给商标行政机关和竞争者带来不小的耗散成本。由是而论，断定注册比未注册更具有效率和低成本的言论难以证成。

四、融合未注册商标的应然构造

以上描述了注册商标与未注册商标分别保护的实然面貌，辨析了两者分别保护的立论不足，以此为基础，我们认为应当建构融合未注册商标的一体化商标规范。具而言之，大一统的商标法保护结构包括未注册商标、证权规则，以及与《反不正当竞争法》的关系。

（一）扩张商标客体的范畴

鉴于商标产生于市场的本质与单一注册获得商标权之间的矛盾和割裂，我们应当考虑扩展商标法调整的商标权客体，不局限于注册商标，将未注册商标也纳入其中。

目前国际上的商标立法例，主要有三种商标权客体范畴说，分别为广义符号论、狭义注册论和商标符号论，我国现行的商标制度属于狭义注册论的范畴。

1. 标识身份的广义符号

该立法例遵从自然主义的法理，认同市场上能够识别和区分商品生产者或提供者身份的符号都是实质意义上的商标，属于商标权的客体范畴。最典型的泛商标法范畴的立法例

① 参见［美］谢尔登·W. 哈尔彭、克雷格·艾伦·纳德、肯尼思·L. 波特：《美国知识产权法原理》，宋慧献译，商务印书馆2013年版，第378页。

当属美国。美国的商标法起源于英国的普通法和反不正当竞争法，[①] 是对商业范围内普遍使用符号的法律确认，是对造成混淆假冒行为的排他性授权规范。从侵权的层面而论，不管属于什么样的商业符号，只要引起消费者的混淆，都应当属于商标侵权，因而商标也不仅限于固有显著性商标，任何种类的商业符号都有可能成为商标。[②]《兰哈姆法》第43条a可适用于保护任何注册或未注册的、显著性的标识（不仅仅是商业外观），以防止有关来源、出处或赞助者的混淆之虞。[③] 注册与否并非获得法律保护的资格，只要能够发挥识别来源的作用，都可作为商标受到保护。商标使用人身份的确认，依赖于主张人证明其使用的商业符号与商品的来源关系得到市场的一致性认可，善意使用人在不引发混淆的范围内可以共同使用，无须担心被隔壁商家抢注和抢用，也不用担心积累声誉后被他人抢注。这就从单一官方注册证明权利人的模式中摆脱出来，实现了私权自治。自证其权的逻辑自洽，避免了抢注、囤积挤兑商标注册体制，克服了官僚行政供给的低效率、注册寻租等弊端。

2. 囊括未注册商标的商标法体例

显著性为商标受到法律保护的基本条件。显著性是商标之间互相区别，能够使相关公众在市场若干个相同或类似产品中识别出商标权人的符号特征，市场性是显著性产生的客观条件，离开了市场再具有独创性的符号也不是法律意义上的商标。注册制度下，显著性是商标获得注册的基本条件，法律推定注册的商标在未来的市场上获得了显著性，具有了市场上的区别力。但这个假定与客观事实并不一定完全相符，这就造成单一注册商标制度存在注而不用、囤积抢注等制度弊端。未注册商标在市场上使用，具有了区别力，虽未经官方注册确认，但为实质意义上的商标，如果淡化注册的效力，以商标区别力作为保护的条件，一定程度上可以削弱盲目信服注册的市场乱象，将注册与未注册商标统合为一体，掐断抢注和囤积的制度根源。

以德国商标法为例，其不仅保护注册商标，而且保护未注册商标。未注册商标的范围，包括包装装潢、产生了标识来源含义的使用中商标，企业名称、作品标题等皆可以纳入商标法的范畴。[④] 未注册的保护，产生于将标志在商业交易中的使用，且其在参与商业交易的群体范围内作为商标获得了第二含义，即参与商业交易的群体将标志作为商品或服务的来源表征看待。未注册商标表征的是商品，标题表征的是作品，企业标志表征的是企业，皆以符号产生市场区别力为保护的条件。

---

① 参见李明德：《美国知识产权法》（第2版），法律出版社2014年版，第454页。

② See J. Thomas McCarthy, *McCarthy on Trademark and Unfair Competition* (*4th ed.*), Thomson/West 2009, §4: 10.

③ 参见［美］谢尔登·W. 哈尔彭、克雷格·艾伦·纳德、肯尼思·L. 波特：《美国知识产权法原理》，宋慧献译，商务印书馆2013年版，第407页。

④ 《德国商标法》第一部分适用范围规定，本法保护商标、商业名称、产地来源标志，第二部分第4条指出，商业交易中使用获得第二含义的商标（也是受本法保护的商标）。参见《德国商标法》，范长军译，知识产权出版社2013年版，第3-4页。

3. 我国的泛商标一体化规范建构

注册可以提高商标管理的效率，增强商标的安定性，但是也带来囤积、抢注、贩卖的制度弊端，导致形式与本质的脱节；使用主义忠于商标源于市场传播的本质，避免了注而不用，扭曲为符号竞争的异象，但是也对商标管理和权利证明提出了较高的要求。纵观国际商标立法，美国采用的无条件使用主义，德国的取得实际交易效力的使用主义,[①] 少数国家采用的报纸刊登警示公告作为保护依据的方式,[②] 以及我国的单一注册主义，这种立法例的形成既有历史的传承和本土文化的影响，也被其整体的立法体系和立法技术、水平所左右。参照美、德商标模式，结合我国商标制度的特点，我们主张从以下几个方面对现行制度予以调整和改变。

首先，统一《商标法》《反不正当竞争法》上的商标表征、地理来源标记，以及所有在商业中使用的标志均纳入商标的范畴，将商标统一为上位概念。如果将商标定义为使用在商品或者服务上标识商品来源或者服务提供者身份的符号，那么符合此定义的所有符号都应当为商标，无论其注册与否。现行《反不正当竞争法》第7条规范的商品名称、包装、装潢，以及企业名称简称、域名主体等，只要在识别商品来源或者提供者身份上使用，其本质都在发挥商标的识别功能，客观上皆行使了商标的效力，可以纳入未注册商标的类型，由《商标法》统一规范。换言之，不能因为商业标识具有一定的影响，就认定其为商标，纳入《商标法》规范，而应以标识的商标性使用达到识别商品来源或者来源者关系的程度，方能认定为商标。

其次，如果注册商标在诉讼之前权利可以相对确定的话，那么未注册商标可以在诉讼中予以确定。不同于注册商标权通过商标注册证证明拥有商标权的方式，存在被告通过无效程序否认其有效性的制度空间，而未注册商标直接可以通过主张人的诉讼举证予以确定。在主张侵权的诉讼中，法院可以审核未注册商标是否违反《商标法》第10条的绝对无效条款，除此之外，由主张人举证自己通过市场的使用取得了一定的影响，一定市场的消费者已经将未注册商业标识与产品提供者的身份联系在一起，产生了稳定的市场联系关系，应当由其拥有商标权。

最后，我们应当弱化注册的制度功能，注册赋予财产权的观念损害了商标法理论的严整性，此考量应让位于实践的便利性需求。[③] 商标是否取得财产地位，是否具有财产价值，端赖于市场上的使用和消费者的肯定，与注册与否并没有关系，对于无效注册的，我国法院虽不能改变，但可以决定不赔偿和建议无效或撤销。这虽与美国法院可以直接决定和更

---

① 参见刘孔中教授对德国和美国商标制度的总结性论述，刘孔中：《比较商标法》，台北，新学林出版股份有限公司2014年版，第12章论述。

② 参见［英］杰里米·菲利普斯：《商标法：实证性分析》，马强主译，中国人民大学出版社2007年版，第38页。

③ 参见朱冬：《财产话语与商标法的演进》，知识产权出版社2017年版，第97页。

改商标的状况不同，但至少构成对注册的限定，对未注册的一种肯定。由是观之，我们可以通过弱化注册的效力，将其作为取得商标权的一个证据，或者减弱为排他性使用的优先权，如果商标没有实际使用，或者后于实际使用人形成一定市场影响，那么自然应当否决注册的效力，尊重市场的实际。

综上所述，我国《商标法》应当直接容纳未注册商标，但是在考虑未注册商标的范围时应当审慎，将其限定为识别来源意义上使用。为此，我们应将未注册商标标识条款整合，将未注册与注册的统合，将注册程序与未注册商标的证明程序融合，将未注册商标纳入《商标法》保护。修改《商标法》第56条为，“本法授予的商标权为在核准或者附着的商品上使用注册或未注册商标的权利”。由此我们也可以避免将使用意图这些抽象的规范和难以测度的概念引入注册的程序中，淡化注册效力，引导权利人将精力放在商标的市场使用和商誉的养成上，回归商标的本质。

（二）未注册商标的公示性克服

商标注册制度的正当性及其制度功能皆可以归为注册完成了商标财产的公示公信，达到了财产登记的制度效果，注册与财产的公示公信勾连，证成了注册与商标财产权之间的关系。以行政登记程序取得商标财产权的证权逻辑与商标源于市场使用的本质不符，与其计较于注册与财产的关系，毋宁说注册是对其他竞争者的信息公示，提醒其避让，以免与其相同或近似。由是而论，如果未注册商标可以完成信息公示，那等同于达到了商标注册公示的效果，以此排除未注册商标一体保护的说辞就丧失了立论基础。如果注册是事先确定权利边界和权利人的方式，那么未注册商标就是事后确定，以自证权利的方式明确其基本范畴。这就很好地解决了多个使用人对于同一个未注册商标主张权利，或者造成不同地域内不同使用人同时使用的僵局。未注册人证明自己拥有商标最好的方式，就是获得公众的认可，在相关市场中已经形成了标识身份的显著性或者独特性，实质上达到了注册商标的相同效果。

依照商标侵权案件审判的思路，形成一个有效的商标侵权诉讼案，一般围绕五步展开，即原告诉称的商标注册、保护等情形，被诉行为的商标使用评价，被告行为是否侵害商标权，被告的抗辩审查，民事责任的承担。[①] 其中，原告诉称的商标权合法有效是案件进一步审理的基础条件，如果不存在有效的商标权或者原告无法对商标权进行有效的举证，那么案件就没有进一步审理的必要，法院可以驳回诉讼或者对原告的诉讼请求不予支持。通常有效的商标权源于商标行政主管机关的注册，凭借商标注册证、续展证明等证据予以证明。在单一注册体例下，商标注册证是认可商标最有效的凭证，即便原告不能提供已经在

① 参见《江苏省高级人民法院侵害商标权民事纠纷案件审理指南》（2020年12月修订）1.2审理思路概述。

商业中使用的证据，也只是对赔偿额的计算产生影响，并不妨碍被告构成侵权的行为评价。[①] 当然如果被告以恶意注册等实质性缺陷，或者以恶意诉讼等程序性瑕疵抗辩成功，原告的诉讼请求就无法得到支持。如果被告启动商标无效或者撤销行政程序，那么诉讼案件中止，商标的有效性与否由商标局重新评价。质言之，在商标权有效性的证明证据中商标注册证具有不可置疑性证据效力，除非通过行政程序否定注册证效力。如果比照注册商标诉讼的证明路径和证据选择的方式，未注册商标也可以通过市场的证据予以固定，从而证明未注册商标的使用人拥有其上的权益。

如果我们假定商标法对所有商标一视同仁，不予区分权利与权益，也不做《商标法》与《反不正当竞争法》适用的差异，未注册商标与注册商标一体保护，同样处置，那么在未注册商标的侵权诉讼案件中，原告为实现未注册商标权利可以从以下几个方面着手。

其一，一定市场影响的证据，依照《最高人民法院关于适用〈中华人民共和国反不正当竞争法〉若干问题的解释》第4条规定，“一定影响”形成于市场中的使用，让未注册商标具有了区分商品来源的显著性使用证据，都可以作为主张对未注册商标享有专有权益的证据，如消费者的知悉程度、标识宣传的时间、使用的地域范围等。追溯证据的来源，我们可以发现，原告举证的成本产生于市场使用的提取和固定，全部成本内化于未注册商标的使用人，不同于注册商标的注册证明由社会承担了制度成本和注册机构的行政运营成本，就此层面而言，未注册商标的保护比注册商标的保护更经济，外部成本更低。

其二，未注册商标权利人的明确，可以由主张权利的使用者举证其通过市场经营、商标符号的持续性使用，拥有其通过劳动所获得的商标符号的识别性利益，为未注册商标的权利人。这符合商标劳动论的注解，具有不可辩驳的法理正当性。[②] 问题在于如果存在两个使用人主张同一相同或者近似的未注册商标，那么谁才是未注册商标的权利人呢？依照先使用原则，是比较商誉的大小，还是依照共存原则，[③] 在各自的市场空间内和平共处？针对牵涉市场交叉的共同使用，如果不产生市场混淆，相安无事，如果产生市场混淆，任何一方都有义务要求对方添加区别标识或者进一步的信息说明或公示，消除混淆。既然双方均拥有未注册商标，缺少官方登记证据的佐证，那么两者应当地位平等，市场上产生的问题，还应当交由市场来处理。

其三，在原告诉讼未注册商标侵权的情形下，如果依照《反不正当竞争法》第7条的

---

① 彭学龙教授提出商标不使用的抗辩限制的是注册商标的部分请求权，以及限制损害赔偿请求权，并非剥夺全部请求权。参见彭学龙：《论连续不使用之注册商标请求权限制》，载《法学评论》2018年第6期。

② 洛克自然劳动论解释商标权正当性的论述可以参见李士林：《重新审视商标法的哲学基础》，载《云南大学学报（法学版）》2013年第1期。

③ 参见罗莉：《信息时代的商标共存规则》，载《现代法学》2019年第4期。

规定审理，“有一定影响”标识的相同或者近似，可以参照商标审理的方法进行。[①] 也就是说，虽然缺少官方注册核准的商品类别和确定的商标符号，但可以原告诉称的商品类别和使用的未注册符号作为认定“引人误认为是他人商品或者与他人存在特定联系”的判定因素。这一根据原告使用情形确定混淆或误认结果的方法与注册商标之方法并无本质上的差别，具有异曲同工之妙。如果使用人能够证明消费者认可了其未注册符号的识别性，且被告的相同或近似符号的使用导致了消费者来源关系和特定联系关系的混淆，并且被告有接触或事先知悉原告使用未注册商标的事实，那么被告就构成侵权。“事先接触”解决了未注册商标的公示公信问题，自证“显著性和身份联系”达到了注册的实质效果，且没有增加社会成本和立法等制度成本。本没有排除未注册商标一体保护的正当理由，人为区别对待和分规范处置的不合理做法应当改变。

其四，未注册商标实际使用的证明比注而未用的商标具有取证优势。因为未注册商标的主张就是建立在实际使用基础之上的，但注册商标存在注而不用、囤而不用、抢而不用的情形，注册跟实际情况并不一致。从此层面而论，未注册商标才是将市场实际与商标本质完美融合的商誉载体。我们可以借鉴商标授权确权的司法解释确立的符号与身份对应性的标准，[②] 对于未注册商标符号与使用人身份之间的显著或者识别性标准，采纳市场稳定联系标准最为妥当，因为未注册符号的身份性和商业价值是由市场赋予的，其保护规则也应当以市场为标准。

（三）恰当处理两法关系

反不正当竞争法，是自由竞争市场的维护法，是对市场自身无法解决的不公平行为的制止法，它所存在的目的就是确保企业有一个公平竞争的环境，确保消费者不受欺骗和干扰。由于市场是多元的、多变的，因而商业道德、法官造法和法律规则共同构成反不正当竞争法的制度体系。[③] 在涉及反不正当竞争法的研究和应用中，忽略了这点，仅仅在法条内行为的做法是褊狭的。

反不正当竞争法建构的模式既有法国式的民事侵权之诉，也有普通法之上的仿冒之诉，更有典型的德国独立的特别法模式。不管何种立法模式，以何种形式呈现，皆以违背诚信的不正当竞争行为为规范的对象，都属于经济法领域，意在矫正扰乱正常市场秩序的行为，保护消费者和诚实经营者只是其辐射功能。国际上反不正当竞争法立法模式的多样，以及立法技术存在的差异并不影响将不诚实竞争行为作为公认的不公正竞争基准，因为商业上

---

① 《最高人民法院关于适用〈中华人民共和国反不正当竞争法〉若干问题的解释》（2022 年 3 月 20 日施行）第 12 条第 1 款规定：“人民法院认定与反不正当竞争法第六条规定的‘有一定影响的’标识相同或者近似，可以参照商标相同或者近似的判断原则和方法。”依此规定，商业标识审理与商标相同。

② 符号与权利人联系的司法标准，可以在“唯一对应、稳定对应、市场稳定联系”三个标准中考虑。

③ 参见［德］弗诺克·亨宁·博德维希主编：《全球反不正当竞争法指引》，黄武双、刘维、陈雅秋译，法律出版社 2015 年版，第 1 页。

的公平标准是一个特定的事实现象，是所有国家市场经济的统一标准。[①] 国际条约层面上的反不正当竞争法主要规制：混淆、诋毁、欺骗三类核心行为，[②] 各国在此基础上又有不同的拓展。总体而论，反不正当竞争法采用行为规制模式，它客观上以保护权利为手段，达到规范不公平竞争的目的，保护私权并非其立法追求的最终旨趣。由于知识产权是对智力成果的垄断权，它禁止竞争者自由使用其知识产权，所以私权设定改变了自由竞争法促进公共产品共享的品性，导致私权保护与公平竞争之间产生一定的张力。

通俗来讲，商标就是商业活动中使用的一种标记。学理上检视，不同的学科领域内，商标具有不同的内涵和表征。经济生活中的商标是可管理和运营的无形资产；社会文化意义上的商标是商业主体的身份宣誓，具有精神图腾的意味；信息传播层面上的商标是传达商品来源等信息的媒介和桥梁；法律规范上的商标是法律围绕识别来源功能所设定的一套制度体系。由于包括商标在内的知识产权是法律之权，故而法律规范内的商标讨论才具有现实意义和理论价值。从法律规范的视角审视，商标与商业标识是种与属的关系，商标并非商业标识的简称，而是其中的一个类型。广义上的商业标识是指经营者在经营活动中使用的具有识别功能的文字、图形、色彩及其组合等，包括商标、商号、包装、装潢、货源标记、商品名称等，商标仅仅是贴附在商品或者使用于服务上用来识别商品或服务来源的标记，是商标标识的一种，但并非全部。纵观国际商标立法，广义上的商标法规范的对象为能够识别商业主体身份的各种商业标识，如美国的商标法，德国的商标法保护商标、商业名称和产地来源标记；狭义上的商标法仅仅规范注册商标，如我国的商标法主要限定于注册商标，日本也采用相同的立法例，商标之外的其他商标标识并非商标法规范的对象。

商标法是法律对注册商标确认和维护的产权制度。如果注册与商誉并没有关系，商誉是便于经营者控制和使用的财产，而无须求助于商标的信息传递模式。商标依赖于或转向于商誉，逻辑上更便于证成商标为财产权的论断，霍姆斯法官在 1917 年说道："财产权规则适用于商标是无需分析的表述，这是基于法律对良好商誉的根本要求自然推导出的结果。"经营者的信誉和消费者评价不是通过行政机构的行政行为赐予的，更无从法律的方式硬性授予。我国驰名商标荣誉称号、行政普遍认定的深刻教训无不归结于思想根源上对商标和商誉的市场误解。[③]

从商誉的层面审视不难发现，建立在商家与消费者信息传播模式基础上的商标法律理论认为，商标是贴附在商品上向消费者所传递的来源信息，商标法的立法目的就是阻止其他经营者使用相同或者近似商标欺诈和误导消费者的行为。商誉通常是指公众对经营者的

---

① 参见［德］弗诺克·亨宁·博德维希主编：《全球反不正当竞争法指引》，黄武双、刘维、陈雅秋译，法律出版社 2015 年版，第 3 页。

② 参见《巴黎公约》第 10 条。

③ 参见李琛：《中国商标法制四十年观念史述略》，载《知识产权》2018 年第 9 期。

良好评价和选择忠诚度，商誉可以通过商标表达，但商标却不是商誉的仅有表达形式，经营者的广告和良好服务都是增长商誉的方式。从信息传递模式的角度而论，商誉并非商标的必要因素，而是商标动态变化中的价值测度。商誉形成与商标使用并不同步，虽有注册但并未在市场中建立消费者联系的商标，很难说形成商誉，经过一段时间的使用，在消费者心目中形成一定市场影响，经营者积累了一定的商誉，商标也具有了一定的知名度；随着商标使用时间的增长，在国内甚至国际市场积累了名声，形成了驰名商标，此时的商誉已经成为商标的实体，商标反而成为形式。商标与商誉的动态关系昭示着，商标的意义和内涵是由商誉赋予的，而商誉是市场中各种表征身份的符号和信息使用后消费者所赋予的，没有形成商誉的初始注册商标并非自然法层面的真正商标，经过市场使用的注册和未注册的商标才真正具备了商标的意义，才有资格称为实质意义上的商标。商誉沟通了淡化和混淆两个理论，消除了商标法与反不正当竞争法的差异。如果保护注册商标的正当性源于商家对商标商业经营中的尽心经营和使用，那么未注册商标也可能被商家在商业活动中标识和运营，甚至可能产生一定范围内的影响和声誉，以注册与否作为排除商标法保护的理由，不具有正当性。由此而论，形成商誉的未注册商标是值得法律承认和保护的一类商标。

五、结论

在人类演化和发展的历史长河中，符号的创造和使用既是人类生物性进化的自然结果，也是人类文化性活动的精神凝结物。符号在我国的使用史可以上溯至距今 8000 年左右的贾湖遗址先民的刻符记事。双墩遗址出土的刻划符号显示出双墩先民已经使用水纹刻划符记录复杂的水文与鱼群活动的规律。距今 5000 年的良渚先民已经在器物和石钺上使用原始文字，其功能相当于殷商时期的甲骨文或战国时期的简。追古至今，现在纷繁复杂的文学创作、科技计算、哲学追思等人类的认知，毫不夸张地说无不体现为符号。人类的社会发展史其实就是一部符号创造和运用史。符号的创造和使用既是人类生物性进化的自然结果，也是人类思想和精神活动的客观印记。商标符号也不过是商品和商业中使用符号所产生的社会意义，虽然后来被规范所认可，但仍然属于自然法的自然事实具化为法律事实的结果。

商标源于市场使用的本质，决定了商标注册是经验的、规范的，是制度塑造的产物，而不是商标法理的自然逻辑，这种本质与规范的矛盾注定单一的注册制或者使用制都会存在自身无法克服的问题。职是之故，世界大多数国家均采用了注册与使用复合制度，只不过在主导选择和复合模式上存在一定的差异，无论是美国的使用兼登记制，还是德国的注册未注册一体保护制，皆与其社会经济环境和法治体制体系紧密相关。诚然，单一注册制度在推动我国商标事业发展，促进商品经济提质增产方面功不可没，但是其产生的副作用，像不以使用为目的的注册、恶意注册、抢注未注册商标等痼疾，扰乱了我国的商标注册和使用秩序，制约着商标强国战略的实施，虽经过多次注册程序的改革，但是制度成效并不明显。如果立足于注册与使用之间的矛盾，尊重商标使用的市场规律，改变单一注册制度，将未注册商标与注册商标一体化规定，那么使用与注册之间的张力自然可以纾解，抢注等痼疾可以很方便地被市场内化和消解，商标行政的供给侧结构性改革也可以顺势走实走深。

如是而论，如果未注册商标与注册商标一体化为商标法规范，那么结果必然导致《商标法》与《反不正当竞争法》第 7 条的商业标识条款牵连不清，为了避免陷入两法关系的争论和选择适用的两难，我们可以将本质和外观上能够识别商品来源的标识，统归为商标的范畴，其他法律明确规范的有名符号，如商号、企业名称等，仍由《反不正当竞争法》规范。换言之，权利人或者被诉侵权人达致商标使用的情节，就应当由《商标法》规范，而不论商标是否注册，至于未注册商标权属争议、混淆误认等涉及的焦点问题，可以根据证据法的优势证据规则厘清，相关风险由举证人承担，以此事后的处置反向激励商业标识使用人自由决定注册与否，消除从制度源头上歧视对待注册与未注册商标的立法范式。

生态文明法治

中国环境法学自主知识创新的主体逻辑

柯　坚*

摘　要：站在生态文明建设和中国式现代化发展的时代前沿，回应环境问题挑战、推动发展方式转变，是我国环境法学知识创新的时代使命和历史责任。现实世界中，环境法学知识创新具有人类主体性与国家主体性的双重主体属性与主体逻辑。环境法学知识创新具有人类主体性特征，其知识创新引领人类命运共同体的价值塑造、利益识别及其理性选择。同时，基于国家主体性的环境法学知识创新，存在国家之间围绕环境法学知识的分歧与争议，其背后渗透着环境责任之争、发展利益之争、政治意识形态与文化信念之争，乃至国家之间不同现代化发展道路、文明发展模式的冲突与竞争。我国环境法学知识生发与知识演化经历了从外源性知识的学习与借鉴，到内源性自主知识创新的巨大转变。习近平生态文明思想的提出和中国式现代化实践的展开，使环境法学知识创新的中国国家主体性不断彰显。我国环境法学自主知识创新具有双重主体面向：一是立足中国场域、聚焦中国实践，以环境法学自主知识创新指导和推进中国环境法治实践；二是通过环境法学知识创新及其出版向世界贡献环境法、环境法治的中国智慧、中国经验、中国方案。

关键词：环境法学　自主知识　主体逻辑　生态文明　中国式现代化

目　次

* 作者简介：柯坚，武汉大学法学院教授，博士生导师，武汉大学环境法研究所副所长，中国法学会环境资源法学研究会副会长。

一、问题的提出

哲学社会科学对于推动人类社会的文明进步，社会、经济和环境协调发展，具有不可替代的理论价值和实践意义。作为研究人类社会现象及其规律的学科体系、学术体系和话语体系，哲学社会科学通过揭示和塑造社会价值观念、探索和发现社会规律，为社会实践活动提供方向指引、知识支撑和理性选择。在中国特色社会主义现代化强国建设新时代，习近平总书记高度重视哲学社会科学研究工作，针对哲学社会科学的研究立场、研究对象和研究方法，提出习近平新时代中国特色社会主义思想的“六个必须坚持”，即坚持人民至上，坚持自信自立，坚持守正创新，坚持问题导向，坚持系统观念，坚持胸怀天下，为我国哲学社会科学研究提出了任务，指明了政治立场、价值目标和研究方向。

“以中国为观照、以时代为观照，立足中国实际，解决中国问题”构建自主性知识体系，是我国哲学社会科学知识界的现实责任和时代使命。① 建设中国特色社会主义现代化强国、实现中华民族伟大复兴是基于中国国家主体性、知识自主性的广泛而深刻的国家实践，哲学社会科学自主性知识体系的学科创新、学术创新、话语创新是其应有之义。习近平总书记强调，加快构建中国特色哲学社会科学，归根结底是建构中国自主的知识体系。这一体系的核心在于立足中国实际，解决中国问题，同时为人类面临的共同问题贡献中国智慧和中国方案。中国特色的哲学社会科学研究必须充分体现知识创新的主体性、自主性和独创性，将马克思主义基本原理同中国具体实际、中华优秀传统文化相结合，融贯马克思主义、中华文化、国外学术三大资源，构建中国特色的哲学社会科学自主知识体系及其学术概念和话语体系。

党的十八大以来，随着习近平生态文明思想的提出和生态文明建设战略的实践展开，生态文明成为一种中国特色社会主义的文明理念和目标，物质文明、政治文明、精神文明、社会文明、生态文明“五位一体”的总体布局写入《宪法》序言之中。进入新时代以来，生态文明建设在政治、社会、经济、法治等各个领域快速推进，生态文明体制改革深化发展，国家生态环境治理体系和治理能力现代化水平稳步提升，环境法律体系日趋完善，环境法治实践开拓创新，高质量发展、绿色低碳发展成为国家重大战略。以习近平生态文明思想为根本遵循，我国努力探索环境治理的中国道路，环境保护事业取得了长足的进步，并在全球环境治理中展现出大国担当、传达出中国智慧。

党的二十大明确提出了中国式现代化的目标和特征，中国式现代化是中国共产党领导下社会主义现代化，其基本特征包括中国式现代化是人口规模巨大的现代化、全体人民共同富裕的现代化、物质文明和精神文明相协调的现代化、人与自然和谐共生的现代化、走

① 参见 沈江平：《中国自主的知识体系的三重诠释》，载《山西师大学报（社会科学版）》2023 年第 1 期。

和平发展道路的现代化。中国式现代化既有各国现代化的共同特征，又体现了中国特色现代化的自主性、独特性和民族性。中国式现代化是一项宏大的社会实践探索，它破除了现代化等同于西方化的迷信，摆脱西方理论思潮和现代化知识的桎梏。

"尊重自然、顺应自然、保护自然，是全面建设社会主义现代化国家的内在要求。"① 人与自然和谐共生的现代化既是中国式现代化的基本特征以及中国式现代化的价值目标和知识智慧之所在，也是我国生态文明建设以及环境法、环境法治和环境法学知识创新的价值目标和任务指向。从生态文明体制改革的深化、国家生态环境治理体系和治理能力现代化到环境法治在立法、行政、司法等领域的开拓创新，以习近平生态文明思想为指南的生态文明建设，已经成为人与自然和谐共生中国式现代化的重要基础和根本保证。

环境法、环境法治站在生态文明建设和中国式现代化发展的时代前沿，回应环境问题的挑战，推动发展方式的转变，促进生态文明建设和中国式现代化实现，是其时代使命和历史责任。与此同时，环境法学作为环境法、环境法治实践的理论性、学理性知识的学科载体，理所当然地成为探索和创新中国式现代化和生态文明建设自主知识的前沿学科和重要领域。面向中国式现代化发展、生态文明建设的宏大社会实践，立足中国环境与发展的实际问题进行自主性知识创新、构筑中国式现代化发展、生态文明建设和环境法、环境法治坚实的自主知识体系，为人类共同面临的环境与发展问题贡献中国智慧、提供中国方案，我国环境法学知识界责无旁贷。

二、基于人类主体性的环境法学知识创新

当今世界，在工业化、城市化高度发展以及科学技术变革的时代背景下，人类活动对于自然环境产生了前所未有的重大影响。反过来，环境污染、生态破坏、气候变化、资源短缺等环境问题作为时代性的重大问题，对人类的生存和发展构成了严峻挑战。环境问题关涉人类生存与发展的根本价值和共同利益，面对环境问题的全球性挑战，任何国家无法独善其身。如何合理、有效地解决环境问题、回应环境问题的全方位挑战，是整个人类社会及其组织包括国际社会、各个国家的决策者、权力机构，以及知识精英、社会大众必须予以思考、予以回答的世界之问、时代之问。

知识是人类及其社会精神活动的产物，是人类在探索物质世界和精神世界中的理念、思维、行为、方式、方法集成产品，或者说是经验的系统固化。② 在现代社会知识生产体系中，以环境问题为导向的知识生产、知识传播和社会建构，涉及自然科学、哲学社会科学两大不同的知识领域与科学界别。以自然科学为前端知识、哲学社会科学为后续知识，

① 习近平：《高举中国特色社会主义伟大旗帜　为全面建设社会主义现代化国家而团结奋斗——在中国共产党第二十次全国代表大会上的报告》，人民出版社 2022 年版，第 49、50 页。

② 参见沈江平：《中国自主的知识体系的三重诠释》，载《山西师大学报（社会科学版）》2023 年第 1 期。

自然科学与哲学社会科学共同构成了人类社会认识、理解与应对环境问题的学科知识链条。从环境问题的自然科学发现和识别，到基于社会意识、社会观念、社会认知变革的知识生产与创新，再到环境问题的系统化、体系化的社会回应和法律应对，以环境问题为导向的知识生产、创新和传播已然成为当代社会知识生产系统的一个重要方向和关键领域。

环境问题催生了现代社会知识体系中以环境为主题和类别的学科产生与发展，并形成了基于不同学科的专业化知识生产和创新机制。一方面，新兴的生态学、环境科学等自然科学学科产生，通过科学观察、逻辑推理、经验验证等科学技术活动，不断发现和识别人类活动对自然界造成的不利环境变化和影响；另一方面，哲学社会科学中形成和发展了环境哲学、环境伦理学、环境史学、环境经济学、环境社会学、环境法学等前沿性、边缘性学科，探讨和重构人类社会回应环境问题的社会意识、价值观念、理念方法、行为规范等。与此同时，围绕着环境主题的学科交叉与跨学科知识体系化创新机制不断形成，在知识生产与创新过程中，传统学科之间的界限日益模糊，学科之间的科际互动与整合加剧，跨学科交叉与融合成为知识生产的新范式、新模式和新方法。① 学科之间知识的生产、协同与融合，不仅有助于获取更为完备、更为完整的知识，而且，以环境问题为导向的知识生产、知识传播和社会建构，推动了环境保护社会实践的科学判断和理性选择。

法律与法治是现代国家应对环境问题、推行环境保护事业的必然选择。从环境立法、环境行政、环境司法、环境守法到环境法律监督，以及国家环境职责和权力、环境法律监管、环境权利义务法律关系、环境法律责任等方面的制度化、规范化建构，是法治国家的共同选择和普遍做法。迄今为止，大多数国家已然从宪法层面确定了国家的环境保护目标、任务、职权乃至法律义务，而环境法作为应对环境问题、推行环境保护事业的社会工具和法律利器，已经成为各个国家法律体系中一个新兴的法律领域和独立的法律部门。环境法、环境法治社会实践建立在人类在自然开发利用与保护的实践过程中形成的关于自然、自身和社会的确定性、普遍性、规律性的经验认知和理性认识之上，离不开自然科学知识、哲学社会科学知识的科学基础、价值判断与理性选择。

面对环境问题的时代挑战和环境保护的法律实践需求，环境法学顺理成章地成为一个新兴的知识开拓方向和重要的知识创新领域。遵循"新问题—新知识—新实践"的知识生产与认知循环规律，环境法学旨在通过环境法知识的价值创新、模式创新、机制创新、方法创新，为环境法、环境法治实践提供更为完备、整全的知识供给，提升其认识问题、解决问题以及提出新问题、解决新问题的法律实践理性和法律实践效能。以环境问题为导向、环境法学知识为中介、环境保护社会法律实践为归依，环境法学依托于法学的母学科，迅

① 参见柯坚、李章鸿：《自主与协同：环境人文社会科学知识体系的跨学科建构》，载《新文科教育研究》2024年第2期。

速成为法学领域一门新兴的前沿性、交叉性、边缘性子学科，并成为法学领域一个相对独立的开放性知识体系。

环境法学作为哲学社会科学领域一门专业化学科的出现，意味着以环境法、环境法治现象及其规律性为研究对象的专门化、专业化法学学科知识生产、创新机制的形成和发展。从环境法律、环境法治与环境法学的关系来看，两者相辅相成、相互促进，共同构成了环境法、环境法学的理论与实践体系。一方面，环境法学是对环境法律和环境法治进行研究和解释的理论基础和知识体系，它以环境法律和环境法治为研究对象，通过知识的传导为环境法律和环境法治提供理论支撑和知识工具，使之实现价值理性和工具理性的科学统一。另一方面，环境法律与环境法治则是环境法学研究的实践载体，体现了法学的理论观点、价值判断和理性选择。从价值理性的确认到工具理性的选择、从工具理性的实践到价值理性的验证，环境法学知识的生产和创新至关重要。

环境法以防治污染和其他公害、保护自然生态环境、合理开发利用自然资源、促进绿色低碳发展转型为直接的法律目的和法律任务，并通过对复杂多样的相关社会关系的法律调整以及人与自然关系的法律调适，形成持续、协调、公平的法律秩序，进而达成人类社会可持续发展的普遍价值和共同利益。环境法学作为环境法、环境法治实践的学理性知识和法学学科，是一门涉及多视域、多领域以及多维度、多元化的开放性法学知识创新领域。与传统的民法、行政法、刑法等法学学科不同，环境法学不仅需要聚焦于当代人彼此之间的社会关系及其现实社会秩序，而且需要关注到基于环境与资源纽带的当代人与后代人的社会关系及其未来社会秩序，乃至于人与自然之间的自然生态关系及其生态秩序，以保护和延续人类社会可持续发展的自然生态基础。

适应环境法、环境法治的社会实践需求，环境法学知识生产与创新具有鲜明的人类主体性特征。在价值理性层面，现代环境问题不分国别、不分种族，它对人类社会的生存和发展构成了共同挑战，关涉整个人类社会可持续发展的根本利益、共同需求和普遍价值。在工具理性层面，环境问题产生于人类改造自然的社会实践活动之中，是人类社会经济活动违背自然客观规律的结果。尊重自然生态规律、保护自然生态平衡，是各国环境法学知识创新的基本目标和客观要求，而这种环境法学的共通性直接促进了不同国家之间环境法作为工具理性和制度工具的相互学习和相互借鉴。

在人类社会的全球环境危机时代，环境法学知识创新引领并推动着人类命运共同体关于生存和发展的价值塑造、利益识别及其理性选择。对于人类社会而言，环境法学知识创新蕴含的正义与理性力量，使其成为社会变革、法治创新的时代动能。正如罗尔斯所指出的，“具有某种正义感以及具有与正义感相关的各种理念是人类生活的一个部分，是理解其他人、承认其他人的权益的一个组成部分。总是随着我们自己的心愿去行动，从不担心或意识不到他人的权利——这种生活将会是这样一种生活，它完全意识不到体面的人类社会所必须的根本条件”。①

保障和促进人类社会的可持续发展，是环境法学的价值塑造和知识创新的基本指向和根本目标。可持续发展是1992年联合国环境与发展大会国际社会形成的广泛共识，它作为环境法学追求的核心目标和基本价值观念，是指既满足当代人的需要，又不对后代人满足其需要的能力构成危害的发展。可持续发展理念拓展了环境法学的代内公平、代际公平乃至自然正义的多维法律正义价值，而以追求人类命运共同体可持续发展为目标的环境法学价值塑造和知识创新，则蕴含着推动人类命运共同体社会变革、发展转型的政治、经济、社会以及伦理道德、法律规范的引导与约束的实践力量。基于人类命运共同体主体性的可持续发展价值目标选择，环境法学价值塑造、知识创新及其社会建构，展现了人类文明发展的一个崭新的安全、正义价值维度和极具时代意义的知识创新面向。

三、基于中国主体性的环境法学自主知识创新

面对现代社会人与自然关系的深刻变化，知识创新是人类适应自然、推动社会进步和文明发展的智慧源泉。在现实世界，环境法学知识创新具有人类主体性与国家主体性的双重主体属性，以及基于人类主体性、国家主体性的差异而形成的环境法学知识创新的不同主体逻辑。环境法学知识创新的双重知识主体性属性及其主体性逻辑差异，成为时代背景下国家追求自主性知识创新的关键因素和重要原因。

（一）环境法学知识创新的国家主体性逻辑

无疑，环境法学知识创新具有人类主体性与国家主体性的双重逻辑指向。在人类主体性的逻辑指向，环境法学知识创新源自人类社会共同面临的环境与发展问题的挑战，其知识的探索和创新体现为具有客观性、普遍性的人类文明成果。人类主体性的环境法学知识创新立足于人类生存整体性的根本利益和共同价值，尽管环境法学知识创新是各国基于自身国情及其生存和发展需求而形成的具有自主性、独特性的知识智慧结晶，但人类社会生存和发展的共同立场和价值目标，使人类知识与国家知识、国家与国家知识之间相生相伴、相辅相成、交流融通，共同构成了当代人类社会的人与自然的整体性知识图景，共同促进了人类社会环境法律实践的价值塑造和理性选择。

与此同时，国家起源于社会发展功能的需要，是社会发展的阶段性产物。② 必须清醒认识到，人类社会之中，国家是人类生存和发展基本的社会组织形态和社会结构单元，它由特定的自然地理疆域、历史文化、社会组织结构和法律共同体等自然与社会等因素共同构成。国家不仅是本国、本民族历史与文化、观念和意识、政治体制和社会经济制度的延

---

① ［美］约翰·罗尔斯：《政治哲学史讲义》，杨通进等译，中国社会科学出版社2011年版，第385、386页。

② 参见［德］费里德里希·恩格斯：《家庭、私有制和国家的起源》，张仲实译，中央编译出版社2023年版，第169－176页。

续，而且，国家之间存在自然禀赋、历史文化、价值观念、意识形态、政治体制、社会经济发展状况等方面的巨大差异。正是国家的这种延续性和差异性，构成了各国环境法、环境法治实践和环境法学知识创新的不同社会前提和自然本底。

国家既是法律的创造者，也是法律的实践者。究其实质，法律现象首先是一种国家现象，法律现象与国家现象密不可分，是国家意志的体现和表达。在现实世界，法律的兴衰很大程度取决于其国家统治力、国家文明的兴衰。法律作为具有普遍约束力的明确性、强制性社会规范，它由国家制定或认可并由国家强制力保障，其目的在于通过社会关系的法律规范调整，以及对社会主体行为的指导和约束，达成维护社会秩序、保障公民权益等国家公共目标的实现。以国家环境法律现象及其规律性为研究对象的环境法学，其知识创新因而具有很强的国家主体性及其知识的自主性、民族性特征。

国家的出现是伴随着履行公共意志、建立社会秩序、抑制阶级冲突的任务而来。[①] 毋庸置疑，国家作为环境法知识创新的基本社会场域，为环境法学自主知识创新提供了理论与实践的社会性前提和基础。同时，国家主体性是环境法学知识创新的基本社会事实，它为环境法学自主知识创新提供了实在的主体逻辑指向。各国基于不同国情和发展道路选择，其环境法学知识创新存在国家之间彼此不同甚至迥异的价值目标、利益诉求、路径选择和方法进路。以环境与发展问题为聚焦，国家主体性的环境法学知识创新反映了国家之间关于价值观念、政治意识形态、利益诉求、文化信念等方面的各自主张和不同选择。基于国家主体性的环境法学知识创新，在国家之间不仅存在环境法学知识的学习、借鉴与融通，而且，还存在国家之间围绕环境法学知识的分歧与争议，其背后渗透着环境责任之争、发展利益之争、政治意识形态与文化信念之争，乃至国家之间不同现代化发展道路、文明发展模式的冲突与竞争。

人类社会解决环境问题的复杂性在于，基于国家主体性，不仅各自国家的保护性利益与发展性利益相互交织，而且，国家之间难以避免地陷入“囚徒困境”（Prisoner’s Dilema）的泥潭，国家之间的合作利益与竞争利益相互交织，甚至使其陷入无法自拔的行动困局和知识壁垒之中。不可否认，在现实世界中，西方工业化、现代化先发国家的政治霸权、经济强权和文化傲慢，加之不公平的国际政治、经济和贸易秩序的存在，导致了西方国家对于环境和发展问题的现代化话语垄断，以及国际社会对于环境与发展问题利益博弈的失衡。由此，在各个国家之间，基于国家主体性的环境法学知识创新产生了主动与被动、强势与弱势、主导与从属的主体性差异，并形成彼此之间环境法学知识创新的合作与竞争并存的复杂关系。

工业革命以来，技术理性、经济理性主导下的西方式现代化、工业化发展模式，已经

---

① 参见［瑞士］让 - 雅克 · 布拉马克：《自然法与政治法原理》，陈浩宇译，商务印书馆 2022 年版，第 364 - 370 页。

严重影响到人类在自然界中的存续。在科学技术的加持下，人与自然的交互活动加剧了主、客体之间的异质对立。在资本主义自由市场的语境下，人类的主体性要求急剧膨胀，自然成为被人类社会经济体系索取、控制乃至征服的客体与对象。① 哈丁所描述的“公地悲剧”（The Tragedy of Commons）的场景，深刻揭示了资本主义自由市场经济发展道路和发展模式所带来的环境问题及其内在弊端。②

基于对环境问题的法律因应，西方工业化、现代化先发国家环境法学发端于20世纪五六十年代，伴随着传统法律部门的规范变革到环境法律部门的形成，其专门化的环境法学学科得以迅速发展。然而，无论是运用国家管制工具还是实施针对污染行为的税收手段，由于资本主义制度的内在缺陷及其资本运作的投机、科技发展的失控，其环境法、环境法学都难以从根本上修正西方工业化、现代化过程中形成的以环境、资源为代价的高消耗、高浪费、高污染的资本主义发展方式。因而，实现可持续发展的观念变革和发展方式转变，需要超越西方国家工业化、现代化思维和方式的窠臼，寻求人与自然和谐共生的新的发展模式和新的现代化道路。

作为最大的发展中国家和后发现代化国家，与西方工业化、现代化发展历程不同，我国环境问题的一个突出特点是其在时间上的“压缩性”“共时性”和在空间上的“复合性”。换言之，西方工业发达国家在工业化进程中数百年内渐次发生的各种环境与资源问题，在我国社会、经济飞速发展的四十多年来的时间内呈现出集中爆发的态势。③ 20世纪70年代之后，面对发展中日益凸显的环境问题，着眼于解决经济发展与环境保护的冲突和矛盾，我国逐步形成了符合本国国情、具有本国特征的环境法和环境法学。正视我国工业化、现代化发展过程中的环境问题，在中国式现代化发展进程中统筹考虑环境与发展问题、发展与安全问题，避免走西方国家“先污染、后治理”的弯路，摆脱其工业化、现代化发展过程中的发展模式、发展方式的困局，是我国环境保护事业和生态文明建设的基本特征，也是我国环境法学知识创新的理论源泉和实践支点。

（二）环境法学自主知识创新的中国主体性彰显

新时代以来，我国踏上了建设中国特色社会主义现代化强国、实现中华民族伟大复兴的新征程。在这个波澜壮阔的宏大国家实践中，以习近平新时代中国特色社会主义思想为引领，中国式现代化实践的主体性、自主性不断彰显，中华民族文化的自觉性、自主性不断提升。以习近平新时代中国特色社会主义思想为指导，立足于中国实践，从中挖掘新材料、发现新问题、提出新观点、构建新理论、形成新知识，是哲学社会科学各个专业领域、各个学科必须学习、领会和运用的创新方向和行动指南。哲学社会科学承载着国家和民族

① 参见柯坚：《环境法的生态实践理性原理》，中国社会科学出版社2012年版，第13、14页。
② See Garrett Hardin, *The Tragedy of Commons*, 162 Science, 1243 - 1248 (1968).
③ 参见柯坚：《环境法的生态实践理性原理》，中国社会科学出版社2012年版，第20、21页。

的文化根脉、精神秉性和知识智慧，哲学社会科学主体性的回归和知识自主性创新的激发，是新时代哲学社会科学各个知识领域和不同学科专业的必然选择和时代要求。

在世界百年未有之大变局之下，国家在政治、经济、科技、环保、文化等领域面临着前所未有的现实冲击和风险挑战，环境与发展、发展与安全问题成为基于国家主体性的重大政治和法律议题。党的二十大确立了全面建设社会主义现代化国家、中华民族伟大复兴的前进方向和发展目标。当前，随着我国在政治、经济、文化、科技、环保、法治等领域的国家主体性不断提升、不断彰显，针对国家环境与发展的重大议题，党的二十大确立的中国式现代化的重要特征之一就是人与自然和谐共生的现代化，其核心内涵在于中国式现代化坚持可持续发展，强调人与自然的和谐共生，倡导节约优先、保护优先、自然恢复的方针，走生产发展、生活富裕、生态良好的中国特色社会主义的文明发展道路。

面向生态文明建设、服务于中国式现代化，推动中华民族永续发展、社会主义现代化强国建设目标的实现，是我国环境法学知识创新的时代使命。在建设中国特色社会主义现代化强国的历史征程中，以生态文明建设为切入点，在中国式现代化发展的历史进程中解决环境与发展、发展与安全的冲突问题，不断构筑、筑牢绿色发展、高质量发展的中国式现代化的发展模式、发展道路，是新时代中国特色社会主义现代化强国建设理论和实践的重要特点。立足中国环境与发展的社会实践，努力探索人类生态文明与绿色文明新形态，寻求高质量发展、绿色低碳发展，以及传统发展观念、发展方式战略性转型的新模式、新路径、新方法，是我国哲学社会科学学科本土化、中国化研究的重中之重。

在中国特色社会主义现代化建设的主体性、自主性实践中，从生态文明建设到中国式现代化的政治决策和道路选择，中国基于自身国情逐步确立了人与自然和谐共生的现代化发展道路、发展模式。生态文明建设和人与自然和谐共生的中国式现代化的道路选择和法治推进，充分展现了习近平生态文明思想的自主性、原创性和前瞻性。

用最严密的法治、最严格的法律制度保护环境是生态文明建设、中国式现代化发展的基本要求，以人与自然和谐共生为价值目标和实践导向，在现代化发展中解决环境与发展、发展与安全问题的矛盾和冲突，从整体、源头和全过程统筹考虑经济发展与环境保护的关系，并通过环境与发展的价值整合、整体策略、系统方案解决发展中的环境问题，促进可持续发展、高质量发展和绿色低碳发展实现，充分彰显了中国特色社会主义现代化强国建设的中国国家主体性特征。

在我国生态文明建设、中国式现代化建设的宏大时代背景下，与西方国家现代化发展过程中“头痛医头、脚痛医脚”环境保护策略形成鲜明对照，环境问题在我国并未被看作一个单独的、孤立的问题，而是被看作一个关涉国家高质量发展、绿色低碳发展转型和中国式现代化发展的一个重大问题。2020 年中国提出了“碳达峰、碳中和”（以下简称“双碳”）重大战略目标，旨在通过绿色低碳经济的持续推进，碳排放双控制度体系的制度创新，推动绿色低碳转型发展。习近平总书记强调：“促进经济社会发展全面绿色转型是解决资源环境生态问题的基础之策，要坚持全面转型、协同转型、创新转型、安全转型，以‘双碳’工作为引领，协同推进降碳、减污、扩绿、增长，把绿色发展理念贯穿于经济社会发展全过程各方面。”2021年党的十九大正式提出高质量发展，强调生态文明建设与经济社会发展的协同推进，标志着我国生态文明建设进入高质量发展的新阶段。正在这个背景之下，环境法、环境法治推动着我国环境与发展领域发生的经济转型和社会变革的深刻变化。

与此同时，作为我国自主性哲学社会科学的重要组成部分，我国环境法学自主知识创新及其知识体系构建，不仅是生态文明建设、中国式现代化发展、社会主义现代化强国建设的迫切需求，而且是推动中华民族伟大复兴、民族文化复兴的必然选择。习近平总书记多次强调，“文化是一个国家、一个民族的灵魂”“坚定中国特色社会主义道路自信、理论自信、制度自信，说到底是要坚定文化自信。文化自信是更基本、更深沉、更持久的力量”，并将国家文化主体性提升到“事关党的前途命运、国家长治久安、民族凝聚力向心力”的战略高度。① 习近平生态文明思想是习近平新时代中国特色社会主义思想的重要组成，具有高度的自主性、原创性、民族性特征。

习近平生态文明思想既是马克思主义基本原理同中国具体实际相结合的产物，也是马克思主义基本原理同中华优秀传统文化相结合的产物。回溯中华文明的历史形态和发展历程，中华民族具有深厚的人与自然和谐共生的历史文化传统。中华优秀传统文化是中华文明的智慧结晶和精华所在，在构建中国自主环境法学知识体系的当下，发掘中华优秀传统生态文化中的智慧资源，需要有继承与发展中华优秀传统文化的思想自觉，从逻辑与历史相统一、理论与实践相统一的角度，深刻把握中华优秀传统文化的当代价值。② 传承与创新“天人合一”“道法自然”等传统文化思想和知识资源，将其转化为构建中国哲学社会科学自主知识体系的思想源泉和知识来源，是我国哲学社会科学界的重大任务。

我国环境法、环境法学发端于20世纪70年代，与环境法实践飞速发展相呼应，我国环境法学学科在短短的四十余年时间，其知识生发与知识演化经历了从向西方工业化国家外源性环境法学知识的学习与借鉴，到中国内源性环境法学自主知识创新的巨大转变。回顾其发展历程，大体经过了三个阶段。

第一个发展阶段是从1972年到1991年，在环境问题呈现全球化扩散的特定时代背景下，1972年联合国召开首次人类环境会议，中国通过此次会议接受了关于全球环境问题及其应对的国际社会共同观点，并进入全球性的环境保护时代浪潮之中。从摆脱意识形态的

---

① 参见石慧：《深刻学习领会习近平文化思想的核心要义》，载《瞭望》2025年第14期。

② 参见张梓太、包婧：《论中国自主环境法学知识体系建构的文化自觉》，载《江苏社会科学》2025年第1期。

思想束缚，到正视国家从农业社会向工业社会转型以及工业化发展过程中的环境问题，迈出了环境保护的法制步伐。① 20 世纪 70 年代末兴起的环境法学，则以环境立法、环境法律制度创设为中心，积极地借鉴西方工业化国家环境法制经验，广泛地学习和吸收国外的先进环境法学知识及其相关文明成果，并不断通过立法、法律制度创设使其中国化和本土化。

其后，以联合国环境与发展大会确立的可持续发展共识为核心，我国环境法、环境法学进入第二个发展阶段。1992 年中国将可持续发展战略确立为国家经济、社会发展和环境保护的国家战略，1995 年党的十四届五中全会将可持续发展战略写入《中共中央关于制定国民经济和社会发展“九五”计划和 2010 年远景目标的建议》。立足于可持续发展战略，我国环境法治建设和环境法学知识探索都发生了实质性的变化，伴随着环境法治建设的发展及其中国化、本土化的可持续发展实践，环境法、环境法学自主知识创新的探索步伐不断加快。

生态文明建设开启了我国环境法、环境法学发展的第三个发展阶段。处于生态文明建设、中国式现代化发展的时代前沿，这一阶段我国环境法与环境法治建设呈现出跨越式的发展特征和自主性的发展态势，以习近平生态文明思想和国家生态文明建设为引导，我国环境法学从被动的知识学习、借鉴转变为主动的自主知识创新。基于中国国家主体性的生态文明建设和中国式现代化发展的实践需要，环境法学经历了从冷门学科到热门学科、边缘学科到前沿学科、封闭学科到交叉学科的发展变化，环境法学自主知识创新的成效显著、成绩斐然。

2023 年，十四届全国人大常委会将编纂生态环境法典纳入立法规划第一类项目，正式启动了生态环境法典编纂的立法程序。2024 年，党的二十届三中全会审议通过的《中共中央关于进一步全面深化改革　推进中国式现代化的决定》深刻总结改革开放以来特别是新时代全面深化改革的宝贵经验，部署“编纂生态环境法典”的重大政治任务和立法任务，为生态环境保护领域“在法治轨道上深化改革、推进中国式现代化，做到改革和法治相统一，重大改革于法有据、及时把改革成果上升为法律制度”指明了环境法学知识创新的主要目标和基本方向。② 当下，生态环境法典编纂及其系统化整合我国现有环境法律、法规的立法需求，对环境法学知识创新提出了更高的要求，也对我国环境法学自主知识创新产生了强大的实践推动力。

---

① 在这一时期，1973 年国务院召开第一次全国环境保护会议，通过《关于保护和改善环境的若干规定》，确立了“保护环境、造福人民”的环保方针。1978 年《宪法》创新性地规定了“国家保护环境和自然资源，防治污染和其他公害”的条款，并以 1979 年的《环境保护法（试行）》、1989 年正式通过的《环境保护法》为核心，出台了一系列环境保护的法律、法规，建立了我国环境保护的法律框架和法律体系。

② 参见吕忠梅：《中国生态环境法典编纂的基本命题》，载《中国地质大学学报（社会科学版）》2025 年第 1 期。

四、中国环境法学自主知识创新的双重主体面向

环境法、环境法治是我国生态文明建设、中国式现代化发展的前沿领域和关键议题。环境法学知识创新的人类主体性与国家主体性的双重主体逻辑，决定了我国环境法学自主知识创新的双重主体面向。一方面，立足中国场域、聚焦中国实践，加强环境法学自主性的理论创新、知识创新，理论联系实际，指导和推进中国环境法治实践；另一方面，向世界传达和传播中国环境法治理论和实践成就，是我国环境法学知识创新的内在要求与环境法学知识界的时代使命。

其一，在环境法学知识创新的国家主体性面向，坚定中国国家主体性的道路自信、理论自信、制度自信、文化自信，我国环境法学界需要将环境法学知识创新植根于中国大地，服务于生态文明建设和中国式现代化发展的宏大社会实践，致力于发现、提炼其规律性认识，形成能够有效指导环境法、环境法治实践的自主性、独特性理论知识成果和体系化的知识创新成果。

2018 年《宪法修正案》序言中，首次将生态文明和美丽中国纳入国家发展目标。《宪法》序言中明确规定：“推动物质文明、政治文明、精神文明、社会文明、生态文明协调发展，把我国建设成为富强民主文明和谐美丽的社会主义现代化强国，实现中华民族伟大复兴。”① 生态文明的政治话语进入《宪法》使其成为宪法的法律话语，不仅彰显了党和国家将生态文明建设上升为国家意志的决心，为我国环境保护事业提供了根本的宪法保障。

我国环境法学知识创新是基于中国的特定国情和社会背景，以及强国建设、发展转型、文化复兴等国家战略目标之下产生和发展的，体现了中国作为最大发展中国家针对环境与发展、发展与安全问题的整体性、系统性政治主张、目标任务和理性选择。从国家战略、政策与法律等不同层面，以及国家生态环境治理体系和治理能力现代化的整体化、系统化路径，我国将环境保护事业放置于环境与发展问题、发展与安全问题的整体思维、系统框架予以认识、考量和建构。

法律具有维持规范预期和推动社会变革两种不同的功能。正如美国学者霍贝尔指出的，社会在不断走向现代化的过程中，伴随着社会的法制化现象；社会结构的转型，也表现在法律与社会的关系结构的变迁之中。② 党的二十届三中全会进一步将整体观、系统论作为深化改革、推进中国式现代化的重要原则，并提出了“坚持系统观念，处理好经济和社会、政府和市场、效率和公平、活力和秩序、发展和安全等重大关系，增强改革系统性、整体

① 同时，《宪法》第 89 条第 6 项修改为：“领导和管理经济工作和城乡建设、生态文明建设。”宪法赋予国务院领导和管理生态文明建设的职权，为各级人民政府落实生态环境保护职责提供了宪法依据。

② 参见［美］霍贝尔：《初民的法律——法的动态比较研究》，周勇译，中国社会科学出版社 1993 年版，第 309 页。

性、协同性”的要求。当下，对于我国的环境法、环境法治建设而言，基于环境与发展的整体、系统进路下，推动经济发展模式转型、社会治理体系变革，是中国发展转型背景下其承担的战略任务和法律要旨。

新时代以来，在生态文明建设的战略引领下，以习近平生态文明思想为理论遵循和实践指南的环境法、环境法治实践迈上了发展的快车道，生态文明体制机制的改革创新以及环境法、环境法治的制度拓展成效显著，并为世界所瞩目。得益于生态文明建设实践的快速发展，从战略引领、政策推进到法治推动，我国环境法立法、行政、司法等领域，不断将生态文明建设体制、机制和制度成果转化为法律化、规范化的法治成果，进而推动了我国环境法、环境法治实践的多层次拓展和全方位创新。其中，党政同责、中央生态环境督察、生态环境治理体系与治理能力现代化、流域与区域协同治理、“双碳”目标管控、国土空间规划与自然保护地体系、环境行政监管、环境司法专门化、环境公益诉讼、排污权与碳排放权交易市场、生态损害赔偿、生态修复、生态补偿等领域体制、机制和制度的创新性实践，更是展现了环境法、环境法治的新态势，开拓环境法、环境法治的新局面。

相较于环境法、环境法治和生态文明建设的实践成就，我国环境法学理论研究和知识创新，已经落后于生态文明建设、环境法和环境法治的实践步伐，环境法学自主知识创新难以全面表达、有效传播生态文明建设引领性下的环境法、环境法治实践成就；同时，环境法学知识创新的自主性、前瞻性不足，已经落后于生态文明建设、中国式现代化发展的实践需求，对于中国环境法、环境法治建设的理论引导、实践解释、知识供给明显不足，难以满足环境法立法、行政、司法等方面实践需求。

以我国环境法、环境法治实践为知识生产和创新对象的环境法学，绝不是对西方现代化、工业化发达国家环境法学知识的照搬照做、邯郸学步、亦步亦趋。相反，我国生态文明建设和环境法、环境法治实践的开拓创新呼唤着环境法学的学科创新、学术创新和话语创新。我国环境法学知识体系的构建，必须立足中国实际、解决中国问题，从中国社会主义现代化强国建设的理论和实践中汲取能量，吸收中华优秀传统文化和人类文明优秀成果，逐步形成中国环境法学自主知识体系，为我国环境法、环境法治实践提供具有中国立场、展现中国智慧的价值理念和行动方案。

环境法学自主知识是在独立掌握、构建和运用知识的过程中，由国家内部逐步形成的一套内在的、系统化的价值目标、知识结构和方法论体系，它不依赖外部的知识输出，而是依靠内在的知识积累与自我演化，通过自主创新与持续学习不断完善、深化、丰富。当然，我国环境法学自主知识创新并非一蹴而就，而是在持续的实践、探索中逐步形成环境法自主知识创新与体系建构，通过知识的获取和积累以及知识的内化、共享与转化，最终为国家的发展战略以及环境保护决策、行动和提供整体性、系统性支撑的环境法学自主知识体系。

习近平总书记指出，哲学社会科学研究要以马克思主义为指导，立足中国特色社会主义伟大实践，提出具有自主性、独创性的理论观点，构建中国特色学科体系、学术体系、话语体系。立足中国生态文明建设实践，遵循习近平生态文明思想和全面依法治国的基本要求，环境法学知识创新需要将生态文明政治话语转化为环境法律话语、环境法学话语，以法治推动和保障生态文明体制改革和制度创新，助力于政策改革成果转化、上升为法律制度成果。同时，环境法学知识创新需要从环境法、环境法治实践中挖掘新材料、发现新问题、提出新观点，形成对环境法、环境法治实践具有指导意义的中国特色环境法学自主知识体系。

党的二十届三中全会通过的《中共中央关于进一步全面深化改革　推进中国式现代化的决定》进一步提出了全面深化生态文明体制改革的总目标："聚焦建设美丽中国，加快经济社会发展全面绿色转型，健全生态环境治理体系，推进生态优先、节约集约、绿色低碳发展，促进人与自然和谐共生。"生态文明建设、中国式现代化发展涉及一场广泛而深刻的观念革命、社会变革，它包含价值观念革新、社会利益关系变革、国家治理结构重构、体制和制度创新、权利义务关系调整等多重考验，需要按照哲学社会科学自身的特点和规律，创新环境法学自主知识。对于我国环境法学界而言，环境法学知识自主创新既要加强基础理论研究，又要注重应用研究；既要聚焦环境法、环境法治的实践问题，研究环境法律现象、环境法律条文本身，更要探究环境法律背后的价值和观念、历史和社会、规范和解释、功能和实效等学理问题，指导立法、司法、执法、守法等法治实践活动，促进环境法、环境法治国家目标、社会功能的法律实现。

当下，应当抓住生态环境法典编纂的契机，通过环境法学学科体系、学术体系和话语体系的协同发展和知识创新，全面提升我国环境法学知识创新的能力和水平，为生态环境法典编纂提供更具主体性的自主知识，更加系统完备的知识供给，更为科学合理的知识框架。《宪法修正案》为完善生态环境保护法律体系提供了宪法指引，推动了相关生态环境法律法规的制定和修改，特别是促成了生态环境法典编纂工作的启动，促进了环境法学自主知识创新。例如，针对生态环境法典总则编的编纂，有学者提出，应当以创新精神，通过"生态环境"等基础性概念的创新界定、"一体化保护和系统治理基本原则"的创新设置，以及生态环境分区管控及规划制度、生态环境影响评价制度、生态环境许可制度、生态环境应急制度、生态环境修复制度、生态环境经济激励制度、生态环境保护信息公开和公众参与制度、生态环境标准制度和生态环境监测制度等基本制度体系，回应生态环境法典总则编的立法需求。① 显然，这些法典化的立法创新都有赖于我国环境法学自主知识创新及其知识供给。

---

① 参见徐以祥：《编纂"聚焦建设美丽中国"的生态环境法典总则》，载《中国地质大学学报（社会科学版）》2025 年第 1 期。

其二，在环境法学知识创新的人类主体性面向，中国环境法学主体性、自主性、独特性的知识创新和知识体系构建，绝不是闭关自守、故步自封、孤芳自赏，而是秉持环境法学知识的开放性、创新性、传承性的立场和方法，既学习、借鉴和运用属于人类文明成果的生态学、环境科学等自然科学客观知识，以及属于人类文明成果的国外哲学社会科学知识、环境法学知识，也要立足中国、放眼世界，以高度的道路自信、理论自信、制度自信、文化自信，传播中国环境法治、生态文明思想、中国式现代化道路的实践成就，借由中国主体性环境法学知识创新及其传播，为世界贡献现代化发展、可持续发展与文明发展的新范式、新方向、新选择。

伴随着我国环境保护事业的推进和社会主义现代化建设的发展，2012 年党的十八大将生态文明建设纳入“五位一体”总体布局，明确提出建设美丽中国的目标。2017 年党的十九大进一步强调“加快生态文明体制改革，建设美丽中国”，并提出了“坚持人与自然和谐共生”的基本方略。通过科学的、系统的归纳、整理，2018 年全国生态环境保护大会正式提出习近平生态文明思想。坚持马克思主义科学理论、传承中华优秀传统生态文化，习近平生态文明思想在本体论、价值论、方法论层面实现了话语革命与理论创新，其蕴含的“人与自然和谐共生”“美丽中国”“山水林田湖草沙系统治理”“生态优先、绿色发展”“地球生命共同体”“绿水青山就是金山银山”等一系列标识性概念，构建起中国式现代化的生态文明话语体系，推动实现中国生态文明话语体系的“术语的革命”。①

与此同时，以习近平生态文明思想以及习近平新时代中国特色社会主义思想为引领，我国生态文明建设不断向各个领域扩展、向纵深推进，其理论创新、实践创新、制度创新层出不穷、实践成效显著。通过系统治理、法治保障和科技创新，推动生态环境质量持续改善，实现了从重点整治到系统治理的重大转变，推动了国内生态环境的显著改善和高质量发展、绿色低碳发展方式的持续转型。国家不断推进生态文明体制改革，提升生态环境治理体系和治理能力现代化水平，拓展环境法治建设新领域、新路径、新方法，并在环境污染控制、生态环境质量改善、流域治理、碳排放控制、生态修复、绿色能源转型、绿色低碳发展等领域取得了举世瞩目的成效，向全世界展现了一幅人与自然和谐共生、共生共荣的中国画卷。

习近平生态文明思想的理论创新和中国式人与自然和谐共生现代化发展模式的实践选择，是对西方价值观及其工业化、现代化发展模式的批判性反思和革命性超越，展现了解决环境与发展问题的中国智慧、中国方案。与深陷泥淖的西方国家强势人类中心主义的哲学思维和价值观念不同，习近平生态文明思想包含的“人与自然和谐共生”“地球生命共同体”“绿水青山就是金山银山”等创造性的思想话语、理论话语，超越了西方国家强势

① 参见李宏伟：《习近平生态文明思想的标识性概念与原创性贡献》，载《人民日报》2025 年 3 月 10 日，第 20 版。

人类中心主义价值观的狭隘性及其“主客二分”和“工具理性”视野的局限性，开创了人类社会思考其文明发展道路、探索其现代化发展模式的新视野、新境界、新话语。生态文明思想与生态文明建设、人与自然和谐共生中国式现代化的实践，为摆脱以牺牲环境为代价的资本主义生产方式所造成的人类环境危机，克服西方工业化、现代化发展模式所带来的人与自然关系的整体失序，提供了人类社会文明发展道路、现代化发展模式的新价值、新方向、新选择。

我国环境法学自主知识创新是习近平生态文明思想以及生态文明建设、中国式现代化发展的国家法治实践在法学领域的学理表达。毋庸置疑，以习近平生态文明思想为根本遵循和行动指南，我国环境法学知识创新蕴含着解决人类社会环境与发展、发展与安全问题的中国智慧、中国路径、中国方案。对于人类社会的现代化发展与文明进步前景而言，中国环境法学知识创新具有探索人类社会的可持续发展新选择、现代化发展新模式、文明发展新道路的时代价值和世界意义。

环境法学是环境法、环境法治理论体系、知识体系的法学载体，作为环境法、环境法治理论与实践的思想交流、知识创新与传播的专业学科，在中国与世界之间，环境法学承担着向世界表达中国环境法、环境法治话语，传播中国环境法学知识的重要任务。据此，环境法学知识创新不仅要立足中国立场、解决中国问题，提出中国理论、指导中国实践，而且还要关注知识创新过程中的对外知识交流与知识传播。我国环境法学知识是中国生态文明思想、人与自然和谐共生中国式现代化价值观的法学表达，环境法学知识界应当坚定中国国家主体性的道路自信、理论自信、制度自信、文化自信，通过创新中国环境法治话语、总结中国环境法治经验、传播中国环境法治知识，为人类社会共同面临的环境与发展世界难题贡献中国法治智慧、中国法治经验、中国法治方案。

基层环境治理中的政策执行偏差及法治优化*

——基于规范主义和功能主义的双重观察

陈真亮**

摘　要： 随着生态文明建设载入党章、宪法和法律，我国生态文明法治建设从理论到实践都发生了历史性、转折性、全局性变化，美丽中国建设迈出重大步伐。生态文明建设出现立法大繁荣之景象，并且《中共中央关于进一步全面深化改革　推进中国式现代化的决定》要求“编纂生态环境法典”。但也需注意到生态环境保护结构性、根源性、趋势性压力尚未根本缓解等客观现实，而且基层环境保护仍然存在影响城乡人居环境、环境与健康风险等治理悖论，深刻影响人民的环境健康权益及其对美好生活的向往与追求。通过对近十年基层农村环境治理任务变迁和国家涉农环境政策下乡的规范主义与功能主义视角的双重观察，基层环境治理存在对国家环境政策内容的狭隘化或故意曲解、基层环境治理的形式主义与机械化、扩大化倾向等问题。环境政策执行偏差是指环境法治预期目标与实施结果之间出现差距、差异或背离，会导致法律规范的执行偏离效应、执法能力和治理效能的损耗。这些基层环境治理“怪现状”有其内在的实践逻辑和制度逻辑等深层次原因。为了促进基层生态之治向生态共治和生态善治转型，有必要坚持功能主义立场，践行经由形式正义的实质法治观和生产、生活、生态、生命的“四生共赢”环境治理观，对基层环境治理体系和治理能力进行法治优化与制度调试，构建“党委领导、政府主导、企业主体、社会组织和公众共同参与”的现

---

* 基金项目：国家社会科学基金一般项目“生态环境法典编纂与适用比较研究”（项目编号：24BFX109）、浙江省哲学社会科学规划领军人才专项课题“全面推进健康中国建设的环境法回应研究”（项目编号：22QNYC16ZD）、浙江省哲学社会科学规划年度课题“大运河国家文化公园建设的法治保障研究”（项目编号：22NDJC098YB）的阶段性成果。

** 作者简介：陈真亮，法学博士，博士生导师，浙江省新型重点专业智库——浙江农林大学生态文明研究院所长、教授。主要研究方向：环境与资源保护法学。

代环境治理体系，加快推动将美丽中国建设融入基层治理创新，促进城乡环境基本公共服务的均等化，构建迈向更加成熟与逻辑自洽的新时代环境法，从而助力形成以实现人与自然和谐共生现代化为导向的美丽中国建设新格局。

关键词：环境治理　政策执行偏差　法社会学　法治优化

目　次

生态文明建设是关乎中华民族永续发展的根本大计，建设美丽中国是全面建设社会主义现代化国家的重要目标，是实现中华民族伟大复兴中国梦的重要内容。党的十八大以来，以习近平同志为核心的党中央把生态文明建设摆在全局工作的突出位置，全方位、全地域、全过程加强生态环境保护，实现了由重点整治到系统治理、由被动应对到主动作为、由全球环境治理参与者到引领者、由实践探索到科学理论指导的重大转变，美丽中国建设迈出重大步伐。2023 年 12 月 27 日，中央全面深化改革委员会第三次会议通过的《中共中央、国务院关于全面推进美丽中国建设的意见》深刻指出："当前，我国经济社会发展已进入加快绿色化、低碳化的高质量发展阶段，生态文明建设仍处于压力叠加、负重前行的关键期，生态环境保护结构性、根源性、趋势性压力尚未根本缓解，经济社会发展绿色转型内生动力不足，生态环境质量稳中向好的基础还不牢固，部分区域生态系统退化趋势尚未根本扭转，美丽中国建设任务依然艰巨。"诚然，当前中国生态环境保护机遇与挑战并存，既是负重前行、大有作为的关键期，也是实现环境质量改善的攻坚期、窗口期。

"十四五"时期，生态环境质量改善进入了由量变到质变的关键时期，生态环境治理的复杂性、艰巨性更加凸显。基层在晋升机制和发展压力等多重因素的作用下，有的地区在资金使用过程中更易诱发转移配置行为，加剧地方政策和法律规范执行目标与中央制定目标的偏离程度，导致其政策靶向效应较弱，政策治理效果不明显。对此，有人认为数字赋能农村人居环境治理存在"技术鸿沟：城乡二元分割背景下的数字基础孱弱"，以及"制度异化：数字赋能农村人居环境治理的保障力度式微"等方面的困境。① 深究其原因，

① 参见贾文龙：《数字赋能农村人居环境治理的价值意蕴、偏差审视及优化路径研究》，载《河南社会科学》2024 年第 1 期。

有人认为中央政府环境信号是地方政府环境监管行为的动力源；文件信号的可信性、强烈性和清晰性能够显著影响地方政府的环境监管行为；[①] 也有人认为媒体压力发动、地方政府执行偏差、中央压力下纠正、地方响应再纠正等因素内嵌于环保政策执行纠偏过程中，形成了中国环保政策的上下结合纠偏机制及影响因素模型。还有人认为偏离则是行政机关为了解决诸多矛盾而对规范执行进行系统调整的结果，需要通过环境监管改革将规范执行的调整机制纳入法律调整范围，运用基于“地方政府环境责任”的问责机制对行政机关行使监管权进行控制和约束，并发挥其他机关、组织和公众的监督作用。[②]

本文所探讨的基层环境治理主要是指《宪法》中的生活环境，包括人为环境、人为生态系统、人居环境及人文环境等，所谓“政策执行偏差”，是指广义上的相关政策和法律规范因适用不规范、不科学、不合理等影响治理效能，甚至影响生态文明建设形式理性或实质理性的现象。当前，我国广大基层乡村经济社会发展不平衡、不协调、不可持续的问题仍然较为突出，多阶段、多领域、多类型生态环境问题交织，生态环境与人民群众需求和期待差距较大。伴随着经济下行压力加大，一些地方环保投入减弱，部分地区生态系统稳定性和服务功能下降，统筹协调保护难度大。随着可直接感受的环境问题逐渐得以控制或基本解决，生态环境法治面临以生态守法为逻辑中心转型的现实需要[③]。国际时局变化、环境监管体制改革、社会转型给基层社会治理体系和能力的现代化、人居环境整治增添了诸多风险和挑战，甚至出现了政策一统性与执行灵活性之间的矛盾以及制度拥挤却出现灾难性环境与健康风险悖论。因此，需要加快提高城乡环境质量，加快补齐生态环境治理短板。在理论层面有待思考如何进一步规范乡村环境的社会化与法治化治理，如何预防和治理基层环境治理中的政策执行偏差现象，系统反思乡村生态振兴与组织振兴、产业振兴、人才振兴、文化振兴之间的张力及其深层次原因，并探求相应的法治优化和制度调试之策。

一、问题的提出及分析视角

党的十八大以来，我国生态文明建设有关的党内法规和国家法律规范不断完善。新时代，我国经济社会发展已进入加快绿色化、低碳化的高质量发展阶段，生态文明建设仍处于压力叠加、负重前行的关键期。就现有环境保护的法规范现状而言，存在一个治理难题，即“制度拥挤但出现大规模环境与健康风险”，而且政策执行偏差影响民众美好生活权利和小康社会建设，出现环境基本公共服务领域的均等化与法治化不足、制度供给不足、享受不均等问题，因此有必要加强规范主义和功能主义等视角的整体性观察和综合分析。

---

① 参见李玮：《环境政策执行偏差的破解——基于信号传递理论的解释》，载《中国人口·资源与环境》2020年第12期。

② 参见曹炜：《环境监管中的“规范执行偏离效应”研究》，载《中国法学》2018年第6期。

③ 参见肖爱：《生态守法论——以环境法治的时代转型为指向》，载《湖南师范大学社会科学学报》2020年第2期。

（一）一个悖论：制度拥挤但难以应对可能出现的环境与健康风险

良好、健康的生态环境是人民对美好生活需要的重要内容。但是，生态环境仍然是全面建成小康社会的突出短板，因此党的十九大要求“加快生态文明体制改革，建设美丽中国”，《中共中央、国务院关于全面推进美丽中国建设的意见》要求持续推进新污染物治理行动，推动实现城乡“无废”、环境健康。习近平总书记在党的二十大报告中提出“把保障人民健康放在优先发展的战略位置”。《“健康中国2030”规划纲要》、“十二五”和“十三五”环境与健康行动计划都要求将环境与健康列入政府优先工作领域。旧环保法时代相关研究和实践侧重人体健康保障，较为关注污染防治、自然资源开发利用。2014 年之后，我国已经进入以改善生态环境质量为核心的绿色发展新时代，我国环境法开始从“总量控制目标”向“环境质量改善目标”、从“危害防止”向“风险预防”、从环境风险规制向环境与健康风险一体化治理的研究和实践转型。近十年来，与污染防治、自然资源、生态保护有关的政策和法律法规密集出台，出现了“制度拥挤/规则爆炸”的环境政策和立法繁荣景象，并且全国人大已经启动生态环境法典的编纂，吕忠梅教授团队已经研究形成了《生态环境法典专家建议稿（草案）》，近三年中国环境法典研究迎来新的学术高峰。

诚然，健康中国要聚焦、兼顾人的健康和生态环境的健康，乡村全面小康建设离不开美丽中国和健康中国战略的协同推进。现有研究对“健康中国”战略进行了分割探讨，具有明显的条块化特征。国家要求“将健康融入所有国家政策”，但是目前各部门法“健康化、绿色化”仍显不足，对“健康中国”和“美丽中国”战略的融贯性不足，不利于保障公众健康与生态安全。再者，现有研究缺乏从基层“三农”环境法的视角或维度去研究、实施“健康中国”战略，尚需加强对命令控制型制度、市场激励型制度和公众参与制度等方面的制度协同与法律完善，从而提升环境保护有关的党规国法的制度合力与治理效能。

再者，现有研究和地方实践创新较为侧重有毒有害物质、重金属、危害防止等方面的污染防治法角度，具有“重污染轻生态保护”“重城市轻农村”“重公法治理轻私法治理”等问题。换言之，与“美丽中国”战略的“下乡”或向基层治理下沉相比，“健康中国”战略略显滞后，没有完全贯彻和融入自然资源法、生态保护法等与生态文明建设有关的全部领域，环境与健康风险规制的制度协同、制度优化、保障机制建设明显不足。进言之，“健康中国”和“美丽中国”战略的法律回应和制度“协同不够、规制失灵”，难以应对可能出现的周期性、大规模灾难性的环境与健康风险。随着环境问题已成为威胁人体健康、公共安全和社会稳定的重要因素之一，亟须将传统的环境风险预防拓展到环境与健康风险的整体性预防与一体化治理。

（二）悖论后果：政策执行偏差影响民众美好生活权利和小康社会建设

就权力关系而言，我国遵循在中央的统一领导下，充分发挥地方的主动性、积极性原则。国家各部委、主管部门的相关社会治理任务要靠县域乡镇（街道）实施；但并不是所有的国家环境规制体系都是基层所需要的，也不都是适合基层的。在实施过程中存在有形无形的阻隔带和影响变量，可能导致国家政策和法律体系处于一种“悬置”、“虚置”甚至“空转”的状态，国家政令难以百分之百地传达至基层并得到不折不扣的执行。比如，有的地方立法“放水”、降低标准、放松管控，对国家禁止性规定进行恶意规避或变相变通，这使国家法令难以“上传下达、令行禁止”并取得法律的威慑性效果。这就出现了法律的国家性和地方性、现代性与传统性、自主性与地方性之间的张力。其中有的基层治理体系和能力非常有限，采取“上有政策、下有对策”型的选择性执行、弹性执法①，甚至对“散乱污”企业进行简单粗暴的“一刀切”整治，影响了法律功能和目的之“复现”。②

基层，尤其是乡镇、街道、县域范围内的基层环境执法力量、环境监管、环境基本公共服务等都较为薄弱，有的往往疲于奔命式地要完成自上而下的、各种繁杂的法治建设和依法行政任务和目标考核。有一些与生态环境保护有关的国家和政府惠民工程或民生项目被有所选择地筛选或资金截留，出现“分肥式”腐败窝案。需要指出的是，有的地方在生态振兴方面投入太多资源，在一定程度上影响了产业振兴、人才振兴、文化振兴；有的地方环保投入减弱，部分地区生态系统稳定性和服务功能下降，或者有的地区在产业振兴之后，存在农村环境脏乱差现象等不争的事实。这种差异化的城乡二元民生福利和行政给付制度的不合理安排，在各方面都影响着乡村社会当代人和后代人的美好生活权利的实现。

（三）拟采取的分析视角：规范主义和功能主义

综上可见，这些民生法治实践中的各种力量和不确定因素的交织、博弈和拉锯基本描绘出了基层环境社会治理过程中的一个“怪现状”，即相关制度安排的执行过程在一定程度上偏离、背离了国家政策和法律的初衷或目标取向。传统的形式法治意义上的规范主义分析立场较为习惯采用“形式—功能”研究进路，尤其强调政策的合目的性、规范性、立法技术等，通过内部的备案审查和外部司法审查来促进政策的形式合法性与合理性。其实践中的治理逻辑侧重于规制行政许可、行政处罚、行政强制等行政权的种类越权或幅度越权。相对而言，法律作为一个社会系统，由于法治系统的复杂性，这也间接导致基层环境治理和选择的复杂性，甚至出现选择性执法，甚至较为忽视法规范或政策在实施过程中的社会事实或复杂因素。这种法治预期目标与实施结果之间的差距、差异实际上就是公共政策的执行偏差或政策变形，也是法律规范的“执行偏离效应”③“执法能力的损耗”④，抑或国家法律意志和治理功能的耗散问题。

从结构功能主义的视角观之，法律系统是社会总系统中的一个功能系统，因此国家和

---

① 参见陈柏峰：《基层社会的弹性执法及其后果》，载《法制与社会发展》2015 年第 5 期。

② 参见陈真亮、乐陶陶：《全面推进“散乱污”企业综合治理的法治观察》，载《绿叶》2018 年第 9 期。

③ 参见曹炜：《环境监管中的“规范执行偏离效应”研究》，载《中国法学》2018 年第 6 期。

④ 参见刘杨：《执法能力的损耗与重建——以基层食药监执法为经验样本》，载《法学研究》2019 年第 1 期。

基层环境治理需要秉承系统治理思维，需要坚持多方共治，明晰政府、企业、公众等各类主体权责，畅通参与渠道，形成全社会共同推进环境治理的良好格局。相对规范主义立场而言，结构功能主义更加注重政策和法律的目的导向性、实质理性、社会回应性和结果的公平正义性。这有助于阐释规范执行偏离的原因并预测其可能出现的后果，也可以理解国家政策规范在基层为何容易出现执行偏离及其是如何发生的。但也需清醒地认识到，经验的、结构的视角有其自身的视角边界限定，这主要是因为其范式本身就是静态的。如若想要有所突破，有必要以系统论的方法解释环境法律和政策在基层环境治理中的复杂关系，在一定程度上克服法律实证主义的狭隘化视角和原子论方法的局部性思维弊端，从而得以实现在理性思维下对基层环境治理中的政策执行偏差的实践逻辑和制度逻辑进行二阶观察，反思环境立法和实施在环境治理过程中的复杂关系，以期为环境法的形式理性、实质理性、合需求性、合目的性等环境法理问题提供有益的分析视角。

二、基层环境治理政策执行偏差的发生场域和表现

诚然，制度执行是政策和法律运行过程中的首要环节，也是环境治理体系和治理能力现代化过程的重要议程。中国要美，农村必须美；农村要美，生态环境必须美。2018 年中共中央办公厅、国务院办公厅印发《农村人居环境整治三年行动方案》至今，当前农村人居环境整治进展如何？农村厕所革命、生活垃圾分类、污水治理等方面的工作成效如何？乡村环境治理的系列组合拳和制度安排的实施效果如何？针对这些问题和前述基层环境治理怪现状，有必要对基层环境治理政策执行偏差的发生场域和表现进行总结和反思。

（一）基层环境治理变迁及近十年生态环境规划透视

2014 年修订的《环境保护法》规定了“县级、乡级人民政府应当提高农村环境保护公共服务水平，推动农村环境综合整治”的强制性法律义务。如要系统把握当前乡村环境治理核心场域和攻坚任务，有必要先回顾和梳理近十年国家生态环境保护规划提出的主要治理任务及其变迁情况。首先，《国家环境保护“十二五”规划》（国发〔2011〕42 号）要求提高农村环境保护工作水平，其主要的治理任务和领域有：保障农村饮用水安全；提高农村生活污水和垃圾处理水平；提高农村种植、养殖业污染防治水平；改善重点区域农村环境质量；加强畜禽养殖污染防治、农业节水、农业物种资源保护；开展农业和农村环境统计；推进基层环境监测执法业务用房建设；推进区域环境保护基本公共服务均等化等。其次，《“十三五”生态环境保护规划》（国发〔2016〕65 号）要求加快农业农村环境综合治理，其主要的治理任务和领域有：继续推进农村环境综合整治；大力推进畜禽养殖污染防治；打好农业面源污染治理攻坚战；强化秸秆综合利用与禁烧；实施农村生活垃圾治理专项行动和农村饮水安全巩固提升工程；开展农村环境保护体制机制综合改革与创新试点；农业面源和重金属污染农田综合防治；推动环境执法力量向基层延伸；推动环境监管服务

向农村地区延伸等。

通过对前述国家“十二五”和“十三五”环境规划阐述的当前环保形势、主要目标和具体任务等方面的比较，近十年来我国基层环境治理正在从“污染物排放总量控制”、“提高农村环境保护工作水平”向“加快农业农村环境综合治理”、“总体改善生态环境质量”的发展转型。此外，《重点流域水污染防治规划（2016－2020年）》（环水体〔2017〕142号）也对养殖污染防治、农业面源污染治理、农村环境综合整治等进行了规划部署。2023年，生态环境部等五部门联合印发《重点流域水生态环境保护规划》，提出到2025年，主要水污染物排放总量持续减少，水生态环境持续改善，在面源污染防治、水生态恢复等方面取得突破，水生态环境保护体系更加完善，水资源、水环境、水生态等要素系统治理、统筹推进格局基本形成。展望2035年，水生态环境根本好转，生态系统实现良性循环，美丽中国水生态环境目标基本实现。相对而言，农村人居环境整治至今仍然是打赢脱贫攻坚战和全面小康“三农”领域的突出短板之一。农村居民日益增长的美好生活需要和不平衡不充分的发展之间的矛盾逐步显现。因此，2020年年初发布的中央一号文件①要求把制度建设和治理能力建设摆在“三农”工作更加突出位置；要求从厕所革命、垃圾、污水、村庄清洁行动等方面着眼，部署建设农村“美丽家园”，总体改善农村生态环境质量和人居环境。由此可见，为了满足民众对美好生活的期待和向往，国家大力推进农村环境保护体制机制综合改革，更加重视“三农”污染防治、自然资源、生态环境的综合治理。

（二）基层环境治理中的政策执行偏差的主要表现

2014年之后，随着《环境保护法》的修订完善以及《民法典》等相关法律的颁布实施，保护环境基本国策正式入法，生态文明建设全面写入党章、宪法和法律。这标志着生态文明建设形成了政治规范、法律规范、宪法规范“三位一体”的话语体系，也由此完成了从政治规范到法律规范、宪法规范的逻辑转换②。此外，从2004年到2024年连续20年发布的中央一号文件都非常重视“三农”问题。2018年，中共中央办公厅、国务院办公厅联合印发《农村人居环境整治三年行动方案》对前述强制性的基层政府环境法律义务进行了政策转化和具体化。比如，根据在“北大法宝网”、“威科法律数据库”等以“人居环境、生态环境”为关键词和主题词的综合检索，2018年至今共有100余件相关部委规章或规范性文件，形成了多管齐下的中央涉农环境“文件下乡”或“政策下乡”的繁荣局面。从规制措施来看，通过对近五年来相关政策的梳理，前述发文领域主要涉及乡村振兴、贷

① 《中共中央　国务院关于抓好“三农”领域重点工作确保如期实现全面小康的意见》（2020年1月2日），载中央人民政府网，https：//www. gov. cn/zhengce/2020－02/05/content_ 5474884. htm。

② 参见陈真亮：《论生态环境检察的专门化、体系化与法治化》，载《浙江工业大学学报（社会科学版）》2019年第2期。

款资金、村庄清洁行动、供销合作社、农村医疗污水处置的监管、塑料污染治理、农村生活污水治理、生态农业、国家农业绿色发展先行区、环境综合治理托管服务模式试点、长江经济带农业面源污染治理、浙江“千村示范、万村整治”工程经验推广等。这些基层环境治理新动向有必要采取规范主义和功能主义进行多视角的观察和解析。

首先，近年来中央的涉农环境治理呈现出在环境资源法律之外采用政策性立法、自上而下的压力传导型选择偏好，可称为“政策之治”或者“行政化管理”现象。发文主体涉及中共中央办公厅、国务院办公厅、国家发展改革委、中央农村工作领导小组、农业农村部、水利部、住房和城乡建设部、生态环境部、国家林业和草原局、国家卫生健康委、中国农业发展银行等。其中有的是中共中央办公厅、国务院办公厅联合立法，有的是国务院跨部门的联合发文等。这些政策举措构成了农村环境治理政策或规范体系现状。加上国家层面正在推进的“碧水蓝天净土”保卫战，出现了中央部委生态环境和自然资源领域“政策下乡”的扎推或制度拥挤现象。对县域、乡镇政府和一线执法系统而言，近十年可谓“三农”领域环境资源保护有各种新政的密集发布或“立改废解”的高峰期。

在政策执行环节，涉农的生态环境、自然资源等行政主管部门又往往习惯采用另行发布规范性文件、内部执行的管理规范、工作制度、会议纪要、工作方案、请示报告等各种形式进行转化落实。这就难免将其他与强制性规范的不相关因素带入制度执行和环境治理过程中，会影响到高位阶法律规范措施的指引、预测作用，也会使基层行政部门出现能动执法过度，或者是因为政策“密集恐惧症”而无所适从、执法不力。根据近年来各地法治政府和依法行政建设水平的群众满意度测评，县级以上政府、市直单位的行政执法满意度相对较低，而行政执法的法源冲突和规范适用打架是其中的一个重要原因。因此，国务院生态环境、农业农村等主管部门先后出台规范性文件合法性审查规定、重大行政决策程序暂行条例等，都旨在避免地方基层的规范执行偏离所带来的复杂性、不确定性，避免减损公民、法人和其他组织的合法权益或增设法外义务。

其次，就实质法治意义上的功能主义立场而言，基层乡村生态环境质量是否得到总体改善还需要从横向与纵向两方面来综合观察和判断，也更需要对乡村振兴背景下的山水林田湖草保护、江湖海水环境协同治理成效进行法治视角的客观观察。那么，如今基层乡村生态环境质量、老百姓获得感、执法满意度是否得到总体改善？这就需要针对前述政策的实施效果，深入分析、系统反思基层乡村环境治理模式及成效，分析政策执行的形式化、狭隘化、机械化等问题。

一是基层环境治理存在政策执行形式化。结构功能主义内在的要求法治系统充分考量“法律—社会系统”运行的复杂性和悖论现象。比如，以下现象就值得加以剖析：因过于重视党政同责、环保督察、河/湖长制、环境资源审计等特色制度而滑向环境保护的“形式主义和退却主义"①，甚至生态倒退、民众返贫致贫。再如，2024 年 8 月 5 日施行的《自然资源部关于学习运用"千万工程"经验深入推进全域土地综合整治工作的意见》（自然资发〔2024〕149 号），明确要求逐步实施耕地下山、果树上坡，耕地保护不是图上作业。但实践中，有的地方在丘区和山区实施"耕地上山"的做法并不科学经济，有研究表明 2010～2020 年万年县补充耕地呈现上山和细碎化趋势，撂荒率约为 14.77%。当补充耕地海拔高度 $>130\text{m} \cap$ 斑块面积 $<0.2\ \text{hm}^2$、或所在村常住人口密度 <400 人/$\text{hm}^2 \cap$ 斑块面积 $<0.2\ \text{hm}^2$、或临近耕地交通距离 $>40\text{m} \cap$ 斑块面积 $<0.2\text{hm}^2$、或海拔高度 $>110\text{m} \cap$ 临近耕地交通距离 $>70\text{m}$ 时，撂荒可能性较大。② 这说明基层在执行国家环境政策和法律中，出现了相关主管部门执法偏离公正甚至严重渎职的情况，背离了民众对美好生活向往的逻辑和法律预期，偏离了国家环境政策和法律规范的预期。

二是基层对国家环境政策内容的狭隘化或故意曲解。长期以来，我国基层环境执法过程中较为重视经济性惩罚威慑环境污染者或生态破坏者③，缺乏对自然资源、生态系统的整体性保护和多中心主体的共同治理。比如，2009～2015 年全国环境质量公报显示，一个有意思的现象是，我国十大流域水质近年来持续改善却出现生物多样性倒退的悖论④。长期以来，我国"三农"领域的环境治理被有意无意地等同于或者矮化、狭隘化为污染防治，主要局限在污染物排放总量控制、重金属污染防治等"污染型"环境问题的治理。再者，基层政府的综合决策体制难以阻挡工业和城市污染向农村的产业转移，垃圾围村、各类废弃物"上山下乡"等问题仍未得到有效改变。再如，有的地方名为生态振兴实为以资本的思维开发乡村产业，有的在大拆大建的撤村改居中造成了新的固体废物污染和村集体自然资源变相处分，出现了被反环保的"资本的逻辑"所俘获。近几年的基层散乱污企业整治出现了"一刀切"、资本化现象，甚至倒逼基层进行规模化养殖并向养猪产业集团集中，一般村民被迫放弃养猪并影响村民基本消费品的本地化、自主化。这些偏激型环境治理如果偏离了公共性、惠益分享和利益增进的绿色低碳高质量发展与协调发展的初衷，则容易破坏基层本来就很脆弱的生产力甚至生产关系，容易滑向环境保护的暴力倾向，甚至容易影响乡村生产、生活、生态、生命的"四生共赢"和整体利益最大化。

三是基层环境治理的形式主义与机械化、扩大化倾向。比如，2019 年中共中央办公厅印发《关于解决形式主义突出问题为基层减负的通知》，将 2019 年作为"基层减负年"，

---

① 参见［美］诺内特、塞尔兹尼克：《转变中的法律与社会》，张志铭译，中国政法大学出版社 1994 年版，第 84－85 页。

② 参见党昱譞、李超、谢臻等：《耕地上山撂荒成因及空间优化路径探究——以江西省万年县为例》，载《长江流域资源与环境》2022 年第 12 期。

③ 参见杜群、梁春艳：《我国环境公益诉讼单一模式及比较视域下的反思》，载《法律适用》2016 年第 1 期。

④ 参见陈真亮：《论"禁止生态倒退"的国家义务及其实现——基于水质目标的法律分析》，载《中国地质大学学报（社会科学版）》2015 年第 3 期。

但需注意的是，个别地区仍然存在重痕迹轻实绩、重拍照轻实效、重材料轻实干等环保形式主义现象。在乡村生态振兴过程中，有的基层习惯于采取短平快性质的功利化措施，消解了国家层面的威慑型环境与健康风险规制措施的有效性。就大江大河保护而言，长江大保护上升为国家战略，继而2020年中央一号文件要求“在长江流域重点水域实行常年禁捕，做好渔民退捕工作”。实际上，2020年2月3日召开的中央政治局常委会会议也进一步提出了基层环境治理的转型要求，即不仅要加强乡村污染防治，更要把“健康中国”战略全方位地贯彻和融入乡村的污染防治、自然资源和生态系统保护等领域。客观而言，乡村振兴中长期存在的重城市轻农村、公共卫生建设投入不足、环境执法力量和环境监管服务薄弱、农村人居环境整治项目过于集中在沿海东部等积弊。这些恰好是长期影响乡村环境保护基本公共服务均等化的主要原因。对此，2024年7月18日发布的《中共中央关于进一步全面深化改革　推进中国式现代化的决定》要求“制定乡镇（街道）履行职责事项清单，健全为基层减负长效机制”，“实施分区域、差异化、精准管控的生态环境管理制度”，“必须完善生态文明制度体系，协同推进降碳、减污、扩绿、增长，积极应对气候变化，加快完善落实绿水青山就是金山银山理念的体制机制”①。

三、基层环境治理政策执行偏差的深层次原因

环境健康问题能否得到科学规范的治理，是全面建成小康社会能否得到人民认可的一个关键议题。《中共中央关于进一步全面深化改革　推进中国式现代化的决定》要求“实施健康优先发展战略，健全公共卫生体系”。为全面建成小康社会，促进人与自然和谐共生的现代化，要深入当前基层环境政策执行偏差的深层次原因，对其负外部性加以法律规制和有效治理，尤其是进行法规范体系的矫正和制度功能优化，从而满足人民群众不断增长的健康环境需求和保障美好生活权利。下文谨对其背后的实践逻辑和制度逻辑等深层次原因进行分析和阐释。

（一）“运动型”环境执法行动与“短期政绩”利益最大化取向

“运动型”环境执法行动又称运动式治理、任务性治理模式，因为其所具有的灵活、便捷、高效等特点，目前已经成为基层不可或缺的重要执法方式。2018年施行的《中共中央、国务院关于全面加强生态环境保护坚决打好污染防治攻坚战的意见》，要求完善督查、交办、巡查、约谈、专项督察机制，开展重点区域、重点领域、重点行业专项督察，要求地方立法、政策制定、规划编制、执法监管中不得变通突破、降低标准。近年来，国家先后开展柴油货车超标排放专项整治、病危险尾矿库和“头顶库”专项整治、“绿盾”自然保护区监督检查专项行动、全国集中式饮用水水源地环境保护专项行动等。地方层面则通

① 《中共中央关于进一步全面深化改革　推进中国式现代化的决定》，人民出版社2024年版，第38－40页。

过成立各级领导小组、委员会、办公室等组织形式，采取“集中整治、专项治理、突击执法、专项行动”等方式，来回应国家和政府的环境治理要求和民众对美好生活的诉求。

在公安、生态环境、自然资源等诸多一线的主管部门，甚至有的部门单独或联合执法专项行动一年就多达十余次，加上中央环保督察、人大督政督企、专项案卷评查和执法检查等，呈现出季节性、周期性、常态化、网格化协同等特征。在有的制度实施过程中，针对同一个问题出现多个层面多种类型的执法检查、监督甚至督察。例如，在生态环境保护督察制度实施过程中，出现不同层级的党委督察、人大督察、政府督察及部门督察并存的现象，导致基层党委政府对生态环境保护督察应接不暇，无心无力谋求区域绿色发展。而且，各地各部门围绕法治杭州、美丽杭州建设开展了不少督察工作，取得了积极成效，但还存在多头执法、重复执法检查、做法不一、标准之间冲突，缺乏规范统一的要求和程序，甚至有的出现不作为、乱作为、慢作为。① 客观而言，近年来各地基层承接了自上而下的各式各样的经济、文化、生态、社会等方面的治理任务，但由于基层事务的繁杂性、多面性、繁重性，有限的县域甚至乡镇执法能力和力量难以全面均衡地布置，具体工作中必定有所侧重地投入环境执法和监管力量。近年来，各地普遍采取“集中各方力量来树立典型治理样板”或通过具有样本意义的治理个案来带动普遍性环境治理，并获得考核目标和“短期政绩”和晋升机会的最大化。

（二）环境执法的摇摆化与政企“共谋”取向

如前文所述，中央部委生态环境“政策下乡”，在一定程度上容易被一些地方政府“自下而上”地进行变通，从而导致国家环境治理制度绩效发生蚀损。尤其是行政任务发包、逐级传递损耗、信息不对称、乡村内生性治理能力和动力不足、城乡利益分配的“剪刀差”机制甚至一些地方保护主义的阻碍等，都在一定程度上影响到治理资源在城乡之间的合理均等化配置，导致贫困地区、中西部地区的乡村社会、城郊接合部人民群体难以及时、公平、均等化地享受到像城市社会那样的医疗、教育、环境、文化等基本公共服务。

这种变通主要有两种体现：一是对硬性的环境法律法规进行“再解释”，将硬性的规定部分柔软化或弱化处理，从而尽可能削弱对经济发展的影响；二是对上级环境治理政策有选择地执行，或者基于部门本位，主观遗漏一些重要政策或者对相关政策进行主观性的理解，甚至进行曲解性的变通，从而达到与经济发展不相冲突的目的②。比如，在基层环境执法环节中，有的会出现执法不能、弹性执法、违法不究、折扣执法、强力执法、执法过程协商化③等现象。这种现象背后隐含了政府部门与环境资源开发利用者之间的“相互

① 参见沈满洪等：《美丽中国建设的杭州样本研究》，中国财政经济出版社 2024 年版，第 228 – 229 页。

② 参见武小龙、谭清美：《城乡生态融合发展：从“策略式治理”到“法治化治理”》，载《经济体制改革》2018 年第 5 期。

③ 参见陈柏峰：《党政体制如何塑造基层执法》，载《法学研究》2017 年第 4 期。

默许”或企业和政府之间通过“共谋”① 追求相互的利益最大化。随着2021年修订的《行政处罚法》新增“行政处罚权下沉乡镇街道”制度之后，不少乡镇（街道）综合行政执法仍然存在乡镇法制审核能力仍然较为薄弱，原县级业务主管部门未能与乡镇（街道）形成更加良好与紧密的互动衔接机制，赋权事项与乡镇（街道）有效承接还存在一些差距，县级主管部门对基层执法的保障和指导力度不足，下沉人员对县级主管部门和乡镇（街道）的双重负责制容易使得下沉人员“沉不住”，县级主管部门和乡镇（街道）职能不够清晰、衔接不够顺畅易致推诿扯皮等深层次问题。有的乡镇（街道）基于执法力量的有限性和考核压力的繁重性，有的通过“走过场”的方式完成执法任务，缺乏执法办案的主动意愿，甚至存在“看到了不想管”等现象。而且，以“大综合一体化执法”和“一支队伍管执法”为导向，赋权乡镇（街道）整合行使基层执法资源，但乡镇（街道）目前的执法能力仅停留在单科、专科执法，无法真正实现全科融合的一体化执法。

（三）环境政策执行的权宜性、异化和非可持续

在生态文明建设的制度设计与执行过程中，有时底层存在对上级政策制度理解不准确的现象。比如，“生态优先，绿色发展”并非“只要保护，不要发展”，而是谋求生产、生活、生态“三生融合”的绿色发展。如果过度严格或者不讲条件、不依法的保护优先，甚至是采取先停后治、先停再说、一律关停、以停代治等“一刀切”的做法②来执行生态环境保护制度，反而会影响正常生活原生态秩序，不利于制度的可持续性。尤其是在中央生态环境保护督察过程中，从央地政府间博弈的角度来看，地方政府容易偏好作出“一刀切”式的政策执行或者政策偏离行为。这实际上是在中央政府监管严格、地方政府执行时间紧张且执行资源相对充分的情境下所选择的一种执行策略。③ 在生态文明建设目标评价考核的要求下，地方政府采取消极的“一刀切”回应方式，虽能缓解或转移问责压力，但其可能严重弱化政府公信力，也会影响地方经济发展和损害社会公众利益。④ 其主要原因在于缺乏形式理性、基础性法律思维、体系性思维、统一思维与融贯思维。

当前，我国法治政府、法治社会、法治乡村建设还处于不断发展完善的阶段。当代中国国家治理和社会治理的党政结构在功能运行上体现为“政治”与“行政”的“双轨一体”，即执政党通过对政府体系的全面融入，将自身的组织机构、行动逻辑、意识形态、价值导向等深层“基因”植入政府体系，从而使其成为承载执政党初心使命的科层⑤。但是，

---

① 参见周雪光：《基层政府间的“共谋现象”——一个政府行为的制度逻辑》，载《社会学研究》2008年第6期。

② 参见黄宏、王贤文：《生态环境领域“一刀切”问题的思考与对策》，载《环境保护》2019年第8期。

③ 参见向俊杰：《“一刀切”式环保政策执行过程中的三重博弈——以太原市“禁煤”为例》，载《行政论坛》2021年第5期。

④ 参见沈满洪等：《美丽中国建设的杭州样本研究》，中国财政经济出版社2024年版，第227页。

⑤ 参见王浦劬、汤彬：《当代中国治理的党政结构与功能机制分析》，载《中国社会科学》2019年第9期。

这有可能导致基层环境治理或各种因地制宜的执法偏离样态，尽管兼具治理“弹性”和功能机制的复合性，但这些治理手段是权宜性的和非可持续的，有时甚至会偏离法治轨道。现实中，也出现基层生态环境主管部门成为地方政府放松环境监管的“帮凶”或者承担环境保护不利后果的“替罪羊”现象。一些地方政府如果热衷采取“运动型”环境执法模式，也间接地促使压力和责任转移到基层的乡镇（街道）和农村。更有甚者，生态环境部门近年来有成为基层官员的一个高危职业的趋向，环境问责、环境资源审计往往被异化为或演变为问责生态环境部门。因此，尤其要注意和避免生态文明建设出现的环境规制措施被利益集团俘获、法律系统自主性被危害与损耗的现象，需要高度警惕政策和法律的预期目标和制度实施结果之间产生的严重的偏差、偏离甚至异化。因此，要坚持全过程人民民主，定期开展政策和立法后评估工作，及时发现制度实施的不足，有针对性地改进立法工作，提高立法质量和治理效能。

综上，基层乡村环境政策执行偏差的根源及其实践样态主要有“运动型”环境执法的“短期政绩”利益最大化、环境执法的摇摆化与协商化、环境政策执行的权宜性等。当前中国基层遭受着外源性和内源性环境问题的双重压力。各地的环境保护普遍面临由单一性污染向混合型污染问题、由化学性污染向生物性环境问题、由局域性点源污染向跨区域的面源环境问题的转变压力。近年来，我国省以下生态环境机构监测监察执法垂直管理制度改革，相关环境治理资源配置事权、财权不断向上集中，以及生态环境政策的逐渐统一性、权威性的获得与环境治理整体得到改善是不容置疑的。但是，自国家先后推进社会主义新农村建设、美丽乡村、乡村振兴战略以来，基层实践中为何仍然出现大量的政策执行偏差，为何县级、乡镇政府更多地倾向遵循“政策之治”或“策略式治理”的行动逻辑来应对基层生态环境问题？

四、基层环境治理政策执行偏差的法治优化与调适

“天下之势不盛则衰，天下之治不进则退。”新时代，为促进基层生态之治向生态共治、生态善治转型，有必要坚持功能主义立场，践行经由形式正义的实质法治观和生产、生活、生态、生命的“四生共赢”环境治理观，对基层环境治理体系和治理能力进行法治优化与制度调试，促进城乡环境基本公共服务的均等化。尤其是需要构建“党委领导、政府主导、企业主体、社会组织和公众共同参与”的现代环境治理体系，加快推动将美丽中国建设融入基层治理创新，完善生态文明基础体制，健全生态环境治理体系，从而助力形成以实现人与自然和谐共生现代化为导向的美丽中国建设新格局。

（一）基层环境治理体系和能力的现代化及现代性补强

当前，我国生态文明建设仍处于压力叠加、负重前行的关键期，进入提供更多优质生态产品以满足人民日益增长的优美生态环境需要的攻坚期，也到了有条件、有能力解决生

态环境突出问题的窗口期。因此，基层要因地制宜地及时转化和落实中共中央办公厅、国务院办公厅印发的《关于构建现代环境治理体系的指导意见》，以及中国共产党第二十届中央委员会第三次全体会议公报提出的“完善生态文明基础体制，健全生态环境治理体系，健全绿色低碳发展机制”等要求。在基层乡村治理体系和能力现代化建设中，基层政府严格落实和执行行政执法事项目录清单制度，要建立健全领导责任体系、企业责任体系、全民行动体系、监管体系、市场体系、信用体系、法律政策体系等“七个体系”；要坚持督政和监企并重，落实相关主体的环境保护义务和法律责任，提高市场主体和公众参与的积极性。

就服务型政府建构而言，地方政府要与企业、民众形成支持信任并行、守法执法并重、激励约束并举的良性互动，推动实现经济社会高质量发展。要秉承生态善治和生态共治理念，促进基层乡村治理主体的单中心到多中心，从治理规则的失序到有序①，推动农村生态环境从碎片化的“个别环境要素应对”策略到基于生态整体性的“多中心共同治理”法治格局转型，构建多元主体协同参与的具有地方特色的乡村治理体系。② 乡镇或县域等基层政府的环境治理体系和治理能力现代化建设要坚持生态优先、绿色发展、“两山”理念不动摇，要具体落到“生态环境质量总体改善”这个总目标上来，防止出现生态环境质量的倒退，避免出现因生态倒退或环境与健康事件的群体性事件，甚至群众性抗争事件。在构建党委领导及以政府为主导、企业为主体、社会组织和公众共同参与的生态文明体系过程中，尤其需依托“基层治理四平台”，重视农村社区组织建设，推进基层生态环境治理共同体建设，从而激活并释放农村社区组织的治理空间和功能，充分发挥其在乡村治理中的积极作用。

（二）践行经由形式正义的实质生态环境法治观

当前的基层乡村环境治理不可能是一个部门、一部法律、一项政策就能解决的事情，当然也更不应该有政出多门、分散立法、多头管理的治理乱象。当前基层出现的环境保护形式主义、官僚主义的一条重要原因就是教条主义、本本主义。因此，必须采取法律政策、行政管理、严格执法与公正司法等整合协同的规制路径，消除环境治理碎片化，实现基层环境治理的制度化、规范化和法治化。不管是公共执法机制和私人执法机制，都要考察执法体系是否给潜在的违法分子以“社会最优的”威慑，是否通过选择执法强度和其他执法手段使经济和执法活动所产生的社会净福利最大化③。就环境司法实践而言，既要避免“小过重罚”也要避免“重过轻罚”。要正确适用相关部门法、特别法与《行政处罚法》，

---

① 参见郭武、王晶：《农村环境资源“多中心治理”法治格局初探》，载《江苏大学学报（社会科学版）》2018年第3期。

② 参见鲁可荣、金菁：《从“失落”的村民自治迈向有效的协同共治——基于金华市乡村治理创新实践分析》，载《广西民族大学学报（哲学社会科学版）》2015年第3期。

③ 参见李波：《公共执法与私人执法的比较经济研究》，北京大学出版社2008年版，第89页。

在部门法最低处罚明显与违法情节不成比例的情况下，适用《行政处罚法》相关规定予以校准，推动落实“过罚相当”原则。凝聚“过罚相当”的生态文明建设有关执法司法共识，推动统一执法监督与行政诉讼法律适用标准。

生态文明建设的新时代，其第一要义是可持续发展，精髓是绿色低碳的高质量发展机制。因此，需要积极转变政府职能，建构多元联动的环境治理格局；需要坚持基于综合生态系统管理的“最严格法治观”，促进政策主导型的“政策之治”模式向社会化、法治化治理模式转型。尤其是要强化法律保留、程序正当、比例原则、风险预防原则在环境执法系统中的内化，加强检察机关环境司法工作的体系化、法治化，强化对规章和其他规范性文件、重大行政决策的合法性与合理性审查，避免基层“恶法”“恶政”“懒政”“执法怠惰”等现象的产生。在立法方面，要推进行政合法性审查工作的制度化、规范化、标准化，加强跨部门联合立法、地方立法的备案审查制度建设，避免制度设计服务于某一个部门的现象。在优化环境执法方式方面，宜合理压减并规范行使自由裁量权，促进处罚标准相对统一、执法无差别化，尤其是要避免以属地管理为名将生态环保行政执法责任转嫁给基层。进言之，需要加强基层部门环境保护的协同治理与法治化治理，促进基层政府不同行政机关依法履行“共同但有区别的”环境保护义务。

（三）“四生共赢”环境治理观下的城乡环境基本公共服务均等化

生态文明的核心任务是环境良好、资源永续和生态健康，要坚持生产、生活、生态、生命的“四生共赢”环境治理观。新时代的环境法制度设计既要便于实现立法确定的环境保护目标，又要能使法定的环境保护目标更符合人与自然和谐的要求。2020 年 2 月 3 日召开的中央政治局常委会会议要求“聚焦攻克脱贫攻坚战最后堡垒，结合推进乡村振兴战略，以疫情防治为切入点，加强乡村人居环境整治和公共卫生体系建设”。在此背景下，有必要加强环境保护与健康风险的一体化预防与治理、公共卫生与小康社会建设的有机融合，加强基层民众有深度、有效度的参与，加大群众满意度测评的权重，系统推进基层依法行政建设法治评估导向下的法治培训体系、执法体系、司法体系、守法体系的“四位一体”建设。

鉴于目前基层环境执法偏离造成的环境基本公共服务均等化的法治保障不足、制度供给不足、享受不均等弊端，因此要坚持生态安全至上前提下的生产、生活安全原则，要严守农村生态保护红线，要避免像以往针对散乱污企业综合治理中的“一刀切”做法，慎用“运动式”治理路径，甚至环境保护的极端化做法。基层环境治理过程要避免因极端的、形式主义的环境治理风暴造成的贫困化倾向；要坚决反对形式主义、表面文章，防止行政恣意、劳民伤财、好心办坏事。进言之，乡村环境治理是为了加强面向公众健康的城乡环境基本公共服务均等化工作，“有针对性地强化公民义务与企业责任，同时应根据不同阶段的环境风险情况附条件地放松或豁免过度规制”①，从而增进企业和老百姓的福祉和达致生产、生活、生态、生命的“四生共赢”。因此，不管是良性的环境行政执法偏离还是积极的环境行政给付，都要避免因过于苛刻的、极端化的环境治理策略给企业和老百姓造成新的贫困或返回贫困，需要构建全体人民生存与发展在空间上的平等权利。

综上，近年来，在一些地方，乡村基层环境治理实际上存在一种有限度的、功利取向下的执法地方化、异化现象。基层政府仍然需要克服困难、积极调动本来就有限的、碎片化的资源，从而来完成自上而下的各种生态环境资源方面的考核目标责任和生态文明建设的政治任务。这背后的主要原因是乡镇一级的政府在事权与财权等方面的治理权力有限的情况下采取的一种灵活性、权宜性的生态环境治理方式，是“权小责大”的基层政府决策领导层和执法系统不得已的、明哲保身式的集体行动逻辑或“目标绩效导向”下的选择偏好。尽管这种治理方式具有暂时性、权宜性、非正式性等特点，不过也应客观地看到上文所述的基层环境“政策之治”或“策略式治理”的行动逻辑是政策执行复杂性的一个缩影，而执行偏离的正面效应仍需加以正视和重视。毕竟其有助于维持最低限度的、总体上的法治化治理，有助于避免生态文明法治进程中“法律的失灵”和“权威的失落”②，有助于促进基层生态之治向生态共治和生态善治转型。未来，需要优化绿色发展制度体系，正式制度和非正式制度建设要兼顾并重，理顺多部门、上下级、多主体等之间纵横相结合的协同实施机制，系统推进科学的生态法律体系、严格的生态执法体系、公正的生态司法体系、自觉的生态守法体系“四位一体”的中国特色生态法治体系建设。③

---

① 杜寅：《功利与规制视域下的社会源危险废物法律制度完善》，载《中国高校社会科学》2019 年第 5 期。

② 参见雷磊：《法教义学与法治：法教义学的治理意义》，载《法学研究》2018 年第 5 期。

③ 参见钭晓东、杜寅：《中国特色生态法治体系建设论纲》，载《法制与社会发展》2017 年第 6 期。

涉外法治

人类命运共同体理念下国际投资条约的多边化*

梁开银**

摘　要：人类命运共同体理念所蕴含的多边主义与“共商、共建、共享”原则为国际投资条约的多边化提供了理论基础。目前，尽管综合性多边投资条约空缺，国际投资条约主要以“双边”条约形式存在，但国际社会一直在为多边化进行不懈努力。事实上，双边投资条约中始终存在多边主义，最惠国待遇条款实现了双边投资条约的“多边化”，冲突条款和例外条款展现了投资条约体系化的功能与方法。晚近兴起的非排除措施条款，不仅具有条约协同、解释指引作用，而且从根本上捍卫了人类命运共同体的更高位阶的价值，从而体现了国际（双边）投资条约的多边主义取向。

关键词：人类命运共同体　双边投资条约　多边主义　多边化条款

目　次

一、人类命运共同体理念与多边主义

人类命运共同体理念主张“天下为公”“命运与共”“你中有我，我中有你”，倡导

* 该文为国家哲学社会科学基金重点项目阶段性研究成果之一，项目编号：18AFX028。
** 作者简介：梁开银，宁波大学法学院教授，博士生导师。

“共商共建共享”全球治理观，推动建设“持久和平、普遍安全、共同繁荣、开放包容、清洁美丽”的世界，实质上在一定程度进一步重申了国际多边主义，与联合国宪章宗旨和文件精神一脉相承。[①] 从《威斯特伐利亚和约》到《联合国宪章》，以多边条约为基础的国际法多边体制一直存在。《联合国五十周年纪念宣言》提及“多边贸易制度”，[②] 联合国大会第60届会议通过的《2005年世界首脑会议成果》多处用了“多边”；“重申按照国际法建立一个有效的多边体系极其重要”（第6段）；“在有关的多边和国际论坛作出努力，设法解决低收入发展中国家的发展需求”（第23段f次段）；“落实千年首脑会议以及联合国其他主要会议和首脑会议的成果，以便提出解决问题的多边办法”（第16段）；“致力于建设一个开放、公平、有章可循、可预测和非歧视的多边贸易和金融体系”（第36段）。该决议还在重申依据《联合国宪章》和国际法原则处理各项国际挑战和问题时，“进一步强调对多边主义的承诺”。[③] 多边主义是解决国际共同挑战的主要路径和国际治理的必然选择，得到了联合国系列文件的肯定。[④]

不仅如此，多边主义是人类命运共同体建设的基本理念和方式。“中国坚定维护国际法和公认的国际关系基本准则，坚持促进和平、发展、合作、共赢的总目标，坚持国际规则制定进程的平等和民主参与，坚定维护国际法权威性”的坚定立场。[⑤] 以多边主义应对全球性挑战，构建人类命运共同体是中国外交的基本方略。“世界上的问题错综复杂，解决问题的出路是维护和践行多边主义，推动构建人类命运共同体。”[⑥] 张乃根教授撰文指出，这种多边主义表明了在人类命运共同体理念指引下，处理当代国际关系的方式、方法或路径的考量，蕴含丰富的时代价值和文化内涵，反映了人类命运共同体理念的内涵与中国特色

---

① 联合国虽是国际法上的多边机制，但《联合国宪章》本身却没有“多边”用语，而是采用“有效集体办法”（effective collective measures）、“国际合作”（international co-operation）等表述，参见《联合国宪章》第1条第1款、第3款；参见《国际条约集（1945—1947）》，世界知识出版社1959年版，第35-59页。学界从条约法角度认为：“《宪章》不仅是签约建立联合国的多边基础，而且也同时是该组织的基本宪政性文件。”See Helmut Volger (ed.), *A Concise Encyclopedia of the United Nations*, Martinus Nijhoff Publishers, 2009, p. 25.

② 参见联合国大会决议：《联合国五十周年纪念宣言》，A/RES/50/6，1995年10月24日。

③ 《纪念联合国成立七十周年宣言》未提及“多边”。但是，《纪念联合国成立七十五周年宣言》指出“世界上依然存在着日益严重的不平等、贫困、饥饿、武装冲突、恐怖主义、不安全、气候变化和大流行病”（第4段）；“我们面对的挑战是相互关联的，只能通过重振多边主义加以应对”（第5段）；该宣言明确：“在我们更好地重建一个更加平等、更具适应力、更可持续的世界时，多边主义不是一种选项，而是一种必要。联合国必须处于我们各项工作的中心”（第5段）。与《2005年世界首脑会议成果》强调对多边主义的承诺以应对各项国际挑战相比，《纪念联合国成立七十五周年宣言》更进一步明确多边主义不是选项，而是必由之路。

④ See Peter G. Danchin & Horst Fischer, *United Nations Reform and the New Collective Security*, Cambridge University Press, 2010; Joachim Muller, *Reforming the United Nations: The Challenge of Working Together*, Martinus Nijhoff Publishers, 2010. 另参见《中国关于联合国成立75周年立场文件》，载中国政府网2020年9月11日，https://www.gov.cn/xinwen/2020-09/11/content_5542461.htm。

⑤ 李适时：《夯实人类命运共同体的国际法治基础——习近平总书记人类命运共同体理念学习体会》，载中国国际法学会主办：《中国国际法年刊》（2017），法律出版社2018年版。

⑥ 习近平：《让多边主义的火炬照亮人类前行之路》，载《人民日报》2021年1月26日，第2版。

国际法的理论基础，构建起当代国际法上的多边主义框架。[①] 以多边主义推动人类命运共同体发展应该树立正确的多边主义观念，包括：（1）多边主义和平观。人类命运共同体所关注的和平不能只是单个国家的和平，也不是局限于双边或军事同盟的和平，而是全球多边的持久和平。这种多边主义和平观反对基于地缘政治利益的、以军事同盟为手段保障的自身的和平，要求国际社会整体和永续和平。（2）多边主义安全观。人类命运共同体的安全观，不仅融入了国际法及《联合国宪章》构建的集体安全之"有效性"，而且更加追求国际社会的普遍性，要求以"多边"方式"共商共建共享"从而保障传统或非传统的安全。反对以牺牲他国或国际社会的整体安全谋求自身安全，坚持在关注传统领域和空间安全的基础上保障环境、产业、网络、外空和海洋等新兴领域和空间的安全，从而保障"地球村"人类的总体和综合的安全。（3）多边主义共赢观。"人类命运共同体的共赢观之核心是普惠与平衡。普惠就是本着在走向共同繁荣的路上不让任何一个人掉队的出发点，坚持给予发展中国家及最不发达国家更多优惠的区别原则，并将双边优惠多边化。平衡就是在坚持普惠的基础上最大限度兼顾各方的权利与义务，或利益得失，并尽可能将这种平衡体制化、多边化。"[②] 普惠与平衡的观念反映了人类命运共同体理念的基本内涵，也是当代国际法上的多边主义共赢观的基本含义。（4）多边主义包容观。《2005 年世界首脑会议成果》强调"不同文化、文明和人民之间的包容、尊重、对话与合作"（第 14 段）。人类命运共同体理念在文化多元化方面，也强调开放包容，百花齐放，"各美其美，美人之美，美美与共，天下大同"，不能搞唯我独尊，排除异己文化。（5）多边主义发展观。人类命运共同体理念主张国际社会共同发展和人类环境清洁美丽，反对经济发展中的单边主义，摒弃以牺牲他国利益换取本国利益的零和博弈思维，追求经济、社会和环境的可持续发展，推动构建一个持久和平、普遍安全、共同繁荣、开放包容、清洁美丽的人类家园。

真正多边主义的实现需要融合人类命运共同体理念与当代国际法价值和精神。"要守正出新、面向未来，既要坚持多边主义的核心价值和基本原则，也要立足世界格局变化，着眼应对全球性挑战需要，在广泛协商、凝聚共识基础上改革和完善全球治理体系。"[③] 国际法与多边主义或体制紧密相连：多边体制产生国际法，国际法保障多边体制；国际法是国际社会通用的话语体系，多边主义是对这种通用话语体系的强有力支撑。真正的多边主义是人类文明发展的成果，是对丛林法则、霸权主义、强权政治的超越和革新，开辟了全球治理理论和实践的新境界，以真正的多边主义引领国际法治，维护以联合国为核心的开放性多边体系，捍卫国际法的权威性和统一性，不断完善全球治理，进一步推动构建人类命

---

① 参见张乃根：《国际法上的多边主义及其当代涵义》，载《国际法研究》2021 年第 3 期。

② 张乃根：《国际法上的多边主义及其当代涵义》，载《国际法研究》2021 年第 3 期。

③ 习近平：《让多边主义的火炬照亮人类前行之路》，载《人民日报》2021 年 1 月 26 日，第 2 版。

运共同体，是人类命运共同体与多边主义的核心要义。[①] 要始终坚持以《联合国宪章》为基础的国际法规则体系，以联合国为中心的国际多边体制，在此基础之上，对国际多边体制的不合理因素进行逐步改造，努力做到：（1）“多边主义的要义是国际上的事由大家共同商量着办，世界前途命运由各国共同掌握。”（2）“坚持以国际法则为基础，不搞唯我独尊。”（3）“坚持协商合作，不搞冲突对抗。”[②]

特别指出，人类命运共同体理念及其所蕴含的多边主义不仅为国际法提供了理论导向，而且为国际投资条约多边化发展提供了具体要求。人类命运共同体理念改变了传统国际法关于正义、平等的价值内涵，形式平等与正义将为追求实质平等和正义所改良；提升了人权保障价值在国际法价值体系中的顺位，和平与人权保护价值的顺位产生变化；更新了国际法发展价值的取向和内涵，可持续发展成为国际法的基本价值，为国际法应对未来社会的各种挑战，化解不同种类的利益冲突，协调不同类型国家的发展诉求，兼容不同文明的存在形态，追求不同国家之间、人与自然、人与科技之间和谐发展提供了价值的遵循。进而言之，人类命运共同体理念下国际法价值和原则的变革，为国际投资条约多边化发展奠定了国际法理论基础，倡导或坚持以联合国为中心的国际秩序和以《联合国宪章》为基础的现代国际法体系，为国际投资条约的多边化发展重申或引入了人类整体和长远利益优先、可持续发展与“共商共建共享”等三项原则，推动了人类共同继承财产新型领域与“一带一路”倡议的国际投资规则创新，成为国际投资法转型与国际投资条约多边化发展的重要理念或理论先导。

二、国际投资条约多边化发展的多维探索

不可否认，尽管国际投资法律体制的区域和区域主义正在兴起，[③] 但迄今为止，国际投资条约仍主要以双边条约为主，从交易成本与合作收益等因素的角度考虑或客观上存在利益冲突的影响，主权国家并不热衷或实际上没有选择多边条约形式。[④] 投资条约多边化以及推动国际投资多边条约是当代国际法多边主义和人类命运共同体理念的基本要求。一般意义上，条约的“边数”与“主义”相对应，采用双边形式者，为双边主义；采用多边

① 参见廖凡：《多边主义与国际法治》，载《中国社会科学》2023 年第 8 期。

② 习近平：《让多边主义的火炬照亮人类前行之路》，载《人民日报》2021 年 1 月 26 日，第 2 版。

③ UNCTAD, The Rise of Regionalism in international investment Policymaking: Consolidation or Complexity? TTA Issues Note No. 3, June 2013; Wolfgang Alschner, *Regionalism and Overlap in investment Treaty law: Towards Consolidation or Contradiction*? 17 Journal of International Economic Law 271 (2014).

④ 相关论述参见王彦志：《“双边 VS 多边”：国际投资法律机制双边构造的国际关系理论解释》，载刘志云主编：《国际关系与国际法学刊》第 6 卷，厦门大学出版社 2016 年版。

形式者，为多边主义。[①] 双边主义与多边主义具有不同的性质、特点和功能：双边主义，是指基于特殊考虑而协调两个国家之间特定关系的制度形式，双边主义使各国间关系被分割成多种双边组合，双边主义则只意味着“特定的互惠性”，表现为两个国家或其他国际法主体之间意思表示一致。多边主义，则是指基于适当的普遍化的行动原则而协调三个或更多国家之间关系的制度形式，体现的是多个国家或国际法主体之间的意志协调或多数决。[②] 罗伯特·基欧汉（Robert O. Keohane）认为，“多边主义可以被界定为三个或者更多国家群体之间通过临时安排或者通过机构协调各国政策的实践（惯例）”。[③] 约翰·鲁杰（John U. Ruggie）则主张，纯粹从形式和词义上界定多边主义，并没有抓住多边主义现象背后的本质，多边主义与双边主义之间的区别不在于数目，而在于国际制度安排的关系类型、组织原则和性质特征问题。多边主义的核心是指按照适当的普遍化的行动原则协调三个或者更多国家之间关系的制度形式。[④] 詹姆斯·A. 卡帕拉索（James A. Caporaso）则进一步将多边主义的内在特征具体概括为不可分割性、普遍化的行动原则和扩散的互惠性。[⑤] 毋庸置疑，国际投资条约多边化是国际投资法治的趋势，符合人类命运共同体理念的内涵。但是，由于国际投资活动是“一揽子”资源的移动，具有综合性、长期性、跨国性等特点，涉及资本输出国资本的自由安全、资本输入国的产业发展、国家安全、环境与人权保护以及外国投资者等多主体之间利益冲突和平衡，并且不同类型和不同发展阶段的国家在发展目标和利益诉求方面存在差异，所以，国际投资习惯尚没有完全形成，国际投资规则不容易达成多边共识。这些特点，决定了国际投资条约主要采用双边谈判的形式，只是在国际投资担保、投资争议解决等领域产生了多边条约，国际投资领域仍主要流行双边形式以及双边主义。截至 2025 年 6 月，生效的双边投资条约（BITs）和带有投资条款的条约（TIPs）共计约 2628 个。自 2022 年年初以来，至少新签署了 18 个国际投资协定（International Investment Agreement，IIA），24 个 IIA 正式生效，60 个 IIA 被有效终止。[⑥]

对于投资条约边数的选择问题，经济学学者从问题属性、合作类型、物品属性等方面

---

① 当然，双边形式与双边主义并不是一一对应的，多边形式与多边主义也不是一一对应关系。一般来说，双边形式往往就是双边主义，但双边形式不等于或者不必然就是双边主义，双边形式也可能是多边主义的。同理，多边形式往往就是多边主义，但多边形式也不等于或者不必然就是多边主义，进而，即使是一个采取多边形式并且奉行多边主义的国际机制，其中也不排除或者说也可能包含了一定的双边主义成分。多边主义与双边主义之间往往存在动态的相互作用。

② 关于双边条约与多边条约的本质差异，可以参见梁开银：《对现代条约本质的再认识》，载《法学》2012 年第 5 期。

③ Robert O. Keohane, *Multilateralism: An Agenda for Research*, 45 International Journal 731 (1990).

④ 参见［美］约翰·鲁杰：《对作为制度的多边主义的剖析》，苏长和译，载［美］约翰·鲁杰主编：《多边主义》，苏长和等译，浙江人民出版社 2003 年版。

⑤ 参见［美］詹姆斯·A. 卡帕拉索：《国际关系理论和多边主义：根本原则之探寻》，俞沂暄译，载［美］约翰·鲁杰主编：《多边主义》，苏长和等译，浙江人民出版社 2003 年版。

⑥ 本次更新增加了 95 个新的 IIA 文本，使可搜索文本的 IIA 总数达到 3300 余个。参见 https://investmentpolicy.unctad.org/international-investment-agreements。

论证了过去采用双边形式比多边形式更加符合新自由制度主义、建构主义的理论，实现多边主义的条件并不成熟。① 然而，国际社会对于国际投资条约多边化的努力一直没有停止。1948 年《哈瓦那宪章》②、1995 年经济合作与发展组织（OECD）发起的 MAI 草案③、2003 年坎昆部长级会议“贸易与投资”议题，均以失败结束。但晚近以来，国际投资领域正在发生从量变到质变的根本性变化，2012 年欧盟与美国达成《关于国际投资共同原则的声明》；2015 年欧盟委员会提出设立国际投资法庭系统的设想；2016 年 G20 成立贸易和投资工作组，在杭州峰会上通过《G20 全球投资指导原则》；《北美自由贸易协定（NAFTA）》之中的投资专章为自由贸易协定调整国际投资关系提供了范本，在此基础上修订的美墨加协定（USMCA）取代 NAFTA；含有投资专章的《区域全面经济伙伴关系协定》（RCEP）2022 年 1 月已经生效，将成为重要的调整国际投资关系的区域性协定；被认为投资自由化程度最高的中欧投资协定也令人期待；等等。这一系列重大标志性事件表明，投资条约多边化的时机从整体和长远来看已经逐渐趋向成熟。④ 具体表现为：（1）南北分歧缩小。国际资本流动的多元化趋势与资本输出国和输入国身份混同现象，使传统的投资母国和东道国之间分歧减小、利益诉求渐趋一致，从根本上减少了制约国际投资法统一化发展的长期阻碍，从而为综合性多边投资协议谈判的启动创造了条件。（2）欧盟和美国认知趋同。2012 年，欧盟和美国达成了《关于国际投资共同原则的声明》，表现出双方核心价值观趋于一致，包括承诺开放和非歧视性的投资政策、公平竞争市场环境、对投资者及其投资提供有力保护措施、公平而有约束力的国际争端解决机制、透明度和公众参与方面的强有力

---

① 参见王彦志：《“双边 VS 多边”：国际投资法律机制双边构造的国际关系理论解释》，载刘志云主编：《国际关系与国际法学刊》第 6 卷，厦门大学出版社 2016 年版。

② 《哈瓦那宪章》（ITO）有关投资的条款包括：（第 11 条）任何成员国不得在其领土内对其他成员国国民在企业、技艺、资本、艺术或科技中的权利或利益采取不合理或不公正的伤害行为。ITO 应与其他政府间国际组织合作，为确保一成员国对来自另一成员国的企业、技艺、资本、艺术和科技给予公平与公正的待遇，以及为避免国际双重征税以鼓励外国私人投资，而适当建议和促进达成双边或多边国际协定。（第 12 条）各成员国认识到国际投资对促进发展和社会进步具有重要意义，对其他成员国国民投资给予投资机会和安全保障可以促进国际投资流动，各成员国在不影响现有国际协定的情况下，可以采取措施确保外国投资不干涉本国内部事务，决定允许外国投资准入的条件，根据公正条件对于外国投资规定所有权要求，缔结提供投资机会和保障投资安全的双边或多边国际协定可以促进东道国和母国的利益；各成员国承诺为提供其可接受的投资机会和充分的投资安全保障，适当考虑避免在不同国家的外国投资之间造成歧视，应其他成员国请求而磋商或谈判达成双边或多边投资保护协定，促进其认为能够合适的、促进其经济发展的本国投资者与外国投资者之间的合作。（第 72 条）ITO 应该研究、作出建议和促进确保外国国民和企业公平与公正待遇的双边或多边协定。

③ MAI 在序言指出建立一个公平、透明与可预期的投资体制，以补充与促进世界贸易体系。就文本而言，新增的内容主要体现：（1）在国民待遇与最惠国待遇适用于投资准入阶段，以及各缔约国的私有化改革，并且投资者—东道国争端解决条款还适用于投资准入阶段；（2）规定了全面的禁止履行要求条款、但是对于投资激励措施没有作出任何限制；（3）规定透明度条款以及允许投资者与关键人员入境等。

④ 已经签订的《华盛顿公约》《多边投资担保公约》是调整国际投资争议解决与国际投资保险的专项多边投资法律文件。WTO 协议体系下的与投资有关的协定，包括 TRIMs、GATs、TRIPs 等因为贸易与投资的关系，成为间接调整国际投资关系的多边条约，为调整国际投资关系提供了新的路径。

规则、负责任的商业行为，以及定义明确的国家安全审查规则等。这些原则也在同一时期修订出台的2012 年美国 BIT 范本中得到充分体现。（3）区域一体化进程助力。尤其是近几年，随着跨地区跨领域巨型 FTA 的兴起，大量投资规则被纳入区域贸易协定之中，为未来多边投资协议奠定了基础，积累了共识。例如，中国与东南亚国家联盟于 2009 年 8 月 15 日在泰国曼谷签署《全面经济合作框架协议投资协议》（Agreement on Investment of the Framework Agreement Comprehensive Economic Cooperation）；2012 年签署的《中日韩投资协定》，成为国际社会探索和推动多边投资条约的成功案例。这些协定在一定程度上反映了投资条约多边化的条件越来越成熟，国际投资法律体系也从欧美主导的多极体系向发展中国家积极参与的多中心体系方向发生结构性重组，其法律形式和法律机制正从双边投资条约模式向多边投资条约模式转化。①

然而，国际投资条约仍主要呈现出一个以双边及其双边主义构造为主的“碎片”化存在，如何贯彻人类命运共同体理念，实现双边投资条约多边化和体系化，既是国际投资条约多边化目标，也是国际投资条约成熟的表现。在综合性多边投资条约或缺的条件下，可以从以下两个方面进行探索：一是通过双边投资条约之间的连接实现条约多边化和统一化；二是通过不同条约之间的协调实现条约的有序化和体系化。具体而言，即运用最惠国待遇条款的链接功能实现双边投资条约的多边化；利用广义冲突条款（含例外条款、非排除措施条款）所具有的相关条约或规则的排除和转接功能实现国际投资条约一定意义上的体系化；通过争端解决机制平行程序选择规则，包括投资争议预防和化解程序规则，增加不同条约和程序之间的转换空间，从而最大程度保证“碎片化”的投资条约之间的关联和一致，最终实现国际投资条约的体系化。

三、双边投资条约多边化的方法和条款

双边投资条约多边化是国际治理共商、共建、共享的必然结果，也是由多边条约的优势与特点所决定的，符合人类命运共同体理念和当代国际法多边主义的要求。随着国际投资从发达国家向发展中国家单一流向的改变，资本输出国与资本输入国身份发生混同，南北矛盾和分歧尽管短期内发生逆变或扩大化，但从长远和整体来看国际投资条约从双边向多边发展，呈现多边化和体系化的趋势不可逆转。所谓国际投资条约体系化，是指将国际投资条约形成一个有序和系统的整体，以实现不同条约之间以及不同规则之间的和谐统一。国际投资条约的多边化和体系化二者相互促进。事实上，双边投资条约中始终存在将形式上表现为“双边化”和“碎片化”的投资条约多边化与体系化的相关条款和方法。

（一）具有多边化功能的条款

最惠国待遇条款是双边投资条约不可或缺的条款，尽管各条约的具体规定各不相同，

① 参见季烨：《双边投资条约对发展权的负面影响及对策》，载《武大国际法评论》2009 年第 1 期。

但都订立了最惠国待遇条款，而且条款表述方法越来越精细，待遇模式已经从“投资准入后”模式向“投资准入前”模式演变。这一现象，反映了中外各国对最惠国待遇条款之保证“外国投资或投资者待遇在平等基础上得以不断提高”这一独特功能的肯定，以及鉴于国际投资事项的复杂性与各国经济发展水平的特殊性，对不同国家之间的投资或投资者给予一定程度上的差异化待遇的要求。它既体现了人类命运共同体平等与非歧视精神，也反映了国际经济发展的差异化水平。所以，最惠国待遇对于不同国家之间的投资或投资者来讲，最终获得的不是也不可能是完全一致的待遇。这一点，符合国际社会不同国家之间或不同地区之间发展需求不平衡的现实，反之，若一味追求国际统一标准的最惠国待遇，许多国家或许会担心最惠国待遇的风险负担而望而却步，最终损害最惠国待遇基本功能的实现。

一方面，它主要作为防止某一缔约国对来自另一缔约国的投资或投资者给予不同待遇的工具，追求所有缔约国之间投资或投资者待遇的一致和平等。某一缔约国只要与第三国签订了更为优惠待遇的双边投资条约，另一缔约国的投资或投资者就可以根据条约中最惠国待遇条款来要求同等更优的待遇。双边投资条约中的最惠国待遇条款，就像一个特殊的软件或装置，提升和等同化资本输入国所签双边投资条约中的所有投资或投资者的待遇水平。正如西方学者所认识到的，双边投资条约形成了一个多边化的条约机制，这个机制的中枢就是最惠国待遇条款的存在及其作用的发挥。① 事实上，双边投资条约的最惠国待遇条款，使双边投资条约突破了“约束缔约国”的契约相对性原理，一定程度上获得了影响第三国的效力；同时，也促进了双边投资条约的网络化或多边化。但是，最惠国待遇条款一般不适用于程序性待遇，也不能让所有实体性待遇多边化，而是在不同双边投资条约缔约国之间依然存在差异，即最惠国待遇条款实现的只是一种差异化的最惠国待遇，并不能通过最惠国待遇条款使所有不同双边投资条约缔约国之间的实体性待遇实现完全统一。否则，必然违背双边条约的本质，可能出现双边条约代替多边条约的情形。

另一方面，它也要保证“最惠国待遇的差异化”或“差异化的最惠国待遇”，即要求在坚持双边投资条约个性化的基础上实现一致性或统一化的最惠国待遇，即坚持最惠国待遇的特殊性与普遍性的统一。这一要求，也完全符合“普遍性存在于特殊性之中，并通过特殊性表现出来”的哲学原理。坚持最惠国待遇的特殊性就是坚持了双边投资条约的契约本质；坚持最惠国待遇的普遍性就是坚持了作为条约最惠国待遇的一般属性和功能。从一般意义而言，最惠国待遇非常简单明了，指在类似情况下，东道国必须将给予任何第三国

---

① See Stephan W. Schill, *Multilateralizing Investment Treaties Through Most - Favored - Nation Clauses*, 27 Berkeley Journal of International Law 496 (2009).

投资和投资者的待遇同时给予与其订有最惠国条款的缔约国的投资和投资者。[①] 在18世纪早期，最惠国待遇条款的措辞十分宽泛，适用于现在或将来给予外国人的任何特权、自由、豁免和特许。但是，这种无条件的或措辞十分宽泛的最惠国待遇在异常复杂的国际投资领域，特别是在双边投资条约之中恐怕难以实现。[②] 美国和法国于1778年缔结的友好通商条约首次引入了有条件的最惠国待遇，它成为嗣后国际条约缔约实践的主流。[③] 有条件的最惠国待遇要求受惠国获得最惠国待遇必须给予授予国同样的优惠。最早的专门规范最惠国待遇条款的国际文件——1978年《联合国国际法委员会关于最惠国条款的规定（草案）》的有关内容反映了其有条件性的最惠国待遇主张。该规定第12条、第13条、第14条直接规定了有补偿条件、互惠规定和议定条件的最惠国待遇，足见其承认有条件最惠国待遇的意志。换言之，有条件的最惠国待遇就是允许最惠国待遇的差异化。差异化的最惠国待遇为平衡双边投资条约的个性化与最惠国待遇条款所要求的待遇平等化之间的关系提供了谈判空间和法律方法运用的平台。

当然，最惠国待遇的差异化，不能离开最惠国待遇统一性的基本内涵，否则，失去了最惠国条款的根本意义和价值。如何实现最惠国待遇差异化与统一化或特殊性与普遍性的结合，是一个运用法律方法或技术如何将最惠国待遇的条件予以一般化和个性化的过程，应当成为双边投资条约法方法研究的重要内容。考察缔结的双边投资条约文本，最惠国待遇的规定通常由两个条款组成：一是最惠国（待遇）条款；二是最惠国待遇的例外条款。前者规定，一缔约国给予另一缔约国投资或投资者的待遇不低于其给予第三国投资或投资者的待遇；后者规定，哪些给予第三国的优惠、自由或特权不适用于最惠国待遇条款。也就是说，缔约国不能根据最惠国条款获得这些因为特殊原因或关系而给予第三国的优惠待遇。例外条款是最惠国待遇条款的重要组成部分，是差别化最惠国待遇得以实现的有效方式，反映了各国经济发展不平衡的诉求。在一定意义上，最惠国待遇的例外规定不但没有影响到最惠国待遇条款促进最惠国待遇多边化或统一化的价值，反而，例外条款的存在扩大了最惠国条款适用的空间和机会。因为如果不允许这些例外规定的存在，可能难以达成

---

① See UNCTAD, Most - favoured nation treatment, UNCTAD (Jan. 23, 2011), https：//unctad. org/publication/most - favoured - nation - treatment.

② 从最惠国待遇的理想状态而言，当然是无条件的，可是国际社会的现实难以为其提供广泛而持久实现的条件。1860年英法通商条约，订立了无条件的最惠国待遇。后来，几经波折，也出现过有条件最惠国原则的情况。19世纪和20世纪早期的自由贸易运动使经济平等和公平竞争的观念渗透到了国际投资领域。不过，随着1929年世界经济危机的爆发，双边贸易和歧视性贸易又开始兴起。"二战"结束以后，最惠国待遇条款重新出现，被《哈瓦那宪章》所采纳，作为商业政策的核心义务之一，各成员有义务"充分考虑到各国避免造成外国投资者之间的歧视待遇的愿望"。虽然1948年《哈瓦那宪章》没能生效，但自此之后，最惠国待遇条款开始真正运用在各种双边的、区域的和多边的与投资有关的协定中。

③ See Stephan W. Schill, *Multilateralizing Investment Treaties Through Most - Favored - Nation Clauses*, 27 Berkeley Journal of International Law 496 (2009).

最惠国条款，甚至相关的国际投资协定也会因此流产。① 由此可见，一方面，最惠国条款使双边条约成为一个有多边化效果的条约链，实现了最惠国待遇的普及化或多边化；另一方面，例外规定又使具体条约中的某些优惠“冻结”在原有的范围或特定的关系层面，保证了最惠国待遇的差异化，也实现了基础条约中投资或投资者待遇的稳定。但是，一个不可否认的事实是，例外条款及其所涵盖事项的越多，在一定程度上越会阻碍国际投资的自由化进程，减损最惠国条款的实际效果，增加双边投资条约向多边投资条约演化的难度。所以，从长期观点来看，最惠国待遇的例外条款应当是一个递减的过程。

最惠国待遇条款具有条约多边化功能。西方学者指出，“最惠国待遇的多边化力量如此之强，以至于它可以实现条约的多边化，包括诸如保护伞条款和拥有有效手段执行投资债权的权利等实质性标准。但最惠国待遇也不能使国际投资协定内的每一项实质性标准多边化”。②最惠国待遇条款用于引入从其他来源条款，可以追溯到 AAPL v. Sri Lanka 的裁决。在该案中，仲裁庭认为，基础条约，即斯里兰卡—英国双边投资条约，“不是一个自足的封闭式法律制度，在这种背景下，其他来源的规则通过默示的并入方法或通过直接提及某些补充规则加以整合”。③ 在建立正式的全面综合的多边投资法律体制的努力没有最终成功的条件下，通常可以利用最惠国待遇所具有的多边主义功能实现双边投资条约的链接或多边化。实践中，双边、区域、诸边 IIA 一般都包含了最惠国待遇条款，这使各国投资者及其投资可以享有其他 IIA 所给予的更优惠待遇，从而间接实现双边投资条约多边化。④ 当然，最惠国待遇条款的多边化功能也具有天然的局限性，只有借鉴世贸组织的经验和教训，建立一个被广泛接受的条约和一个将各国联系在一起的体制结构，才能最终实现国际投资条约的真正多边化。⑤

（二）具有体系化功能的条款

1. 冲突条款

国际投资条约体系化需要解决不同条约间的冲突。国际投资条约可能与其他国际协定产生冲突，国际投资法与人权、国际环境法和欧盟法等国际法其他分支之间存在紧张关系，应该考虑条约系统整合原则。⑥ 这种所谓的系统整合就是化解条约之间的效力和适用方面

---

① 参见张宏乐：《国际投资协定中的最惠国条款研究》，复旦大学 2011 年博士学位论文，第 115 – 116 页。

② Tanjina Sharmin, *Application of MFN to the Substantive Standards: Why Should We Re – Investigate the Uncontested*, 15 Manchester Journal of International Economic Law 85（2018）.

③ Facundo Perez – Aznar, *The Use of Most – Favored – Nation Clauses to Import Substantive Treaty Provisions in International Investment Agreements*, 20 J. INT' ECON. L. 777（2017）.

④ 参见王彦志：《从程序到实体：国际投资协定最惠国待遇适用范围的新争议》，载《清华法学》2020 年第 5 期；徐树：《最惠国待遇条款“失控”了吗？——论国际投资条约保护的“双边主义”与“多边化”》，载《武大国际法评论》2013 年第 1 期。

⑤ See Laurence Boisson de Chazournes, *International Economic Law and the Quest for Universality*, 32 LJIL 401（2019）.

⑥ See Ahmad Ali Ghouri, *Treaty Conflicts in Investment Arbitration*, 2012 NJCL [x]（2012）.

的冲突。从投资仲裁实践的角度，东道国享有很大的外资监管权力，投资争端的仲裁庭的主要职责是在国际公法及其与国内宪法所保障的管理权力的频繁衔接之间找到适当的平衡。[①] 由此可见，投资条约冲突不仅仅局限于条约之间的冲突，也需要化解条约与内国法之间的冲突问题。BIT 冲突条款既要协调 BIT 与其他国际条约之间的关系，又要协调 BIT 与国内法、特许协议之间的关系。BIT 作为一个子系统，存在于由国际法、国内法以及各种契约等不同子系统构成的“环境”之中，是其发生联系或冲突的方式和系统存在的基石。[②] 冲突规则应该成为双边投资条约的重要规则，如果条约没有具体的冲突规则，则优先权由《维也纳条约法公约》（VCLT）的规则和/或一般法律原则确定。在 VCLT 和一般法律原则不能解决冲突的情形下，需要对国际法和条约准则进行注重价值的解读，法院和争端解决机构通过对相互竞争的利益进行排序，依据保护最重要的利益原则来解决。[③]

2. 例外条款

相较于国际贸易，国际投资受一国的经济安全、环境和劳动力的影响更深，更加注重公共政策目标的实现。[④] 平衡公共政策目标实现与投资者权益保护间的关系，通常的办法是在现行的双边投资条约（Bilateral Investment Treaty，BIT）模式下设置必要的例外条款，从而使缔约国在保护投资者及其投资的同时也为维护国家安全和公共利益预留一定的空间，涉及国家安全、公共道德、公共秩序和公共健康以及专门防范金融危机的金融审慎措施例外是国际投资条约中常见的例外条款。[⑤] 有学者总结指出，例外条款其实质上，要么划定某些类别的投资者以及特定的经济部门，要么规定某些特殊情况下的保护标准，包括东道国的基本安全利益。在相当长的一段时间内，例外条款已经是投资条约实践中相当普遍与合理的现象或选择。一定意义上，例外条款可能代表一种经过计算的让步，使更有利的投资环境成为可能。[⑥]

---

① See Jaya Vasudevan, *Harmonizing Commercial and Investment Arbitration*: *Conflict Dynamics*, 12 J. Sustainable DEV. L. & POL’y 282（2021）.

② 参见梁开银：《双边投资条约冲突条款研究——兼论我国双边投资条约冲突条款的完善》，载《法商研究》2012 年第 2 期。

③ See Ahmad Ali Ghouri, *Determining Hierarchy between Conflicting Treaties*: *Are There Vertical Rules in the Horizontal System*？2 Asian Journal of International Law 235（2012）.

④ 参见吴智、钟韵漪：《中外双边投资协定中的“一般例外”条款研究——以“一带一路”倡议为视角》，载《中南大学学报（社会科学版）》2017 年第 4 期。

⑤ 参见余劲松：《国际投资条约仲裁中投资者与东道国权益保护平衡问题研究》，载《中国法学》2011 年第 2 期。

⑥ See Karsten Nowrot, *How to Include Environmental Protection*, *Human Rights and Sustainability in International Investment Law*?, 15 The Journal of World Investment & TRADE 612（2014）; Hou - chih Kuo & Jeffrey Lo, *Runaway Tribunal*? *An Assessment of the Eco Oro Tribunal’s Opinion on the General Exceptions*, 15 Contemporary Asia arbitration journal 143（2022）; Kenneth J. Vandevelde, *Rebalancing through Exceptions*, 17 Lewis & Clark Law Review 449（2013）.

3. 非排除措施条款

投资条约中的非排除措施条款是一种新兴条款，与例外条款和冲突条款在一定领域内可能功能交叉，但独立于例外条款和冲突条款，具有特殊的意义和作用。非排除措施条款在要求各国承担其必要的国际义务与保留其行使相当的国家主权方面起到了关键性的链接与平衡作用。① 它广泛存在于投资条约之中，起源于例外条款但最终并不归属于例外条款，一定意义上是例外条款类型分化与功能扩张的结果。例外条款具有例外事项的具体指向性，主要是排除投资条约中相关规则的语义所涵盖的某些特殊情形或事件之于条约或条款的适用；非排除措施条款则具有适用事项的开放性和采用措施的不确定性，重点在于限定条约的解释或适用，协调不同相关投资条约之间的关系，平衡投资东道国发展利益与外国投资者的权利。非排除措施条款是投资条约应对国际法不成体系和国际投资高风险性而产生的新型方法规则。②

由此可见，国际投资条约特别是双边投资条约中的冲突条款、例外条款与非排除措施条款，是保证投资条约体系化的重要方法。双边投资条约具有“涉他性”特征，投资者在条约机制中享有一定权利，使缔约国与私人投资者之间形成特殊的三者利益相互交织的关系。这种交错的利益关系表现为不同条约之间、条约与国内法之间以及条约与国家特许协议之间或重叠或交叉或冲突的复杂法律关系。这些因素和特点对国际投资条约之间的协同和体系化提出了新的要求和挑战，也赋予了上述多边化和体系化条款的特殊地位和功能。美国 2012 年 BIT 示范文本 30% 的条文包含冲突化解和体系协调条款，这些事实再次说明：一个成熟和发达的双边投资条约必然包含更加详细的体系化和多边化条款，落实多边主义理念。随着中国综合国力和国际影响力不断增强，中国必然缔结或主导缔结更多的双边或多边条约，条约体系化和多边化的理念和技术是必须弥补的功课之一。

四、双边投资条约多边主义利益和价值的保障

人类命运共同体是一个持久和平、普遍安全、共同繁荣、开放包容、清洁美丽的大同世界，其中蕴含的综合安全观、可持续发展观与合作共赢观，成为国际投资活动及其制度安排的指导原则，要求具体落实在条约规则与条约法方法之中。非排除措施条款（Non – Precluded Measures Clause，以下简称 NPM 条款）作为国际投资条约的新兴条款，为国际投资活动追求更高利益和价值，实现人类命运共同体理念提供了法律手段，在一定意义上，可以成为实现人类命运共同体价值的方法条款或工具。联合国贸易和发展会议（UNCTAD）发布的《2015 年世界投资报告》，已将 NPM 类型条款单独确立为维护东道国

---

① 参见银红武：《论国际投资仲裁中非排除措施“必要性”的审查》，载《现代法学》2016 年第 4 期。

② 参见梁开银：《论投资条约非排除措施条款的性质归属》，载《法学》2021 年第 8 期。

经济管理主权，平衡投资者权利保护和国内公共利益，并实现可持续发展的重要工具或选择。[①] 与其他条款不同的是，非排除措施条款并不直接调整缔约国之间以及缔约国与外国投资者之间的权利关系，而是通过条约适用范围、核心概念的限定或界定以及投资相关条约之间关系的协调等方法间接调整条约相关主体之间的利益或权利义务关系，[②] 成为国际投资条约应对国际投资风险、国际法不成体系或国际投资法“碎片化”的重要方法。它具有两个特殊功能，即保障主权国家采取特别措施的权利与维护人类命运共同体更高价值的功能。

（一）特别利益和措施的保障

国际投资是“一揽子”资源的跨国流动，不仅面临险象环生的经济、社会环境等带来的高商业风险，而且直面东道国政局动荡、政策变化等特殊政治风险，保护和促进投资成为传统国际投资条约的基本目标，这是毋庸置疑的。但是，世界一体化、经济全球化以及社会信息化也给东道国可持续发展带来了一系列挑战，如国家安全观内涵发生变化、金融审慎监管要求提高、环境和生态保护日益凸显以及公共卫生危机事件频发等，并且随着人类信息化技术水平的提高，数字经济不断催生新业态，改变了传统领域以及国家经济管理手段或方式，带来了新风险。这些变化要求东道国在国际投资领域保留更多的政策手段或灵活的管理空间，从而应对未来可能发生的各种风险或挑战，以维护国家可持续发展利益。非排除措施条款正是在这样的背景下日益受到缔约国的重视，成为保障东道国在投资条约之外采取特别措施应对发展风险的重要手段和条约法方法。这一类型的非排除措施条款，通常采用传统的一般安全例外与特殊领域例外的形式，规定为了国家基本安全、公共秩序的目的，缔约国可以采取违反条约规定的合理措施。[③] 如 1946 年《中美友好通商航海条约》（Friendship Commerce and Navigation Treaty，FCN）第26 条规定，该公约中任何规定，不得解释为阻止下列措施之采用施行……；2012 年中国—加拿大 BIT 第 33 条直接采取“一般例外”的条款名称（将“安全例外”等包含在“一般例外”之内），并以类似于“本协定的任何内容均不适用于有关……的措施”作为表述方式。

---

① See Sefriani, *The Urgency of Non - Precluded Measures Clause in Indonesian Bilateral Investment Treaty*, 6 Padjadjaran Jurnal Ilmu Hukum Journal of Law 233（2019）. 另据 UNCTAD 2011 年发布的统计数据，阿根廷因国际投资协定而被诉的案件已经高达 51 起，这些案件中至少 8 成是针对阿根廷在 21 世纪初为应对经济危机而采取的损害外国投资者利益的措施而提出的。See UNCTAD, *Latest Developments in Investor - State Dispute Settlement*, IIA Issues Note, March 2011, at No. 1.

② 非排除措施条款的调整方法，类似于国际私法中的冲突规则，但也不完全相同。这一特点，使其明显不同于条约中的实体规则，也与传统例外条款相区分。

③ See Andrew Newcombe, *General Exceptions in International Investment Agreements*, in Marie - Claire Cordonier Segger, Markus W. Gehring and Andrew Newcombe eds., *Sustainable Development in World Investment Law*, Kluwer Law International Press, 2011, p. 357. 该文中 Andrew Newcombe 认定，只有类似于中国—加拿大 BIT 第 33 条、1983 年美国 BIT 范本第 10 条第 1 款，直接以“一般例外”或“不加禁止的措施”命名的条款才可称为一般例外条款，而其他未被冠以指定名称的条款则不能被称为一般例外条款。

为吸取阿根廷政府在金融危机中不断被诉至国际仲裁庭的惨痛教训，美国 BIT 文本也开始转向投资者利益与东道国发展利益之间的平衡，分别在 2004 年和 2012 年修订了 BIT 示范文本，增加了大量的非排除措施条款。除继续沿用一般例外条款之外，美国更多选择了条约解释条款的形式作为非排除措施条款。例如，美国 2012 年 BIT 示范文本中，第 12 条关于“投资与环境”的规定：“5. 本协定的任何规定不得被解释为阻止缔约一方采取、维持或执行在其他方面与本协定相符的其认为能确保在其领土内以顾及环境关切的方式进行的任何措施。”第 20 条关于“金融服务”的规定：“1. 尽管本协定有其他规定，为保护投资者、存款人、投保人或金融服务提供者对其负有信托义务的自然人或企业，或为确保金融系统完整与稳定，缔约方不应被阻止出于审慎原因而采取或维持与金融服务有关的措施（审慎原因这一术语当然包括维护单个金融机构的安全、稳定、完整和金融责任以及支付和结算系统的财务与经营的安全性和完整性——参见条约注 18）。”“8. 为进一步明确，本协定不得解释为阻止缔约一方在金融机构中适用或者执行与缔约另一方投资者或合格投资者有关的，为确保金融机构遵守法律或法规而采取的与本协定不一致的必要的措施，包括防止欺骗或欺诈实践相关的措施或应对违反金融服务合同造成的影响的措施，只要这些措施的实施不在情况相同的国家间造成任意的或不公正的歧视或者构成对金融机构的投资的变相限制。”这一类型的非排除措施条款广泛分布于 2012 年美国 BIT 示范文本中，涉及投资待遇、征收、转移、业绩要求、不符措施、拒绝授惠、信息披露、金融服务、税收等实体性条款，不仅填补了国际投资条约中传统例外条款的间隙，而且保障了东道国应对各种危机的特别措施。

（二）更高条约价值的维护

国际法是一种不成体系的存在，国际投资条约由于没有专门多边投资条约的统领，更是呈现出“碎片化”的状态。投资条约这种不成体系或“碎片化”的无序状况与投资条约作为国际投资仲裁第一法源的地位和要求形成了鲜明的反差或对比，增加了国际投资仲裁法律适用与裁决的不确定性或不一致性，也提高了条约自身或条约内部在协调性和统一性上的要求。所以，国际投资条约更加需要一种方法规则或条款，在为缔约国提供价值权衡工具与空间的基础上，进一步加强条约之间的协调或条约冲突的化解，从而保证条约规则的准确适用和条约更高价值或宗旨的实现。非排除措施条款具有条约协调功能，成为化解条约冲突的重要工具。与传统条约冲突条款相比，非排除措施条款调整法律冲突的范围更加广泛，层次更加多样、复杂，突破了冲突条款一般只调整平等法律体系之间法律冲突的理念，而将“触角”探入国际法律体系与国内法律体系的冲突，甚至涉及条约与国家特许协议等方面的冲突化解，成为协调条约关系或调和投资条约冲突的主要方式，日益受到各国条约实践的重视。

美国 2012 年最新的 BIT 示范文本，既注意了国际条约之间的协调，也关注了投资条约与国内法的统一，具有一定的典型性或代表性。如其第21条关于“税收”的规定，“4. 本协定不应影响任一缔约方依照税收协定享有的权利和承担的义务。如果本协定和此类协定不一致，则该税收协定在不一致的范围内优先适用。如果该协定是本协定缔约方之间的税收协定，则应由该协定下的主管部门单独承担决定本协定与该协定是否存在不一致的职责。”该条不仅直接规定了国际税收协定优先的冲突规则，而且规定了双边税收协定与投资协定之间不一致的解决方式和主体，突破了《维也纳条约法公约》第30条关于条约冲突的习惯法规则，反映了双边投资条约冲突规则的特点。第16条关于“不得克减”的规定，“本协定不得减损下列任何规定赋予缔约一方投资者或合格投资者比本协定给予的待遇更优惠的待遇：1. 缔约一方的法律或法规、行政惯例或程序、行政或司法裁决；2. 缔约一方的国际法律义务；或3. 缔约一方承担的义务，包括投资授权或投资协议中的义务”，则直接通过更优待遇优先原则，有效化解了双边投资协定与其他国际条约以及国内法甚至投资特许协议之间的冲突。从条约订立技术和目的来看，美国BIT示范文本中的非排除措施条款表现两个鲜明特点：一是非排除措施条款的类型设定立足于在保护更高利益的基础上化解条约冲突。该文本设定的非排除措施条款形式多样，技术较为娴熟。既运用传统冲突条款方法规定解决条约冲突的法律适用或选择，也采用了直接将多边条约内容纳入BIT的方法，以及设定了大量例外条款（属于以例外条款出现的非排除措施条款）以保护更高利益的实现，从而为条约冲突之解决提供了可能的选择或方案。二是非排除措施条款的领域选择反映了重大价值关切和国家战略思维。从更加宏观意义上来说，非排除措施条款：（1）通过肯定或确立缔约国以及人类整体更为重要的价值关切，表达缔约双方的根本利益，从而在一定意义上限制国际投资仲裁法庭自由裁量或解释的空间与指向，达到保证条约规则协调一致的目的；（2）通过在缔约实践中直接参照或引入相关国际法规则，在简化条约缔结内容和缔结过程的同时，也在一定程度上加强了投资条约与其他国际法之间的协调性和一致性，从而使非排除措施条款成为连接投资条约、其他相关国际法与国内法的重要媒介。①

通常意义上来说，非排除措施条款所涉及的，诸如缔约国金融稳定、环境保护以及网络安全等方面的利益或价值不仅直接或间接影响缔约国，而且必然会波及国际社会的全局和整体，甚至是长远利益，必须从多边主义与人类命运共同体的高度给予保护。非排除措施条款正是通过条约协同或冲突化解功能实现了对缔约双方与人类更高价值的追求。

五、结语

人类命运共同体是人类社会在现代科学技术条件下从“国际社会”向更高阶段“国际共同体”生活方式的回归。人类交往的时空限制被极大突破，国际社会组织化程度不断提

---

① See Wei Wang, *The Non - Precluded Measure Type Clause in International Investment Agreements: Significances, Challenges, and Reactions*, 32 ICSID Review 447 (2017).

高，国际法主体更加多元，以及国际社会整体利益和共同利益日益凸显，最终形成了利益趋同的人类命运共同体。这些发展趋势，催生了国际投资多边组织，促进了国际投资条约的体系化进程，不断改变国际投资条约双边化和碎片化的局面。从一定意义上讲，只有国际投资条约的多边化，才能从根本上捍卫人类命运共同体在投资领域的整体利益、共同利益与长远利益，促进国际社会的确信与国际投资习惯的形成，最大程度上限制破坏人类经济、社会和环境可持续发展的短期行为和单一追求经济利益的投资自由化范式。倡导人类命运共同体理念，推动国际投资条约的体系化和多边化，主要可以从两个方面着力：一是随着国际社会一体化和组织化发展，努力推进国际投资条约的多边化发展；二是立足国际投资条约双边化和“碎片化”的现实，需要运用方法实现国际投资条约的体系化。最惠国待遇条款的多边化或链接功能，冲突条款、例外条款的协同功能以及非排除措施条款对于人类更高利益与价值的维护功能最终有利于国际投资条约的体系化和多边化。现阶段，充分利用或发挥这些条款的功能和积极意义，是实现国际投资条约多边主义的重要路径和方法。

论海洋命运共同体的话语权建构*

吕 鸣**

摘 要： 习近平总书记提出“海洋命运共同体”重要理念以来，中国积极推进海洋话语权的稳步建立。梳理海洋话语权的兴衰变迁为建构新型海洋话语权提供了基本的历史经验。按照“话语”和“权力”的相互关系，传统的基础海洋话语权可划分为三种接续替代的模式，即以宗教权力为基础的海洋话语模式、以主权国家权力为基础的海洋话语模式和以联合国权力为基础的海洋话语模式。在以主权国家权力为基础的海洋话语模式中，美国所倡导的海洋自由话语体系正面临“范式转换”。借助共同体主义话语，海洋命运共同体理念提供了维护海洋和平安全、促进海洋经济繁荣、保护海洋生态环境等符合人类共同海洋利益的价值体系，很大程度上超越了“海洋自由”学说。建构海洋命运共同体的话语权，可以通过共同体经济合作、国际法律文件制定、国内法制完善、海洋政策系统化、国际智库建设和国际媒体传播六个方面推进。

关键词： 海洋命运共同体　海洋话语权　“海洋自由论”　人类命运共同体　全球海洋治理

目 次

---

* 本文系教育部人文社会科学研究项目“WTO渔业补贴谈判中国之因应研究”（项目编号：21YJC820028）的阶段性成果。

** 作者简介：吕鸣，上海海洋大学海洋生物资源与管理学院教授，上海海洋大学海洋战略智库研究中心办公室主任，国际法学博士。

2019年4月，习近平总书记提出了“海洋命运共同体”重要理念，这是人类命运共同体思想和海洋强国思想融合的重要理论成果。“海洋命运共同体”理念为中国建构海洋话语权提供了新的理论基础。从历史经验的视角来看，中国作为正在走向伟大复兴的东方海洋大国，势必形成自己的海洋话语权，而以美国为代表的西方海洋大国，不会轻易放弃数百年来形成的传统海洋话语权。在国际政治环境日趋紧张、大国竞争加剧的大背景下，海洋话语权的兴替，成为世界百年未有之大变局的重要内容之一。

新型海洋话语权的建构，包含基于因果关系的两个子命题：一是传统海洋话语权的解构问题。传统的海洋话语权，是如何产生、发展的，是如何居于主导地位的，又是如何衰落并“落后于”新的时代环境的？二是海洋命运共同体理念何以转化为海洋话语权的建构问题。上述问题的回答，需要结合话语权的基本理论和功能主义的方案，在解构传统话语权的基础上，建构以海洋命运共同体理念为核心的新型海洋话语权。同时，分析、论证海洋命运共同体理念适应时代的理论优势，并探讨如何形成主导性的话语权。

一、理论基础与分析框架

海洋话语权，是话语权在海洋政治方面的系统表现，分析海洋话语权，离不开话语权的基础理论。米歇尔·福柯（Michel Foucault）较早地提出了话语权理论。本文参照福柯“话语—权力”这一分析框架，以话语和权力不断变动的内容为变量，运用功能主义的分析方法，作出相应的论证。

（一）福柯关于话语权的论述与解构

在福柯之前，话语（discourse）作为结构主义（structuralism）的研究原点之一，已经被反复解构。早期，弗迪南·索绪尔（Ferdinand Saussure）开辟了科学主义的语言学，将“语言”（language）从“言语”（parole）中抽象出来，[①] 并将语言置于社会的大结构中。福柯则更进一步，直接从结构主义走向解构主义，创造性地将话语和权力之间的关系作为重点的分析对象，揭示了话语和权力之间前所未有的交互结构：“话语不会一直屈从于权力或反对它，也不会沉默。我们必须意识到话语的复杂性和不稳定性，话语既可以是权力的一种手段，也可以是一个障碍、一个绊脚石、一个反抗点和一个对立策略的起点。话语传递并产生权力；它强化权力，但也损害它并将其公开，使得它十分脆弱并且能够阻止它。”[②] 福柯对于话语和权力之间关系的研究，不仅拓展了人们对于话语的理解，而且加深了人们对于权力的理解，使话语权的研究，从语言学、传播学走向政治学和哲学。在福柯

---

① 参见［瑞士］费尔迪南·德·索绪尔：《普通语言学教程》，刘丽译，中国社会科学出版社2009年版，第22页。

② ［英］萨拉·米尔斯：《导读福柯》，潘伟伟译，重庆大学出版社2017年版，第54－55页。

看来，影响、控制“话语运动”最根本的因素是权力。①“基于福柯的话语论，既不存在什么纯粹客观或中立的知识，也没有什么自然朴素的认识，一切知识最终都是话语实践中隐而不现的权力和知识的共谋。”② 这一结论又反过来影响了权力的概念，使权力从传统政治学意义上的“控制”甚至是“压迫”，变成了一个没有权力主体、随着话语的传播而无处不在的广义概念。“权力是在关系中产生与运作的力的关系网。”③

除此之外，福柯还使用了功能主义的方法去分析话语权。在福柯看来，“话语实践不是基于话语的实践，话语本身就是实践”④。如果话语本身就是实践活动，那么话语权就不仅仅是一种“话语”和“权力”的结构，更是一种话语实践的功能的体现。话语权的重要功能就在于对社会现实的建构作用。一种话语权的产生，往往能够改变一个社会局部或整体的运行方式，这也是国家之间争夺话语权的根本原因。毫无疑问，福柯“话语—权力”理论的优点在于将“话语”和“权力”作为一对组合的结构进行分析，深刻揭示了二者之间原本隐秘而又真实的相互关系及其功能，为本文展开海洋话语权分析提供了理论参考。

（二）海洋话语权和传统海洋话语权的界定

“话语”可以界定为由语言、观念、价值、知识通过一定的逻辑关系组成的陈述体系，是“话语权”的内容载体和语言学意义上的外在表现。“权力”则可以界定为推动“话语”被广泛接受的宏观力量，表现为政府、国家、国际组织以及一个更加广泛的“共同体”的力量。同时，因“话语”被广泛接受，这种推动、主导的权力也得到了加强和延伸，并被“话语”的内容限定了边界。有学者认为，“从权力这一角度看，话语权就是通过话语引导、支配或控制社会思想和社会舆论的能力，它体现了话语的功能与实质，特别是包含着话语与权力之间存在的关系”⑤。

以此为前提，“海洋话语权”可以界定为主导以海洋为主要陈述对象的话语的宏观力量。在海洋命运共同体理念提出之前，各个时期都有主导性的海洋话语权。如果以托马斯·库恩（Thomas Kuhn）所说的“范式转换”（paradigm shift）⑥ 作为一种划分的基本标准，那么，海洋命运共同体理念下的新型海洋话语权，与以海洋自由学说为核心的旧有海洋话语权在“话语—权力”这一结构上，形成了鲜明的对比和前后迭代的关系。本文将以“海

---

① 参见赵永峰：《福柯话语权力观解析——以美国历届总统候选人电视辩论话题为例》，载《外语研究》2019年第6期。

② 周宪：《福柯话语理论批判》，载《文艺理论研究》2013年第1期。

③ 杨生平：《权力：众多力的关系——福柯权力观评析》，载《哲学研究》2012年第11期。

④ 李智：《从权力话语到话语权力——兼对福柯话语理论的一种哲学批判》，载《新视野》2017年第2期。

⑤ 熊光清、王棋：《现代话语权的时代性变革：内涵、形态及特征》，载《扬州大学学报（人文社会科学版）》2021年第5期。

⑥ 在社会科学领域的“范式转换”，可以理解为一种公认的学说、理论，被不可通约的新学说、理论所取代。库恩认为，新环境下的新现象使旧范式遭遇挑战，其不能解释的异常现象日益增多并不断累积，最终达成新的共识，就完成范式转换。参见［美］托马斯·库恩：《必要的张力——科学的传统和变革论文选》，范岱年、纪树立等译，北京大学出版社2004年版，第5页。

洋自由学说”为核心的海洋话语权称为“传统海洋话语权”，与以人类命运共同体思想为基础的海洋命运共同体理念相对应。在政治思想的底色上，传统海洋话语权思想在较长时期内主要表现为自由主义或个体主义，海洋命运共同体理念主要表现为共同体主义；在话语内容方面，传统海洋话语权表现为海洋自由学说或以海洋自由学说为主，而海洋命运共同体理念表现为以维护海洋和平安宁、养护海洋生物资源、推动蓝色经济发展、推动海洋文化交融、共同增进海洋福祉为主的新型海洋主张；在权力基础方面，传统海洋话语权的背后，是主权国家或主权国家联合体，海洋命运共同体理念的背后，则是休戚与共的人类命运共同体。

（三）分析框架：变量、常量与分析方法

如前文所述，本文是将“话语”和“权力”及其相互关系作为基本的分析框架。其中，以话语和权力不断变动的内容为变量，以话语和权力的相互关系为常量，以话语权主导作用的功能性检验作为分析方法。就海洋话语权而言，话语本身的内容常常受到更多的关注。传统海洋话语权之间的激烈争辩，更多发生在语言层面。但是，从历史的视角来看，海洋话语权中的权力因素才是话语被普遍接受的关键性原因。因此，一种基本的分析框架是，将海洋话语权中的“话语”和“权力”加以适当区分与解构，将二者的具体内容作为变量，将二者之间的相互关系作为常量，即以“话语—权力”为模式，对其中的变量和模式本身的变迁进行分析。从海洋话语权的演进历史来看，话语的内容从宗教色彩浓厚的“教皇子午线”（Papal Meridian），转变到以自然法为基础的“海洋自由论”和“海洋区域论”，再转变到第二次世界大战之后的“协调海洋自由论”和区域论的折中主义，直到追求共同体利益的海洋命运共同体理念的提出。主导这些话语的权力，从教皇的宗教权力，转变为主权国家的权力，再转变为联合国这个主权国家联合体的权力，直到以海洋的安全、和平、生物资源养护为共同利益的共同体权力的形成。可以说，海洋的话语和背后推动话语的权力，始终随着海洋政治格局的变化而变化，但始终不变的是，海洋话语巩固了推动其传播的权力，也限制了这种权力。

各个时期的海洋话语权，变量之间的时空差异较大。功能主义（functionalism）方法，是解决差异性变量之间无法比较问题的有效方法，即以变量的“功能”作为“同类项”，以功能的验证替代概念的说理，进行比较、论证某种话语权的优势与劣势。在功能主义视角下，传统海洋话语权并非“历史的终结”。相反，从雨果·格劳秀斯（Hugo Grotius）提出海洋自由论的一开始，该学说就遭遇了“海洋区域论”的强力阻击，荷兰政府试图凭借“海洋自由论”与英国划分渔业资源的企图完全落空，该理论学说在功能上是失败的。进入21世纪后，维护海洋和平与安宁、养护日益枯竭的海洋生物资源成为无可辩驳的海洋话语时代主题，“海洋自由论”与新时代的价值冲突日益明显，无法再提供时代所需的理论资源，“范式转换”已成趋势。可以说，功能主义的引入，为解构传统海洋话语权，提供

了新的视角和工具。

二、传统海洋话语权之解构：学说源起、发展与方法论

海洋话语权的发展，历史悠久。在不同的视角下，海洋话语权的发展阶段各不相同。本文以“话语—权力”模式为视角，将传统海洋话语权的发展历程作如下断代。

（一）传统海洋话语权的源起：以宗教权力为基础的海洋话语模式

1494 年，在克里斯托弗·哥伦布（Christopher Columbus）发现“新大陆”两年之后，大航海时代早期的海洋强国——葡萄牙和西班牙对于海外领土的争夺达到了白热化的程度。[①] 在罗马教皇亚历山大六世（Alexander Ⅵ）的主持下，双方签署了《托德西里亚斯条约》（Treaty of Tordesillas），按照所谓的“教皇子午线”瓜分海洋。[②]《托德西里亚斯条约》与之前的《阿尔卡苏瓦什条约》（Treaty of Alcáçovas）及一系列“教皇诏书”（Papal Bulls），[③] 建构了最初的以宗教权力为基础的海洋话语体系。葡萄牙和西班牙借助当时占统治地位的神权世界观和罗马教皇的宗教权力，将自己的海洋权益和话语合法化，上升为主导性的海洋话语权。葡萄牙和西班牙利用当时西欧政治权力格局中最大的公约数——宗教作为基础，以经纬度“平分”全部海洋，达成了两大海洋强权之间短暂的平衡。然后，随着宗教权力的日益衰弱和西欧民族国家实力的此消彼长，葡萄牙和西班牙的这种海洋政治平衡很快失去了现实的基础。

（二）传统海洋话语权的发展：以主权国家权力为基础的海洋话语模式

传统海洋话语权的标志性发展，是“海洋自由论”的提出。该学说基于西方古典自由主义的政治思想，将绝对自由的理念，推行至海洋政治领域，产生了广泛而深远的影响。但事实上，传统海洋话语中，“海洋自由论”并非始终处于主导地位，《联合国海洋法公约》（United Nations Convention on the Law of the Sea）中，也并非只体现了“海洋自由论”。传统海洋话语变迁的背后，都是权力因素在发生变化。传统海洋话语经历了不同的发展阶段，呈现出不同的模式。

1. “海洋自由论”

葡萄牙和西班牙对海洋进行一分为二、不留余地的瓜分，为后来海洋强国的崛起，制造了巨大的合法性障碍。到 17 世纪主权国家不断兴起之时，这种瓜分模式就难以为继了。“海洋自由论”正是在这样的政治背景下产生的，并由荷兰、美国等新兴主权国家推动成为主导性的海洋话语权。

---

① 参见顾卫民：《葡萄牙海洋帝国史 1415 – 1825》，上海社会科学院出版社 2018 年版，第 90 页。

② 《托德西里亚斯条约》规定，以亚速尔群岛和佛得角群岛以西 320 英里的子午线为分界线，界线以西皆属西班牙，以东则尽归葡萄牙。

③ 包括 1452 年的《当不同之时》（The Dum Diversas）和 1455 年的《罗马教皇》（The Roman Pontiff）等诏书。

（1）荷兰主导的“海洋自由论”。

17 世纪初，荷兰与西班牙、葡萄牙的海洋利益争夺日趋激烈，发展到互相劫杀、捕获船只的程度。1603 年，荷兰捕获葡萄牙商船“圣·卡塔利娜”号（Santa Catarina），引发了一系列法律争议。[①] 雨果·格劳秀斯受荷兰东印度公司之委托，为了维护荷兰的国家利益，撰写了《捕获法》（Commentary on the Law of Prize and Booty），并于 1609 年将《捕获法》的第十二章改写为《海洋自由论或关于荷兰人有权加入印度贸易的争论》（The Freedom of the Seas or the Right Which Belongs to the Dutch to Take Part in the East Indian Trade），即著名的“海洋自由论”。[②] 自此，海洋话语背后的权力基础发生了质的变化，从原来的宗教权力过渡为主权国家权力，可称为以主权国家权力为基础的海洋话语模式。

格劳秀斯认为，“海洋自由”正当性的逻辑原点来自“上帝的正义命令”（The Decree of Devine Justice）：民族之间通过比较优势形成的自由贸易，是“上帝的旨意”，因此“所有人依国际法均可自由航行”。[③] 他进一步认为，“适用于航行的该原则（指航行自由原则）也适用于捕鱼，换言之，捕鱼对所有的人也是自由的、开放的”。“海洋无论如何不能成为任何人的私有财产。”[④] 概言之，首先，在神权和主权之间主权优先，主权国家才是海洋法的主体；其次，根据“自然法”，海洋自由是天赋的，因而是绝对的，神圣不可侵犯。因此，荷兰的海上贸易、捕捞活动都是合法的。格劳秀斯关于海洋自由的话语体系，背后是荷兰政府公权力的引导和资源投入，也契合了当时主权国家摆脱教皇神权统治的基本诉求。实际上，格劳秀斯被先后任命为鹿特丹市市长和驻英大使，[⑤] 成为荷兰政府推行海洋话语权的官方代言人。

（2）美国主导的“海洋自由论”。

美国作为因航海而立国的超级大国，继承、发展了“海洋自由论”，以国家利益定义“海洋自由”，建立了一套具有现代色彩的海洋自由话语体系。美国海洋自由话语最显著的特点就是几乎都以政府政策或法律的形式出现，学者的论述反而居于次要的地位。

1776 年，美国肇建之始，就制定了《示范条约》（Model Treaty），作为今后与各国订立通商条约的范本。有学者指出，《示范条约》“在美国早期的外交活动当中逐渐延伸为

---

① 参见肖韬、张晏瑲：《格老秀斯与〈海洋自由论〉——一场关于海洋属性的历史论证》，载《历史法学》2013 年第 1 期。

② 参见周子亚、蒋恩慈：《格劳秀斯对国际法的贡献——为纪念格劳秀斯诞生四百周年而作》，载《法学》1983 年第 6 期。

③ ［荷］雨果·格劳秀斯：《论海洋自由或荷兰参与东印度贸易的权利》，马忠法译，上海人民出版社 2013 年版，第 9 页。

④ ［荷］雨果·格劳秀斯：《论海洋自由或荷兰参与东印度贸易的权利》，马忠法译，上海人民出版社 2013 年版，第 31－33 页。

⑤ 参见李家善：《格老秀斯——近代国际法的奠基人》，载《法学研究》1983 年第 5 期。

‘海洋自由’原则。其主要内容为捍卫……贸易自由和航行自由的权益”①。《示范条约》所包含的“海洋自由”原则，被忠实地纳入美国与法国、荷兰、瑞典和普鲁士等国的双边条约中。② 在1856年《巴黎海战宣言》（Paris Declaration on Naval War）的谈判过程中，美国国务卿威廉·马西（William Marcy）首次在外交文件中正式提出，应当把自由主义海事原则上升为国际法，由各国共同遵守。③

19世纪末，阿尔弗雷德·马汉（Alfred Mahan）的“海权论”得到了美国政府的大力支持。这种理论不过是海洋自由学说的“军事版”。马汉长期在美国海军和海军学院任职，与美国总统及众多政要关系密切，“他的思想和观点往往直接进入并影响美国外交最高决策层”④。马汉在其著名的《海权对历史的影响》（The Influence of Sea Power upon History, 1660～1783）一书中，系统地将海洋自由学说军事化了，即主权国家通过发展海上武装力量，尽可能多地控制海洋区域，实现海上霸权。这种将“自由使用海上武力”正当化、技术化的理论，非常符合殖民时代弱肉强食、遵循丛林法则的权力政治，是海洋自由学说在海洋安全方面最极端的表现之一。

第一次世界大战以后，美国的综合国力超越英国，在海洋话语的论述上更为强势。巴黎和会前夕，时任美国总统托马斯·威尔逊（Thomas Wilson）正式提出著名的“十四点原则”（Fourteen Points Principle），其中第二点就是“各国领海以外的海洋上应有绝对的航行自由”⑤。第二次世界大战期间，美国和英国签署《大西洋宪章》（The Atlantic Charter）。该宪章第七点指出，“这样的和平将使所有人能够在公海上不受阻碍地自由地航行”，重申了公海自由原则。

第二次世界大战以后，美国海洋话语最突出的表现，就是自1979年以来，美国政府推出的所谓“航行自由计划”（Freedom of Navigation Program）。卡特政府实施了一系列美国政府政策的综合体，包括1982年《第72号国家安全决策命令》（National Security Decision Directive 72）、1983年《关于美国海洋政策的声明》（Statement on United States Oceans Policy）、1990年《第49号国家安全命令》（National Security Directives 49）、1995年《第32号总统决策命令》（Presidential Decision Directives 32）等。⑥ 在该计划中，美国政府“自我加冕”为海洋自由的“裁判者”和“卫道士”，发明了所谓的“过度海洋声索”（Excessive Maritime Claim）概念，对部分国家的海洋行动进行话语上的污名化。2021年1

---

① 刘博庆：《以海洋自由为原则——试论美国早期对外条约中的海事条款（1776－1815）》，载《河南科技大学学报（社会科学版）》2015年第4期。

② 参见朱剑：《美国“自由海洋”政策的嬗变、缘由及影响研究》，载《国际关系研究》2019年第2期。

③ 参见曲升：《美国的海洋自由观及其对1856年〈巴黎宣言〉的反应》，载《世界历史》2019年第4期。

④ 刘永涛：《马汉及其“海权”理论》，载《复旦学报（社会科学版）》1996年第4期。

⑤ 王俊铮：《威尔逊“十四点计划”述评》，载《黑龙江史志》2012年第1期。

⑥ 系列政策之主要内容，参见曲升：《美国“航行自由计划”初探》，载《美国研究》2013年第1期。

月，美国国防部发布《2020 年度航行自由报告》（Annual Freedom of Navigation Report，Fiscal Year 2020），其“过度海洋声索”名单包括阿根廷、巴西、中国、日本、韩国、伊朗和马来西亚等 19 个国家和地区。①

与荷兰政府主导的早期“海洋自由论”不同的是，美国政府主导的“海洋自由论”少了严谨的自由主义法哲学论述，多了国家强制力推行的结论性话语。美国政府不遗余力地推动海洋自由的法制化，并以自己的海军实力作为执行之保障。美国的“海洋自由论”是以自由主义为名的霸权主义，本质上仍然是为主权国家利益服务的一种话语。

2. “海洋区域论”

“海洋自由论”对于海域不加区分，严格推行一种绝对的航行和捕鱼自由原则，在代表新兴海洋强国利益的同时，损害了其他海洋国家的利益。主权国家海洋利益的不同，导致海洋话语内容上的区别。就在格劳秀斯提出“海洋自由论”之际，荷兰与英国的渔业纠纷也愈演愈烈，英国对于荷兰的海洋自由主张表示强烈不满。“海洋区域论”应运而生，并形成对绝对“海洋自由论”的修正。

（1）英国主导的“海洋区域论”。

在詹姆斯一世（James Ⅰ）禁止外国渔民进入英国海域捕鱼之后，苏格兰法学家威廉·威尔沃德（William Welwod）随即出版了《海洋法精要》（An Abridgement of All Sea - Laws，1613）一书，率先反驳了海洋不能被占有的思想——该书被直接用于英国与荷兰的渔业谈判，而荷兰的代表，正是格劳秀斯本人。在这场无疾而终的谈判中，荷兰政府倡导的海洋自由话语并未取得任何优势。②

1618 年，英国政治家、法学家约翰·塞尔登（John Selden）的《闭海论：海洋主权或所有权》（Mare Clausum：of the Dominion，or，Ownership of the Sea）一书在呈递国王詹姆斯一世后，按照英国政府的要求进行了删改，直到 1635 年才正式出版。③ 塞尔登论证了：第一，海洋可以被占有这一原理，不仅受到“上帝之法”、自然法和宗教神谕的支持，而且欧洲沿海诸国在历史上就一直就像占有领土一样占有海洋，是一种长时间、稳定的国家实践；第二，英国的历史可以证明，英国的统治者，无论是谁，在占有英国本岛的同时，

---

① Department of Defense，*Annual Freedom of Navigation Report*，*Fiscal Year 2020*，Under Secretary of Defense for Policy，January 27，2021，https：//policy. defense. gov/Portals/11/Documents/FY20%20DoD%20FON%20Report%20FINAL. pdf.

② 参见计秋枫：《格老秀斯〈海洋自由论〉与 17 世纪初关于海洋法律地位的争论》，载《史学月刊》2013 年第 10 期。

③ 当时的英国政府十分担心该书的部分观点会引起丹麦国王的不悦，所以命令塞尔登删去了关于北海领海声索的最后一章，see Mark Somos，*Selden's Mare Clausum*：*The Secularisation of International Law and the Rise of Soft Imperialism*，Journal of the History of International Law，Vol. 14，No. 2，2012，p. 293。

也同时占有英国四个方向的海洋。[①] 塞尔登的“闭海论”与格劳秀斯的“海洋自由论”在内容上是针锋相对的：格劳秀斯的理论原点是“海洋是人类共同财产，不得私有，因此任何国家均得自由航行”；塞尔登的理论原点则是“海洋自古以来就可以被占有，占有国对海洋拥有排他的所有权”。但是，从话语与权力关系的角度，二者本质上又是相同的，即都反映了主权国家的海洋诉求，背后都是国家权力的运用。1651 年，英国政府制定《航海条例》（Navigation Acts)，禁止非本国商船承运与英国有关的货物。1794 年，英国与美国签署《友好、商业和航海条约》（The Treaty of Amity，Commerce，and Navigation，史称“杰伊条约”)，迫使美国接受了英国排他性的航运和贸易垄断。这些行为都反映了英国在航行自由方面不同于海洋绝对自由的话语内容。海洋开始区分“自由”和“不自由”的区域，领海制度和航海贸易管理制度得到发展。有学者将这种区分海域的理论，称为“海洋区域论”。[②]

（2）其他国家主导的“海洋区域论”。

在主张“海洋区域论”的国家因各自主权利益的诉求不同，就“不自由”海域的宽度，即领海宽度，产生了巨大分歧。在英国、荷兰海洋霸权交替之际的 1702 年，荷兰法官康内留斯·宾刻舒克（Cornelius Bynkershoek）发展了塞尔登的“海洋区域论”，提出对于海洋的领有以“陆上国家的权力以其武器所及的范围为限”的观点。[③] 早期的岸炮射程多在 3 海里以内，所以有了最初的 3 海里领海界限。随着大炮射程的加大，这一距离被不断扩展为 6 海里、12 海里，形成了不同的海洋区域主张。

据学者统计，在 1930 年国际法编纂会议（The Conference of Compiling International Law）上，36 个国家分别提出了 3 海里领海、3 海里领海加毗连区、4 海里领海、6 海里领海、6 海里领海加毗连区和 12 海里领海加毗连区 6 种不同的海域主张。[④] 例如，在 1958 年第一次海洋法会议上，加拿大主张 3 海里领海加 6 海里专属渔业区，遭到了葡萄牙等国家的激烈反对。[⑤] 海洋自由论与海洋区域论之间、海洋区域论内部之间的冲突张力，使以主权国家权力为基础的海洋话语模式陷入巨大困境。

（三）传统海洋话语权的继续发展：以联合国权力为基础的海洋话语模式

第二次世界大战以后，世界海洋权力格局发生巨大变化。国际社会在联合国平台上，于 1958 年、1960 年和 1973 年分别召开了三次海洋法会议，先后形成了《领海及毗连区公

---

① See Eric G. M. Fletcher, *John Selden (Author of Mare Clausum) and His Contribution to International Law*, Transactions of the Grotius Society, Vol. 19, 1933, p. 9 – 10.

② 参见王献枢：《论海洋法原则的历史演变》，载《中南政法学院学报》1989 年第 1 期。

③ 参见［英］奥本海：《奥本海国际法》（上卷）（第二分册），王铁崖等译，中国大百科全书出版社 1995 年版，第 28 页。

④ 参见刘中民：《领海制度形成与发展的国际关系分析》，载《太平洋学报》2008 年第 3 期。

⑤ 参见张郭：《领海宽度之争与美国海洋自由观论析》，载《中国海洋大学学报（社会科学版）》2020 年第 2 期。

约》、《大陆架公约》、《公海公约》、《捕鱼及养护公海生物资源公约》、《关于强制解决争端的任意议定书》和《联合国海洋法公约》等国际法文件。其中，《联合国海洋法公约》对于现代海洋话语的最终确立，起到了决定性作用。

与主流观点认为《联合国海洋法公约》是“海洋自由论”的胜利①不同的是，《联合国海洋法公约》实际上综合了“海洋自由论”和“海洋区域论”，体现了一种妥协性的海洋话语。在第三次海洋法会议上，就有代表在发言时模仿莎士比亚的台词，说“我是来埋葬格劳秀斯的，不是来赞扬他的”（I come to bury Grotius，not to praise him）。②《联合国海洋法公约》所作的平衡，主要体现为：一方面，公约按照“海洋区域论”的基本观点，将海域大致分为领海、毗连区、专属经济区和公海，同时协调“海洋区域论”之间的不同意见，将领海宽度确定为12海里；另一方面，公约按照“海洋自由论”的核心观点，确立了公海自由制度。《联合国海洋法公约》第87条“公海自由”规定，“公海对所有国家开放，不论其为沿海国或内陆国”。值得注意的是，《联合国海洋法公约》视角下的“公海自由”仍然是受较大限制的自由，并不是荷兰和美国主张的那种绝对自由。在重要的公海捕鱼权部分，公约对主权国家所作限制可归纳如下：

第一，不得影响沿海国的权利。除领海生物资源的专属性外，《联合国海洋法公约》创造性地设置了“专属经济区”制度，把从领海基线向外200海里海域的生物资源，都纳入沿海国的权利中，这使公海捕鱼的地理范围大为减少。

第二，不得影响海洋生物种群的存续。《联合国海洋法公约》规定，主权国家不得在专属经济区外附近的公海实施会影响专属经济区内鱼群存续的捕捞行为，也不得影响高度洄游鱼类的生存繁衍。同时，对于海洋哺乳动物，特别是鲸类，主权国家的捕捞权利亦受限制。

第三，负有养护公海生物资源的义务。传统的公海捕鱼自由，是没有义务作为对价的。《联合国海洋法公约》第117条至第120条，原则性地设定了缔约国养护公海生物资源的义务。为此，国际社会已建立了多个公海区域渔业管理组织，主权国家在公海上大规模任意捕捞的历史已经基本结束。

以联合国权力为基础的海洋话语模式不同于以主权国家权力为基础的海洋话语模式，突出表现为：首先，海洋话语的权力来源不同。前者的权力基础是主权国家的意思自治或主权让渡，体现了海洋法主体之间的平等性和自愿性；后者的权力基础是国家主权，不同的主权国家有着不同的海洋话语，任何一种海洋话语的所谓主导性，归根结底就是该国的实力所致，因此经常表现为一种海洋霸权主义。其次，海洋话语的呈现形式不同。前者以

---

① 参见马忠法：《〈海洋自由论〉与格老秀斯国际法思想的起源和发展》，载《比较法研究》2006年第4期。

② See Hyun Jung Kim, *The Return to a Mare Clausum through Regional Fisheries Management Organizations*, Ocean Development and International Law, Vol. 44, No. 3, 2013, p. 205.

国际公约为基本载体；后者则形式多元，从学术理论，到政府政策、国内法和双边条约，不一而足。最后，海洋话语的具体内容不同。前者体现了缔约国经过妥协的海洋话语，特别是“海洋区域论”和“海洋自由论”的调和，是最低限度的国际共识；后者则表现为各种不同的“海洋区域论”和绝对的“海洋自由论”等，彼此之间互相争论，矛盾重重。

值得注意的是，美国没有加入《联合国海洋法公约》，但其推行的“航行自由计划”却以《联合国海洋法公约》的公海自由部分作为“正当性理由”。① 这既反映出以联合国权力为基础的海洋话语模式相对于以主权国家权力为基础的海洋话语模式的优势地位，也体现了美国的话语霸权主义。

（四）传统海洋话语权变动的历史经验

总结传统海洋话语权模式的发展历程及其相互关系，如图 1 所示。

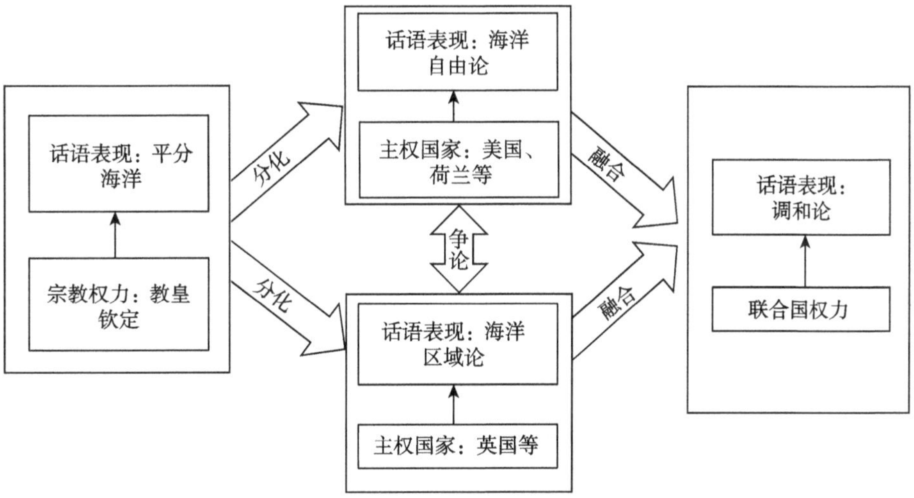

资料来源：笔者自制。

图 1　传统海洋话语权模式的发展历程

传统海洋话语权发展的历史经验，可以作如下总结：

第一，海洋话语权的模式始终处于变动之中，其相对的稳定性从根本上取决于当时的海洋权力格局。从来不存在一种绝对“正确”且无须权力支持的海洋话语，任何海洋话语都必须服从海洋政治的现实。

第二，海洋话语权模式的变动，并不是无序的，其发展遵循了个别国家（神权）垄断—各个国家争论—达成最低国际共识这一基本路径。在当前的海洋政治环境下，海洋话语越来越需要取得国际共识的支持，一国独霸的时代已经远去。

① 美国《2020 年度航行自由报告》第一部分“保障以规则为基础的国际秩序”（Preserving the Rules – Based International Order）开宗明义地指出，航行自由计划是为了确保《联合国海洋法公约》创设的自由。Department of Defense，“Annual Freedom of Navigation Report，Fiscal Year 2020，” *Under Secretary of Defense for Policy*，January 27，2021，https：//policy. defense. gov/Portals/11/Documents/FY20%20DoD%20FON%20Report%20FINAL. pdf.

第三，海洋话语权模式的变动，实质上反映了各国海洋利益的此消彼长。巨大的海洋利益早期表现为捕鱼和航海贸易，后期则涵盖军事安全、海底资源开发和海洋生物资源养护等，是主权国家行使海洋权力的目标和原动力。

第四，海洋话语确立后，会对海洋权力产生规范或限制作用。《托德西里亚斯条约》的神权海洋话语确立后，葡萄牙和西班牙的海洋争端告一段落，并且使其他海洋国家失去了获取海洋利益的正当性。“海洋自由论”与“海洋区域论”之间的争论在《联合国海洋法公约》生效后得到缓解，美国作为非缔约国也不得不借助《联合国海洋法公约》的话语来增强自己海洋行动的正当性。

第五，早期海洋话语的传播，主要依靠宗教宣示或者主权国家支持下的学术著作出版，官方支持的学者在创制、传播话语方面具有十分独特的作用。进入近现代，法律在海洋话语的传播过程中占据主要地位，任何一种海洋话语都在争夺上至国际公约、下到国内法的法律载体，法律工具在海洋话语权争夺中，是一种具有最高优先性的武器。

第六，晚近的海洋话语受霸权政治的影响明显。海洋大国更多地借助已有的政治思想作为理论外壳，借助陆地上更强势的政治话语作为海洋话语建构的直接内容，不再过多地阐述、论证理论的细节和正当性。例如，美国的海洋自由话语，鲜有系统性的理论建树，它只需把“自由”口号化、表面化就足够了，因为置于古典自由主义或新自由主义话语的大背景中，“自由”的价值及正当性已无须赘述。凡是不符合强势政治思想的海洋话语，如“海洋区域论”因其关于海洋可被占有的主张与航行自由存在一定的冲突，则只能借助国际习惯法等其他途径获得正当性，在话语权争夺上处于相对劣势的地位。

三、海洋命运共同体的话语：共同体主义对自由主义的超越

传统海洋话语的核心内容是自由主义或个体主义话语，这种形成于17世纪的旧产物，与注重海洋和平安全、海洋生态养护的新时代，越来越不兼容。海洋自由学说自身的理论缺陷，历经时代变迁已经日益明显，多个核心概念难以逻辑自洽。自由主义话语，在当代受到了共同体主义思潮的巨大挑战，其话语的优势地位正在消解。共同体主义是具备东西方共同价值理念的话语体系，正在多个方面展现出超越自由主义话语的优越性。人类命运共同体思想，基于更广泛的权力基础——全人类的共同意识，是当代共同体主义话语最高的表现形式。海洋命运共同体理念作为人类命运共同体思想在海洋话语方面的分支，相较于自由主义传统海洋话语自然具备优势。

（一）传统海洋话语的理论缺陷

如前文所述，现代海洋自由话语起源于格劳秀斯的古典自由主义理论。实证分析其缺陷，有助于理解海洋自由话语体系被超越的必然性。概言之，海洋自由学说存在以下三个重要缺陷：

第一，以“神学”为基础削弱了论证的说服力。格劳秀斯虽然有力驳斥了教皇划分海洋、海洋私有的正当性和合法性，但是其立论的原点仍然是上帝和神学，是用他对上帝的解释去替代教皇对上帝的解释。随着近代科学的发展，神学叙事已经失去了实证意义。因此，是否存在一种自然法意义上的海洋自由，是值得讨论的。

第二，“人类共同财产”包含了自相矛盾的内容。在捕鱼自由的部分，格劳秀斯虽然借助了“人类共同财产”这一概念，但充其量只是论证了捕鱼的权利不能被个别国家垄断，却并没有进一步说明，也无法解释：渔业资源作为抽象的人类共同财产，为什么是可以由具体的渔民捕捞并出售的？毕竟，没有任何人有权捕捞不完全属于自己的东西，更不能通过捕捞取得独占的所有权。如果严格按照人类共同财产的概念，捕鱼自由反而没有合法性可言。

第三，与海洋环境保护和海洋生物资源养护的时代潮流背道而驰。尽管现代的“海洋自由论”，已经将“自由”的领域，限缩于“公海”之内，但海洋环境和海洋生物资源的分布是不受海域法律属性限制的。为保护海洋环境，保护洄游鱼类和濒危海洋生物，即使是公海，所谓的自由仍然需要严格加以限制。换言之，在现代海洋法中，即使是公海，自由也已经不是首要的价值，环境和生物资源等人类共同利益的保护已经上升为最高位阶的价值。

除此之外，马汉的“海权论”也严重背离第二次世界大战之后和平、法治的时代主旋律，这种毫无约束、自由发展甚至自由使用海上武力的旧学说，已经完全失去正当性和合法性。任何国家都不得破坏海上安宁，在海上滥用武力。

（二）共同体主义话语的功能优势

传统海洋话语权在当代受到的另一个严重挑战在于，其所根植的政治话语——自由主义或个体主义在日渐兴起的共同体主义话语面前开始动摇。共同体主义在东西方都是一种强势的政治思想和话语。共同体主义又被称为“社群主义”（Communitarianism）[①]，在1971年约翰·罗尔斯（John Rawls）出版《正义论》（A Theory of Justice）一书后，西方政治学界展开了新自由主义（Neoliberalism）与共同体主义的大争论。共同体主义主张“共同体对个人的优先性……共同体中每个成员都把共同体的价值、目标当作自己的价值和目标”[②]。主流观点认为，“‘共同体主义’……在当代的复兴主要是为了反对自由主义、尤其是罗尔斯正义论的‘普遍主义’‘个人主义’及其自我观、权利观和正义观”[③]。从共同体主义和新自由主义的争论中，共同体主义话语充分展现了其优势。

---

① 参见彭仕东：《补充抑或摒弃——基于社群主义与自由主义争论的思考》，载《理论月刊》2010年第6期。

② 陈周旺：《论共同体主义对当代西方自由主义的批判》，载《现代哲学》2000年第2期。

③ 朱慧玲：《共同体主义还是共和主义？——桑德尔政治哲学立场评定与剖析》，载《世界哲学》2011年第3期。

1. 共同体主义否定了自由主义崇尚的权利优先论，缓解了由此带来的社会矛盾

从本体论的角度来看，新自由主义与格劳秀斯的古典自由主义是一致的。有学者在总结新自由主义的主要观点时提出，“这些新自由主义者在具体的观点上不尽相同，但在有一点上是完全一致的，即强调个体权利压倒一切的优先性……可称作‘权利优先论或权利基础论’”①。例如，罗尔斯强调，“侵犯第一个原则（人人皆平等的自由）所保护的基本平等自由，不可能因较大的社会经济利益而得到辩护或补偿”②。罗纳德·德沃金（Ronald Dworkin）认为，“一个宣布承认权利的社会必须抛弃遵守法律的一般义务的概念，这个概念在所有的情况下都被坚持”③。

然而，从功能主义的角度来看，新自由主义并没有带来美好的未来。经济增长减速、结构性矛盾尖锐、各种金融风险加剧、贫富差距拉大、贫困问题严重等，都是奉行新自由主义的发展中国家的常态。④ 由于过分强调个体的权利和绝对的、不容干涉的自由，政府丧失了最低限度干预经济、保障社会福利的公共职能。人们逐渐意识到，权利固然美好，但是离开了在共同体中应尽的义务，权利就只能是“镜中花、水中月”。

共同体主义正是考虑到西方社会各种严重的社会问题，对新自由主义作出了有力的反驳。迈克尔·桑德尔（Michael Sandel）在《自由主义与正义的局限》（Liberalism and the Limits of Justice）一书中认为，“（彻底独立的自我）排除了一种公共生活的可能性，在这种生活中，参与者的身份与利益或好或坏都是至关重要的”⑤。史蒂芬·霍尔姆斯（Stephen Holmes）和凯斯·桑斯坦（Cass Sunstein）在《权利的成本——为什么自由依赖于税》（The Cost of Rights：Why Liberty Depends on Taxes）一书中，则直接反驳德沃金，认为“在公共背景下，如果权利拥有者想让政府帮助她实施权利主张，她自己必须负责任地行为”。⑥ 阿米泰·埃兹奥尼（Amitai Etzioni）认为，在共同体内部，应当明确权利以责任的存在为前提，应当承认没有权利的责任（如道德责任）的重要地位，应当因地制宜地对某些权利进行调适。⑦

从功能主义的角度来看，面对新自由主义带来消极结果，共同体主义对新自由主义进行了本体论上的修复，对新自由主义产生了强大的话语优势。共同体主义抓住了新自由主

---

① 俞可平：《社群主义》（第3版），东方出版社2015年版，第28页。

② ［美］约翰·罗尔斯：《正义论》，何怀宏、何包钢、廖申白译，中国社会科学出版社2009年版，第47页。

③ ［美］罗纳德·德沃金：《认真对待权利》，信春鹰、吴玉章译，中国大百科全书出版社1998年版，第258页。

④ 参见靳思远：《新自由主义话语霸权：生成及终结》，载《理论导刊》2023年第1期。

⑤ ［美］迈克尔·J. 桑德尔：《自由主义与正义的局限》，万俊人、唐文明、张之锋、殷迈译，译林出版社2011年版，第79页。

⑥ ［美］史蒂芬·霍尔姆斯、凯斯·R. 桑斯坦：《权利的成本——为什么自由依赖于税》，毕竟悦译，北京大学出版社2004年版，第113页。

⑦ 参见王俊、顾昕：《新社群主义社会思想与公共政策分析——以阿米泰·埃兹奥尼为中心》，载《国外理论动态》2017年第10期。

义理论的核心缺陷，就是只顾权利，藐视义务。在共同体主义的影响下，改善社会福利制度、管制寡头垄断、保护环境、限制温室气体排放、养护生物资源、共同开发和利用海洋等议题成为西方社会的热门政治议题，缓解了由新自由主义带来的主要矛盾。新自由主义在这些核心问题上完全无法提供正面的理论资源，相反沦为被批判的对象，话语权日渐衰落。

在国际政治理论中，共同体主义有与一般国内政治意义上不同的表现形式，国际共同体是指较国际体系与国际社会等概念更高的形式，它强调有着集体身份的主权国家之间，形成了彼此高度信任的关系，对国际变化产生稳固的预期。这样一来，上述的共同体主义极易发展成为一种共同体，国际主义或者国际共同主义。无论是国内政治理论，还是国际政治理论，共同体主义都是对新自由主义的一种解构，它强调在新的时代条件下，需要更加关注人类的整体利益和共同命运，具体到海洋话语权而言，需要更加关注人类海洋治理的整体利益，使海洋治理更加符合全球治理的逻辑。作为共同体国际主义话语的最高级表现形式，人类命运共同体思想倡导“坚持正确义利观”① “义利相兼、以义为先的原则”②“义重于利”③ 等重要理念，与强调共同体义务优先于个体权利的共同体主义观点，具有共通的法哲学意蕴。人类命运共同体理念的本体论，与共同体主义一样，把共同体作为个体存在的前提，把义务作为权利存在的前提，是一种基于现实的共同体主义话语。因此，从人类命运共同体思想诞生之初，即已具备超越新自由主义的话语优势。这种优势，自然也延伸到海洋命运共同体话语对海洋自由话语的优势上。

2. 共同体话语的共通性超过新自由主义话语

共同体主义话语不仅在西方获得了话语权方面的优势，它还是一种东西方共通的话语。这一点在人类命运共同体思想上，表现得尤为明显。关于人类命运共同体思想与东方传统政治思想之间的关系，国内学术界已经作了较为全面、深入的研究。有学者认为，以中国为核心，地理范围涵盖朝鲜半岛、日本列岛和越南等地区，自古以来就形成了一个东亚人文共同体，具有相似的价值观。④ 有学者认为，儒家哲学中的“天下大同”“义利相兼”“和而不同”“天人合一”“亲仁善邻”思想分别构成“人类命运共同体”政治观、经济观、文化观、生态观和安全观的重要哲学基础。⑤ 有学者进一步认为，“人类命运共同体理念是传统‘和’文化在当代社会呈现出来的崭新形态”。“协和万邦”“万国咸宁”等中华

① 《习近平谈治国理政》（第 2 卷），外文出版社 2017 年版，第 443 页。

② 《习近平在联合国成立 70 周年系列峰会上的讲话》，人民出版社 2015 年版，第 5 页。

③ 《习近平谈治国理政》（第 2 卷），外文出版社 2017 年版，第 523 页。

④ 参见郭树勇、于阳：《论东亚人文共同体的建构：文化区域主义的视角》，载《东北亚论坛》2021 年第 4 期。

⑤ 参见徐瑜霞：《“人类命运共同体”的儒家哲学基础探析》，载《齐鲁学刊》2022 年第 4 期。

传统思想精华，为人类命运共同体提供了价值依托。[①] 有学者还认为，“亲仁善邻”“由己及人”“守望相助”“协和万邦”等中华优秀传统文化与人类命运共同体思想“存在密不可分的内在联系，中华文明智慧是构建人类命运共同体思想形成的重要文化基石”[②]。因此，在以中华文明为代表的东方文明体系中，共同体主义话语一直占据主导性的地位。

20 世纪八九十年代拉美国家的所谓改革和苏联解体后的“休克疗法”，再加上墨西哥金融危机、亚洲金融危机和美国次贷危机等一系列国际危机给人类带来了惨痛教训，新自由主义的影响范围越来越小，那种绝对放任自由的政治学和经济学主张，已经没有太多拥趸。总体而言，从共通性角度而言，共同体主义对自由主义具有明显优势。在话语内容上，传统海洋话语的核心论点和基础政治理论，都面临着被全面更新的命运。

（三）海洋命运共同体的话语权证成

海洋命运共同体理念作为人类命运共同体思想的重要组成部分，其内涵应当置于人类命运共同体思想的大框架中阐释。人类命运共同体思想包含了政治、安全、经济、文化和生态文明“五位一体”的深刻内容,[③] 既是科学理论，又是科学方法。从内容上看，人类命运共同体是指“世界各国形成的具有依存性、平等性、共赢性、包容性等特点的集合体”。[④] 从方法上看，建构人类命运共同体的关键是要“建立平等相待、互商互谅的伙伴关系”“营造公道正义、共建共享的安全格局”“谋求开放创新、包容互惠的发展前景”“促进和而不同、兼收并蓄的文明交流”“构筑尊崇自然、绿色发展的生态体系”。[⑤] 人类命运共同体思想深刻反映了“冷战”之后，世界各国深度交往、国际社会关系日益紧密的时代背景，建构了“世界村”的基本话语和规则，是人类社会继续保持和平并走向全面繁荣的唯一正确路径。

海洋命运共同体理念是人类命运共同体思想的自然延伸。习近平总书记指出，“海洋对于人类社会生存和发展具有重要意义。海洋孕育了生命、联通了世界、促进了发展。我们人类居住的这个蓝色星球，不是被海洋分割成了各个孤岛，而是被海洋联结成了命运共同体，各国人民安危与共。海洋的和平安宁关乎世界各国安危和利益，需要共同维护，倍加珍惜”[⑥]。从这个角度而言，海洋命运共同体是因共同的海洋利益和价值——海洋安全、海洋经济合作、海洋环境保护和海洋生物资源养护，团结而形成的主权国家的联合体。作为一种话语，海洋命运共同体有着坚实的当代国际法和国内法基础，不仅是一种实然的客观

---

① 参见洪晓楠、顾燕：《构建人类命运共同体的文化逻辑》，载《新疆社会科学》2021 年第 2 期。

② 刘建武：《构建人类命运共同体与中华文明智慧》，载《广西大学学报（哲学社会科学版）》2019 年第 5 期。

③ 参见朱锋：《从“人类命运共同体”到“海洋命运共同体”——推进全球海洋治理与合作的理念和路径》，载《亚太安全与海洋研究》2021 年第 4 期。

④ 陈岳、蒲俜：《构建人类命运共同体》（第 2 版）（修订版），中国人民大学出版社 2018 年版，第 11 页。

⑤ 习近平：《论坚持推动构建人类命运共同体》，中央文献出版社 2018 年版，第 254 – 256 页。

⑥ 《习近平谈治国理政》（第 3 卷），外文出版社 2020 年版，第 463 页。

存在，而且拥有鲜明的国际政治指向。

第一，《联合国海洋法公约》提供了海洋命运共同体秩序的原初框架。尽管还存在诸多缺陷，《联合国海洋法公约》生效以来被广泛遵守，成为各国在海洋上行动的基本规则。截至 2022 年 10 月，《联合国海洋法公约》共有 168 个缔约方。① 这些缔约方通过对《联合国海洋法公约》的同意和服从，既构成了实在意义上的“共同体”，也使这种共同体秩序具备最基本的正当性，成为话语权力关系理论视角下的一种权力。

第二，区域渔业管理组织的发展凸显了海洋命运共同体有效性的扩展。迄今为止，全世界共成立了约 17 个区域渔业管理组织，② 覆盖了几乎全部的公海水域，进一步限制传统的捕鱼自由。这些区域渔业管理组织的成员国以利益相关的沿海国或船旗国为主，形成了大共同体中的小共同体及其特别秩序。区域渔业管理组织代表共同体，根据区域内渔业资源的养护情况，持续行使管理职权，向成员国发出有关养护措施的通知，推动新规则的制定。国际组织的存在，强化了共同体之间的权力关系。

第三，主权国家涉海法律的转型反映了共同体正当秩序对个体的效力。近年来，世界各国掀起了一股海洋治理的浪潮。2018 年 8 月，日本首次修订了《1949 年渔业法案》（Fisheries Act 1949），在总配额中引入个体配额，扩大配额制的范围，加大了对非法捕捞的处罚金额等。③ 2019 年 6 月，加拿大修订了有 151 年历史的国内法，将保护范围扩大到管辖内的全部海洋生物，强调长期保护海洋生物的多样性，大力恢复海洋栖息地和海洋生物数量等。④ 2019 年 8 月，中国《渔业法》的修订公开征求意见，确保海洋可持续发展是重要的修法方向。⑤ 2020 年 11 月，英国制定了《2020 年渔业法案》（Fisheries Act 2020），除了处理脱欧导致的渔业资源分配问题，新法案还重申了可持续发展的原则，强调保护敏感的海洋生物，减少非必要兼捕渔获等。⑥ 在这次修法浪潮中，主权国家表达了对共同体

---

① 截至 2022 年 10 月，《联合国海洋法公约》共有 157 个签字方，168 个缔约方。See United Nations Treaty Collection：United Nations Convention on the Law of the Sea，UN，January 11，2021，https：//treaties. un. org/pages/ViewDetailsIII. aspx？ src = TREATY&mtdsg_ no = XXI – 6&chapter = 21&Temp = mtdsg3&clang = _ en#1.

② What is a Regional Fishery Management Organization？February 23，2012，Pew，https：//www. pewtrusts. org/en/research – and – analysis/fact – sheets/2012/02/23/faq – what – is – a – regional – fishery – management – organization.

③ See Daisuke Sasatani，*Japan Revises Fisheries Act Seeking Global Competitiveness*，April 9，2019，Global Agricultural Information Network，https：//apps. fas. usda. gov/newgainapi/api/report/downloadreportbyfilename？ filename = Japan%20Revises%20Fisheries%20Act%20Seeking%20Global%20Competitiveness_ Tokyo_ Japan_ 4 – 9 – 2019. pdf.

④ See Government of Canada，*Introducing Canada's Modernized Fisheries Act*，Government of Canada，June 21，2019，https：//www. dfo – mpo. gc. ca/campaign – campagne/fisheries – act – loi – sur – les – peches/introduction – eng. html.

⑤ 2019 年 8 月，《渔业法》修订开始公开征求意见，此次修订幅度为历年来最大。参见《关于向社会公开征求〈中华人民共和国渔业法修订草案（征求意见稿）〉意见的函》，载农业农村部官网，http：//www. moa. gov. cn/hd/zqyj/201908/t20190828_ 6323271. htm。

⑥ See Press Release，*Flagship Fisheries Bill becomes law*，November 24，2020，UK Government，https：//www. gov. uk/government/news/flagship – fisheries – bill – becomes – law.

利益的深度关切和高度的自我约束，与早期相互争夺海洋资源的历史形成鲜明对照。共同体权力的有效性由此得到进一步强化。

综上所述，《联合国海洋法公约》及之后现代海洋法的发展都可以证明一种观点，国际社会为应对日益严峻的海洋问题，通过联合国平台、区域渔业组织平台及主权国家主动作为等方式，在平等和自愿的基础上，形成了意思表示高度一致的“海洋命运共同体”。在这个共同体之中，形成了以维护海洋安全、保护海洋环境和养护生物资源为核心价值的话语体系。对海洋话语体系最系统、最具时代性的建构，就是习近平总书记提出的“海洋命运共同体理念”，可以称为以共同体权力为基础的海洋话语模式。这是与片面强调海洋自由的海洋霸权主义话语截然不同的新型海洋话语体系。

以国际共同体权力为基础的海洋话语模式，是以联合国权力为基础的海洋话语模式的时代升华。就话语的目的而言，前者是主权国家积极主动的追求，为的是解决层出不穷的海洋事务新问题；后者则是第二次世界大战之后主权国家在海洋权益方面的相互妥协，主要目的是维系当时的海洋政治平衡。就话语的内容而言，前者具有明确的价值排序，将人类共同利益置于所有海洋价值，特别是海洋自由之上；后者则是历史上一系列海洋话语的糅合，在兼顾海洋区域论和海洋自由论之余，没有明确的价值排序，以致出现个别国家利用其中对己有利的部分，单方推行海洋霸权主义的现象。就话语的适用范围而言，前者不限于联合国平台，横向上包含了区域渔业组织等其他国际组织，纵向上包含了主权国家自主自发的、追求人类共同利益的海洋行动，是一种全方位的海洋话语。

总之，共同体话语和权力相互作用，构成海洋命运共同体理念成为主导性话语权的主客观基础。海洋命运共同体理念所使用的共同体主义话语，是一种足以与自由主义话语相抗衡的、具有东西方共同渊源的话语。海洋命运共同体理念从上位政治思想到海洋话语的具体内容，都超越了“海洋自由学说”的海洋话语理论。

四、海洋命运共同体话语权的建构路径：传统与现代方法的融合

中国海洋话语权的发展与自身综合实力的发展是同步的。近年来，中国相继提出了《“一带一路”建设海上合作设想》，着力打造21世纪海上丝绸之路共建国家的对话合作机制，构建中国—东盟蓝色经济伙伴关系、中欧蓝色伙伴关系。中国发表《蓝色伙伴关系原则》、发起“可持续蓝色伙伴关系合作网络”和“蓝色伙伴关系基金”，与非洲和亚洲多个国家开展海上搜救、海洋科学研究、海洋环境监测等领域的合作，持续做好南极科学考察和保护，建设“冰上丝绸之路”，参与北极海洋资源的保护与开发。作为引领海洋命运共同体理念的国家，中国通过扎扎实实的行动，做出了良好的表率，赢得了广大海洋发展中国家的支持。以“海洋命运共同体”为底色的海洋话语不仅得到了广泛的传播，也得到了广泛的认可。

应当看到，尽管中国的海洋话语权正在稳步建立，但作为传统的陆上大国，新型的海洋话语权仍然受到传统海洋话语权的各种阻挠、反制。近年来，美国污名化中国海洋事务的事件频频发生，从2016年所谓的“南海仲裁案”，到2020年的“加拉帕戈斯群岛”事件、2021年的“牛轭礁事件”，再到2022年5月，美国继续以“非法捕捞”污名化中国，在“美国—东盟特别峰会”上作为重要议题，并作为“印太海域态势感知伙伴关系”（the Indo－Pacific Partnership for Maritime Domain Awareness，IPMDA）的重要切入口，总而言之，皆为试图在海洋问题上形成对中国的“围攻”态势。中国提升海洋话语权已经是刻不容缓的时代要求。海洋命运共同体话语权的建构路径，应当与历史上其他海洋话语权建构的方式一样，表现为一种权力的主动和积极的作为，同时适应新时代的海洋政治环境，融入共同体的“权力网”。在海洋命运共同体之中，应当也必然有一个核心成员是起引领和主导作用的。这种引领和主导，并不是将自己的话语强加于人，而是将沉默、分散的共识公开化、系统化，即将共同体的共识“显性化”，从而加快共同体话语的凝练过程，使之成为新时代主导性的海洋话语。

具体而言，建构海洋命运共同体话语权的进路可以从权力和话语内容两方面考虑：一是巩固海洋命运共同体的权力基础；二是完善海洋话语的内容和传播方式。

（一）巩固海洋命运共同体的权力基础

海洋命运共同体的形成，首先要具备深厚的经济合作基础，在经济上要实现一定程度的融合，从而形成推动海洋命运共同体发展的内在力量。海洋命运共同体理念作为一种话语，还需要国际性法律和国内法这两个基本的权力载体去推动和巩固。

1. 推动海洋命运共同体的经济合作

2013年，习近平总书记提出共同建设“丝绸之路经济带”和“21世纪海上丝绸之路”的重要倡议。十多年来，“一带一路”的建设取得了举世瞩目的成绩。截至2023年2月，中国已与151个国家和32个国际组织签署200余份共建“一带一路”合作文件。[①] 有数据显示，在贸易方面，2013年到2022年，我国与“一带一路”共建国家货物贸易额从1.04万亿美元扩大到2.07万亿美元，翻了一番，年均增长8%。在投资方面，2013年到2022年，我国与共建国家双向投资累计超过2700亿美元。截至2022年年底，我国企业在共建国家建设的境外经贸合作区累计投资达571.3亿美元，为当地创造了42.1万个就业岗位。[②] 巨大的经济和社会效益，拉近了中国与“一带一路”共建国家的时空距离、心理距离，人类命运共同体具备了坚实的物质基础。有学者指出，“‘一带一路’倡议下的高质量全球互

① 参见新华社：《中国经济复苏的世界意义》，载中央人民政府官网，http：//www.gov.cn/xinwen/2023－02/14/content_ 5741404.htm。

② 参见商务部：《我国与“一带一路”沿线国家货物贸易额年均增长8%》，载央视网，https：//news.cctv.com/2023/03/02/ARTIDVyXHsVEX4iW5E9Lxohm230302.shtml。

联互通将为人类命运共同体理念的实践提供强大动能。”①

“21 世纪海上丝绸之路”是海洋命运共同体话语权建构的经济基石。纵观海洋话语权的发展历史，海洋经济利益是海洋权力运用和海洋话语产生的原动力。中国与海上丝绸之路重要的合作伙伴东盟自 2010 年就建立了发展中国家间最大的自由贸易区——中国—东盟自由贸易区（China and ASEAN Free Trade Area，CAFTA）。“一带一路”倡议提出后，双方的经济合作水平不断提高。2020 年 11 月，中国加入《区域全面经济伙伴关系协定》（Regional Comprehensive Economic Partnership，RCEP）。2021 年度，中国与东盟的贸易额达到 8782.1 亿美元。② 由此可见，“21 世纪海上丝绸之路”已经是中国—东盟命运共同体的重要实现路径和首要基础。

下一阶段，中国应当继续大力推动“21 世纪海上丝绸之路”建设，以亚洲基础设施投资银行贷款等多种融资形式，加大沿线港口设施的投资力度，促进共建国家在高质量互联互通基础上的经济合作，不断提高共建国家人民的生活水平，继续扩大中国与共建国家之间的全方位交流，从根本上形成“我中有你、你中有我”“命运与共、休戚相关”的主权国家联合格局，形成共同的海洋利益，为共同的海洋话语奠定坚实的经济基础。

2. 推动国际性法律文件的制定

人类命运共同体思想的国际认同及其法治化，离不开“倡导”、“示范”和“嵌入”三个阶段。其中，“嵌入”最为关键。所谓“嵌入”，就是“成为联合国等国际组织的宪章原则和决议条文，成为国际法的重要制定依据或国际制度安排的规范性文本……”③ 上述观点，符合海洋话语权发展的历史。在此方面，美国的表现最为典型。美国从建国之始，就不断将本国的海洋话语“嵌入”双边或多边条约中。19 世纪中叶就开始重视在国际公约中推行自己的海洋话语。在 20 世纪，美国积极参与联合国三次海洋法会议并努力将自己的话语加入《联合国海洋法公约》的文本中。

中国积极推进人类命运共同体思想“嵌入”国际性法律文件之中。“人类命运共同体”概念在 2017 年 2 月被首次载入联合国社会发展委员会决议，④ 同年 3 月，被分别载入联合

---

① 郑雪平、林跃勤：《“一带一路”倡议促进人类命运共同体建构研究》，载《亚太经济》2022 年第 1 期。

② 中华人民共和国驻东盟使团：《突破 8000 亿！东盟保持我国第一大货物贸易伙伴》，载中华人民共和国驻东盟使团官网，http：//asean. chinamission. org. cn/stxw/202201/t20220114_ 10495620. htm。

③ 蔡文成、牟琛：《论人类命运共同体国际认同的形成机理——以国际规范扩散为分析视角》，载《社会主义研究》2021 年第 6 期。

④ 中华人民共和国常驻联合国代表团：《联合国决议首次写入“构建人类命运共同体”理念》，载外交部官网，https：//www. fmprc. gov. cn/ce/ceun/chn/hyyfy/t1437664. htm。

国安理会第2344（2017）号决议①和联合国人权理事会决议。② 随后，被分别载入联合国大会“不首先在外层空间放置武器”③ 和“防止外层空间军备竞赛的进一步切实措施”④ 两个决议。

下一阶段，中国应当继续大力推动人类命运共同体话语进入各种国际性法律文件，尤其要突出在国际公约层面的“嵌入”工作，不断提升人类命运共同体话语的国际法位阶。在建构海洋命运共同体理念方面，中国应侧重“嵌入”涉海国际公约的长期规划工作，短期内则要加强在联合国有关决议、区域渔业协定组织有关决议和双边渔业协定中体现共同体话语。

截至2025年4月，中国与相关国家和地区共缔结了《南极海洋生物资源养护公约》《北太平洋公海渔业资源养护和管理公约》《南太平洋公海渔业资源养护和管理公约》《关于加强美利坚合众国与哥斯达黎加共和国1949年公约建立的美洲间热带金枪鱼委员会的公约》《养护大西洋金枪鱼国际公约》《中西部太平洋高度洄游鱼类种群养护和管理公约》《中白令海峡鳕资源养护与管理公约》《南印度洋渔业协定》《建立印度洋金枪鱼委员会协定》《防止中北冰洋不管制公海渔业协定》等10项区域渔业国际公约，与日本、韩国和越南等3个沿海邻国签订了双边渔业协定。随着这些国际法律文件修订条件的成熟，中国应当大力推动“海洋命运共同体”概念进入这些文件，促进其成为一种法律话语。

3. 推动国内海法体系的完善

近年来，中国海法体系的完善程度不断提升。《海洋基本法》正在起草制定之中，《南极活动与环境保护法》已经完成起草，《海上交通安全法》《海洋环境保护法》已经完成重大修订，《海警法》完成制定，《海商法》和《渔业法》等被列入全国人大修法计划，均已完成公开征求意见。然而，海洋命运共同体理念并未系统地进入这些国内法之中并形成有效的法律话语。这是下一阶段立法工作不可忽视的一个重要环节。国内法层面建构海洋命运共同体理念相对容易，并可为共同体海洋话语向国际层面的输出提供必要的立法经验。

在中国海法体系的完善过程中，按照海洋命运共同体理念制定、修订相关法律的“法律原则”部分，是海洋命运共同体理念“入法”的基本路径。在公法领域，法律原则更多

---

① Security Council, “Resolution 2344 (2017) Adopted by the Security Council at its 7902nd meeting, on 17 March 2017,” S/RES/2344 (2017), *United Nations*, March 17, 2017, https://documents-dds-ny.un.org/doc/UNDOC/GEN/N17/069/96/PDF/N1706996.pdf?OpenElement.

② 中华人民共和国常驻联合国日内瓦办事处和瑞士其他国际组织代表团：《人类命运共同体重大理念首次载入联合国人权理事会决议》，载外交部官网，https://www.mfa.gov.cn/ce/cegv//chn/dbtzyhd/t1448592.htm。

③ General Assembly, “Resolution adopted by the General Assembly on 4 December 2017 [on the report of the First Committee (A/72/407)],” A/RES/72/27, *United Nations*, December 11, 2017, https://documents-dds-ny.un.org/doc/UNDOC/GEN/N17/416/34/PDF/N1741634.pdf?OpenElement.

④ 联合国大会第72/250号决议（A/RES/72/250），https://undocs.org/pdf?symbol=zh/a/res/72/250。

地表现为卡尔·拉伦茨（Karl Larenz）所说的“开放式法律原则，作为法律的指导思想”。[①] 有学者认为，“在隐喻学的视角下，如果将法律看作建筑物，法律原则的存在形态、作用方式，很类似于房屋的窗户”[②]。“中国立法坚守法律原则的条文化形式，时常将原则置于法律文本前部甚至首部。”[③] 海洋命运共同体理念的完整表述应当直接“嵌入”有关涉海法律，把建构海洋命运共同体作为法律制定的目的之一，最大限度地体现海洋生物资源、海洋经济利益的平等保护，以海洋命运共同体倡导国的政治高度，平衡各种海洋利益，始终占据海洋话语的道德制高点。

（二）完善海洋话语的内容和传播方式

完善海洋话语的内容和传播方式，首先是要把海洋命运共同体的话语系统化、政策化，把话语通过系统化的政策形式，通过引领海洋命运共同体理念的国家，广泛传播、强力推动，最终以点带面，成为共同体共同的话语；其次是大力发展涉海国际智库，推动海洋命运共同体理念的学术创新，丰富话语的内容；最后是要重视在国际媒体当中传播海洋命运共同体理念，把中国话语国际化，形成共同体话语。

1. 推动海洋政策的系统化

推动海洋命运共同体理念的建构，也同样离不开国家权力的运用，当前中国已经组建了实力强大的海警机构，并在《海警法》中明确了在管辖海域内外的执法权。人民解放军海军的综合实力不断提升，维护海洋和平的能力今非昔比。中国以海洋命运共同体理念为基础，制定系统化的海洋政策的条件日趋成熟。总体来说，要注意两点：一是要批判美国错误，吸取美国教训。不可否认，美国多年来持续不断推进“航行自由计划”，形成了完整、系统的国家政策体系，并以其海上军事力量作为执行保障，极大地助推了其所主导的海洋自由话语。这实际上是权力与话语结合的一种最直接的表现形式。然而，美国的“航行自由计划”是建立在“过度海洋声索”概念基础上的，即先认定某国的海洋行动为“过度海洋声索”，然后通过外交抗议和军舰“自由航行”争议海域等形式，“破坏”所谓的“过度海洋声索”。[④] 这无疑是一种以一己之利，加剧地区海洋危机的做法，不仅不能带来海洋的安全和稳定，反而会导致冲突与紧张。二是应当严格按照海洋命运共同体的理念，在安全方面，“加强海上对话交流，深化海军务实合作，走互利共赢的海上安全之路，携手应对各类海上共同威胁和挑战，合力维护海洋和平安宁”；在经济文化方面，“促进海上互联互通和各领域务实合作，推动蓝色经济发展，推动海洋文化交融，共同增进海洋福祉”；在生态文明方面，“加强海洋环境污染防治，保护海洋生物多样性，实现海洋资源有序开发

---

① ［德］卡尔·拉伦茨：《法学方法论》，陈爱娥译，商务印书馆2003年版，第394页。

② 刘风景：《法律原则的结构与功能——基于窗户隐喻的阐释》，载《江汉论坛》2015年第4期。

③ 万娟娟：《法律原则的理论生成与实践样态》，西南政法大学2018年博士学位论文，第1页。

④ 参见余敏友、冯洁菡：《美国“航行自由计划”的国际法批判》，载《边界与海洋研究》2020年第5期。

利用”。[①] 中国推行的海洋政策，符合大多数海洋国家的共同关切和利益，是维护地区和平稳定、促进经济繁荣、保护生态环境的有力举措，其话语内容势必赢得广泛的国际共识和支持，形成对美国海洋话语的优势地位。

2. 推动涉海国际智库的建设

首先，要进一步提高对智库建设重要性的认识，尊重历史规律与国际经验。历史上，学者在创制海洋话语方面发挥了重要的理论作用。荷兰有格劳秀斯，英国有威尔沃德和塞尔登，美国有马汉等，这些学者的理论研究都有强大的国家力量支持。近现代以后，单个学者的作用越来越小，智库成为维系、强化海洋话语的主要理论平台。据美国哈佛大学（Harvard University）肯尼迪学院（Harvard Kennedy School）的统计，美国共有智库 324 家。[②] 其次，要总结新时代高校智库建设的经验做法。2015 年，中共中央办公厅、国务院办公厅印发了《关于加强中国特色新型智库建设的意见》，智库建设迈入“快车道”。总体而言，近年来中国涉海智库的发展趋势是良好的，但也存在不少问题。有学者总结认为，当前中国涉海智库内部治理结构不完善，在定位、人才和资金方面都遇到诸多困难，决策咨询形式单一。[③] 从中国国家图书馆检索的情况看，中文学术专著方面，关于格劳秀斯海洋自由论的共有 24 种，而海洋命运共同体则只有 2 种。[④] 最后，创新智库资金筹集的方式方法。比如，可以考虑以专有资金渠道，相对独立的组织架构，集中海内外优势人才，建设一批专业的涉海国际智库，按照海洋命运共同体的理念，根据国家整体的海洋政策，推出有影响力的理论成果，并以多种语言向世界推广。同时，智库还应当充分发挥人才聚集优势，广泛开展科研项目支持、国际会议研讨等多种形式的海洋话语推广活动，将海洋命运共同体的理念最大限度地传播。

3. 推动国际媒体的传播

在话语权的争夺方面，国际媒体是重要传播平台。习近平总书记多次指出，“讲好中国故事，传播好中国声音，展示真实、立体、全面的中国，是加强我国国际传播能力建设的重要任务”[⑤]。有学者认为，“打造有国际影响力的英文媒体……是中国在国际舆论中占有主导地位的必要手段”[⑥]。近年来，中国对外宣传工作的影响力不断扩大，逐渐形成以外交

---

① 《习近平谈治国理政》（第 3 卷），外文出版社 2020 年版，第 463 – 464 页。

② *US Think Tanks*，Harvard Kennedy School，February 11，2022，https：//guides. library. harvard. edu/hks/think_ tank_ search/US.

③ 参见王琪、吴金鑫：《海洋智库参与决策咨询的困境及破解之道》，载《中国海洋大学学报（社会科学版）》2016 年第 1 期。

④ 笔者分别以“格劳秀斯”和“海洋命运共同体”为关键词进行全字段检索，参见中国国家图书馆官网，http：//www. nlc. cn/。

⑤ 杨玉国：《习近平在中共中央政治局第三十次集体学习时强调，加强和改进国际传播工作、展示真实立体全面的中国》，载央视网，https：//news. cri. cn/20210601/fbb838e8 – 4b6e – b355 – 263e – a38c4a4fd4c1. html。

⑥ 陈沛芹：《媒介消费与他国认知：中美媒体国际报道影响力比较》，载《新闻界》2015 年第 14 期。

部或有关政府组成部门权威新闻发布、新华社、《人民日报（海外版）》、《中国日报》、中央电视台国际频道为主，友华国际媒体为辅的多层次联动传播模式。《中国日报》多次在《纽约时报》（The New York Times）、《华盛顿邮报》（The Washington Post）和《华尔街日报》（The Wall Street Journal）等媒体上，以插页形式刊登《中国观察》，宣传中国正面形象。

尽管如此，相比历史、文化等方面的对外宣传，关于海洋命运共同体的新闻传播、专题报道、纪录片制作仍然相对薄弱，相关政府部门仍是传播中国海洋话语的主要渠道。例如，在“加拉帕戈斯群岛事件”中，美国国务院发布了不负责任的《中国对环境的破坏》一文，中国外交部随即发布《美国损害环境事实清单》，[①] 进行了针锋相对的反击。2020 年 11 月，中国首次发布了《中国远洋渔业履约白皮书》，[②] 用极为翔实的事实，证明了中国履行国际义务取得的进步和成绩。显然，中国在海洋事务履约方面的成绩应当有更高的国际媒体曝光度。真实、准确、可靠的信息传播和形象塑造，将助推新时代海洋话语权的建构。中国可以充分利用改革开放四十多年来积累的丰富对外宣传平台，在更多的友华国际媒体上，投入资源打造海洋方面的中国故事，在国际上广泛传播海洋命运共同体理念。

五、结论

传统的海洋话语权，其内涵几经变化，从最初的按照宗教权威平分海洋，到“海洋自由论”和“海洋区域论”相互争论，最终过渡到《联合国海洋法公约》视角下的相互妥协。当前条件下，以美国为主导的“海洋自由话语”，更多地表现为海洋霸权主义，背离了当前海洋治理主体和价值多元化的政治现实，其自由主义话语包含了自相矛盾的逻辑错误，因此不得不借助《联合国海洋法公约》的权威。海洋命运共同体理念是新时代的海洋话语，它在共同体主义话语基础上，反映了大多数国家的共同利益和价值追求。同时，这种反映了大多数国家的共同利益和价值追求的海洋话语，如果顺利成长并假以时日，也进一步强化共同体内部的联合关系，使共同体的权力基础更为稳固。

为了更好地建构海洋命运共同体的话语权，中国应当继续推进“21 世纪海上丝绸之路”的建设，扩大海洋命运共同体的经济基础。在完善自身海法体系的同时在国内法层面也系统“嵌入”海洋命运共同体理念，使之成为中国海法体系的指导原则，并着力推动海洋命运共同体理念“嵌入”各个层次的国际法律文件之中，扩大国际共识，促进该理念的国际法化。中国还应按照海洋命运共同体理念的要求，提高自身海洋政策的系统化程度，

---

① 参见《美国损害环境事实清单》，载外交部官网，https：//www. fmprc. gov. cn/web/wjb_ 673085/zzjg_ 673183/tyfls_ 674667/xwlb_ 674669/t1824977. shtml。

② 参见农业农村部渔业渔政管理局：《中国远洋渔业履约白皮书（2020）》，载农业农村部官网，http：//www. yyj. moa. gov. cn/gzdt/202011/t20201120_ 6356632. htm。

在海洋安全、经济、文化和生态文明方面，建构不同于海洋自由学说的新型海洋价值话语体系，形成话语和道德优势。中国还需进一步加强涉海国际智库和国际媒体传播等方面的建设工作，实现话语权内容上的创新和推广。

经典译著

密尔的道德哲学和政治哲学*

David O. Brink** 著

谢小瑶　吴一裕*** 译

目　次

约翰·斯图亚特·密尔（1806～1873年）是19世纪最著名、最有影响力的英国哲学家。他是最后的系统化哲学家之一，在逻辑学、形而上学、认识论、伦理学、政治哲学和社会理论方面作出了重大贡献。他还是一位重要的公众人物，阐述了自由主义的纲领，推动各种自由主义改革，并在议会任职。在密尔的一生中，他最被推崇的是在理论哲学和政治经济学方面的工作。然而，如今密尔最大的哲学影响却在于道德哲学和政治哲学，尤其是他对功利主义和自由主义的阐述和辩护（Nicholson，1998年）。本条目将考察密尔对功利主义和自由主义传统所作的贡献。我们将专注于他的两部最受欢迎和最著名的作品：《功利主义》（1861年）和《论自由》（1859年），若有助于阐明他的功利主义和自由主义也会考虑其他文本。最后，我们将研究密尔在《论代议制政府》（1859年）、《政治经济学原

* 2007年10月9日初版，2022年8月22日重大修订。

** 作者简介：大卫·O. 布林克（David O. Brink），加州大学圣地亚哥分校哲学系杰出教授（Distinguished Professor），法学院兼职教授，法学院哲学与法律研究中心主任。研究方向：伦理学、道德心理学、政治哲学和法律哲学。

*** 译者简介：谢小瑶，宁波大学法学院教授，博士生导师；吴一裕，宁波大学法学院讲师。

理》(1848 年)和《论女性的屈从地位》(1869 年)中如何将这些原则应用于政治平等和性别平等问题。

一、密尔的知识背景

如果不在某种程度上了解密尔的知识背景，就无法恰当评价他的道德和政治哲学的发展。密尔在激进主义哲学传统中成长。这种由杰里米·边沁(1748—1832 年)、约翰·奥斯丁(1790—1859 年)和他的父亲詹姆斯·密尔(1773—1836 年)而变得闻名的学说将功利主义原则自觉和系统地应用于解决制度设计和社会改革方面的争论。功利主义评价行为和制度是依据它们对人类幸福的影响，要求我们作出的行为和设计的制度能促进——其中一种表述是最大化——人类幸福。功利主义在历史上是一种进步的学说，主要是因为它的普适范围——它坚持认为每个人的幸福都很重要——以及它对公平的平等主义理解——它坚持认为每个人的幸福都同等重要。由于功利主义的这些一般特征，激进派将功利主义原则应用于社会制度的做法往往会挑战传统的阶级和特权制度，并支持平等主义的改革。

如他的《自传》(1873 年)中所记录的那样，密尔一出生就被他的父亲当作彻底的维多利亚时代知识分子和功利主义改革者来培养。作为这种训练的一部分，密尔接受了由功利主义原则塑造起来的极其苛刻的教育。多年来密尔一直遵循父亲所制定的严格的知识训练方法，但是在 1826 年至 1830 年，他遭受了知识上和情感上的深刻危机。密尔的康复得益于他与托马斯·卡莱尔和塞缪尔·柯勒律治建立的友谊，他们将他引入浪漫主义和保守主义传统的观念和文本。随着密尔从抑郁症中走出来，他变得更加关注个人的全面发展以及情感、文化和创造力在个人幸福中的作用(参见 Capaldi，2004 年)。

尽管密尔从未放弃从父亲那里继承下来的自由主义和功利主义的传统和使命，但是他的精神危机和其后的康复极大影响了他对这一传统的解读。他开始批评边沁和他父亲的道德心理学，以及以他们的改革计划为基础的社会理论的某些方面。密尔倾向于淡化他的创新的重要性，低估他和他父亲之间在知识上的不连续性，虽然这样说还有争议。衡量密尔偏离边沁和詹姆斯·密尔的观点的一个标志是密尔的父亲开始将他视为功利主义事业的背叛者(《自传》，第 189 页)。我们需要尝试了解密尔在多大程度上给激进派功利主义和自由主义原则带来了转变。

密尔对功利主义传统的一些最重要的创新涉及他关于幸福的性质和幸福在人类动机中的作用的主张。边沁和詹姆斯·密尔从享乐主义角度出发将幸福理解为快乐，他们认为每个人的最终目标主要是(如果不是唯一)促进行为主体自己的幸福(快乐)。

边沁以这种关于人类动机的享乐主义假设作为他的《道德与立法原理导论》(1789 年)的开篇。

大自然将人类置于痛苦和快乐这两个至高无上的主人的统治之下（《原理》，I 1[①]）。

边沁承认我们会被他人的快乐和痛苦所感动。但是他认为这些与他人有关的快乐只有在我们以他人的快乐为快乐的情况下才能感动我们（V 32）。这表明边沁赞同一种心理利己主义，它认为行为主体自己的幸福是并且能够成为他欲望的唯一最终目标。在他未完成的《宪法典》（1832 年）中，边沁清楚表明了对这种心理利己主义的信奉。

在他所采取的每一个行动中，每个人都被引导去追求那种行为，即根据他对实际情况的看法，他会采取目前对他自己的最大幸福有最大限度贡献的行为（《导论》，第 2 节）。

边沁在功利或幸福上是一个享乐主义者，将幸福视为快乐（原则 I 3）。因此，吸引他的心理利己主义其实是心理享乐主义。边沁没有说明为什么他相信自己的快乐是欲望的唯一终极目标，他可能会将其视为对人类行为背后的动机进行客观观察后得出的一般化结论。詹姆斯·密尔在他的《政府论》（1824 年）中也将心理享乐主义视为不证自明的原理。

因此，渴望那种使人类的人身和财产服从于我们的快乐所必需的力量，是人类本性的伟大支配法则（第 6 节；另见第 5 节）。

有时边沁承认更多样化的最终动机或利益，包括针对他人的动机（《原理》，X 25、X 36－38、XI 31；《行为起源表》，II 2）。但是这些对心理多元主义的让步只是例外。即使边沁承认有些动机最终不是自利的，他也视其比自利动机更弱且更不牢靠（《谬误书》，392－393）。

边沁声称功利不仅描述了人类的动机，而且还设定了对与错的标准（《原理》，I 1）。

功利原则指的是这样一种原则，它根据所显示出来的增加或减少所涉利益相关方的幸福的趋势来赞成或反对任何行动（《原理》，I 2）。

重要的是，是谁的幸福还有待确定。人们可能会认为这是行为主体对自身幸福的功利。这将是心理利己主义在伦理上的对应物。然而，边沁的带有功利主义色彩的答案却是所有人的幸福（《原理》，I 4－10）。边沁指出，我们对正确的行为、义务和职责的解释应该受功利原则的指导（I 9－10）。这暗示了一个行为只要它能促进功利的效果就是正确的或义务性的。正确的或者义务性行为是那种最能促进功利或者使功利最大化的行为。基于这些原因，通常将边沁的理论理解为心理享乐主义和享乐的功利主义的结合物。

但是，如果这是边沁的观点，他就面临一个问题，因为他将我们每个人都应该以普遍幸福（快乐）为目标的伦理主张与我们每个人只能（最终）以他自己的幸福（快乐）为目

---

① 对密尔文本和其他历史性文本的引用按标题或简称列出；对当代文章和书籍的引用将按出版年份列出。边沁和密尔文本的出版细节和惯例在（下面的）注释中提供。在其他地方，可以在参考文献中找到出版的详细信息。如果括号中的引用没有指出文本出处，读者应该假设它是上一个被引文本的再次引用（从上下文可见）。

标的心理主张结合在一起。在这里我们遇到了心理利己主义与道德上关心他人或要求利他之间产生冲突的一个特例。

边沁并非没有意识到这种紧张关系。在他的其他涉及政治话题的著作中部分处理了这个问题，尤其是他的《议会改革计划》（1817 年）。在政治的语境下，问题是我们如何才能让自私的统治者为了被统治者的利益而统治，就像功利主义暗示他们应该这样做的那样。边沁的回答诉诸他对代议制民主的信奉。如果我们以民主的形式让统治者对他们所统治的人负责，我们就可以把自利的动机和对共同善的促进协调起来，因为这往往会使被统治者的利益与统治者的利益相一致。边沁的观点由詹姆斯·密尔在他的《政府论》中详加阐述，如下所示：

1. 每个人的行为只是（或主要是）促进他自己的利益。

2. 政府的正当目标是被统治者的利益。

3. 因此，当且仅当统治者的利益与被统治者的利益一致时，他们才会追求统治的正当目标。

4. 当且仅当统治者在政治上对被统治者负责时，统治者的利益才会与被统治者的利益一致。

5. 因此，统治者必须对民主政治负责任。

正是这种推理导致边沁和詹姆斯·密尔提倡民主化改革，其中包括将公民权扩大到工人和农民那里。

在《原理》第四章中，边沁更详细阐述了他的快乐和功利的概念，区分了快乐的内在维度和关系维度。就本文而言，某些维度比其他维度更重要。享乐主义说快乐是唯一的内在善，痛苦是唯一的内在恶。所有其他事物仅具有外在或工具性价值，这取决于它们是否产生以及产生了多少快乐或痛苦。功利主义者要求我们把价值最大化，那么我们就需要明白与不同选择相关联的价值的数量或大小，再将价值分配给快乐，将负价值（disvaule）给痛苦。强度、持续时间和范围在这里是最相关的变量。每个选项都与单个生活和横跨多个生活中的各种快乐和痛苦相关联。对于任何给定的选项，我们必须找出它产生了多少快乐和痛苦，无论这些快乐和痛苦是发生在一个人的生活中还是发生在不同人的生活中。对于每一种特定的快乐和痛苦，我们需要计算它的强度和持续时间。它们将为我们提供与每个选项相关的（净）快乐（或痛苦）总量，然后我们选择这个具有最大快乐总量的选项。如果在最大总量上有两个（或更多）选项，我们可以自由选择其中任何一个。

边沁认为我们对功利的最大化估计并不总是可靠的，我们也不应该总是试图把功利最大化（《原理》，I 13，IV 6）。这样做的成本很高，而且有时候我们不去直接推动功利的最大化反而能达到功利的最大化。尽管如此，他认为功利是正确行为的标准。

二、密尔的功利主义

尽管密尔接受了激进派的功利主义遗产，但是他对此进行了重大修改。要理解密尔对功利主义传统所作的贡献就要了解他与激进派在人类动机和幸福的性质问题上产生的分歧。

（一）心理利己主义

亨利·西季威克（1838—1900 年）将密尔解读为心理利己主义者（《伦理学方法》，第 42 – 44 页），这不仅仅是将密尔与激进派连坐定罪。因为在《功利主义》第四章功利原则的所谓“证明”中，密尔似乎赞同心理利己主义。在那里密尔旨在表明幸福本身就是唯一可欲的事物（《功利主义》，IV 2）。为证明这一点，他认为幸福本身首先是可欲的（IV 3），这个论证的中心前提是每个人都欲求自己的幸福（IV 3）。密尔后来论证，只有幸福是可欲的（IV 4）。

然而，证据并未表明密尔是一个心理利己主义者。虽然密尔确实说过每个人对自己的幸福都有一个终极的欲望，但他没有说这是每个人唯一的终极欲望。事实上，在该证明的后半部分，他承认一些行为主体对美德有一种无私的热望，他们只是为了美德自身而关心美德（IV 4 – 5）。对美德是这样的，对于不那么崇高的欲望对象（如金钱或权力）也同样真实（IV 6）。它们也有可能因其自身的缘故而被欲求。如果心理利己主义主张个人自身的幸福是唯一因其自身缘故而被欲求的东西，那么显然密尔不是一个心理利己主义者。

除了《功利主义》，我们可以找到更清楚的证据表明密尔怀疑心理利己主义和享乐主义。在他所编辑的詹姆斯·密尔的《人类心灵现象的分析》（1869 年）的一个注释中，约翰·斯图尔特·密尔发现了他父亲学说中的一个可能的模糊之处。

> 另一个人的快乐或痛苦只能通过将我们自己的快乐和痛苦与它们联系起来才能使我们感到快乐或痛苦，在某种意义上是正确的，这可能是作者的本意，但是在另一种意义上却不是这样。他没有充分留意自己的表达方式。很明显，我们唯一能直接体验到的快乐或痛苦……［是］我们自己感受到的……［并且］我们用快乐或痛苦想象他人所感受到的快乐或痛苦，这种快乐或痛苦本身属于我们自己的。但是如果意味着在这种情况下，快乐或痛苦是有意识地指向自我，我认为这是一个错误（注释 II 217 – 218）。

在他的《边沁哲学评论》（1833 年）中，密尔主张解读边沁也应同样谨慎。

> 将人的行为总是服从于他们的利益作为哲学上的公理，边沁先生只不过是在装扮一个非常不起眼的命题，即所有人都会做他们认为自己最想做的事情……他绝不打算通过这样的断言将普遍的自私归咎于人类，因为他认为同情的动机也是一种利益（《选集》第 10 卷，第 13 – 14 页）。

在这两个段落中，密尔对心理利己主义的弊病作出了现在为人们所熟悉的诊断。他认为在一个关于欲望的占有者——行为主体必然根据自己的欲望行事——真实却微不足道的论点和一个关于欲望内容的重要却颇不可信的论点之间——行为主体的终极欲望总是且必然促进他自己的利益或快乐，心理利己主义是模棱两可的。如果是这样，那么就不存在一个看起来既具有重要性又可信的论点。如果我们不自觉地将这种重要性论点与真实却是微不足道的论点相混淆，那么它可能看起来有着似是而非的吸引力。然而，从边沁和詹姆斯·密尔对统治者利益与被统治者利益之间冲突的担忧中可以清楚看出，他们想要的是那种具有重要性特点的心理论点。若他们将其与微不足道而真实的论点混为一谈，那么他们就犯了模棱两可的谬误。

因此，密尔拒绝接受边沁和他的父亲有时捍卫或建议的心理利己主义和享乐主义的核心学说构成，这也是对边沁式功利主义背后的心理学和人性概念更广泛批评的实质性部分，密尔在他关于边沁的文章中详细阐述了这一点。密尔希望远离边沁式的人性和心理学假设，这也反映在他的幸福概念和他的高级快乐的学说上面。

（二）幸福和高级快乐

密尔不同意激进派关于幸福的性质的看法。尽管他从未放弃激进派功利主义传统，但是密尔却修改了他们对幸福的假设。他在《功利主义》第二章开头解释了他对功利主义的信仰。

> 把“功利”或“最大幸福原则”看作道德基础的这种观点认为，行为的正确性与它倾向于促进幸福的程度成比例，错误性与其倾向于产生快乐的反面成比例。幸福是有意识的快乐和痛苦的消失；不幸则是痛苦和快乐的被剥夺（Ⅱ2；另见Ⅱ1）。

这段著名的话有时被称为比例学说，看起来像边沁的主张。第一句话支持功利主义，第二句话支持功利主义的享乐概念。

享乐主义暗示快乐的精神状态是唯一具有内在价值的事物（痛苦的精神状态是唯一内在的恶）。所有其他事物都只有外在的价值；就它们能间接或直接产生内在价值（或负价值）而言，它们具有价值。因此，行为、活动等只能具有外在价值。它们的价值完全取决于它们所产生的快乐的数量，其中数量与快乐的数目、强度和持久期呈函数关系。这意味着一种活动或追求本质上并不比另一种更好，如果我们正确评价了一种活动比另一种更重要，那一定是因为前一种活动产生了更多、更强烈或持久的快乐。

密尔担心有些人会拒绝享乐主义，将它当作一种只适用于猪的价值或幸福理论（Ⅱ3）。特别是他担心反对者会认为功利主义支持感官或肉欲的追求（如儿童穿针取胜的游戏），而不是高级或高尚的追求（如诗歌）。密尔试图向读者保证，功利主义者能够捍卫高级快乐的优越性。

他首先指出——这里相当明显提到边沁——享乐主义者可以捍卫高级快乐的外在优越性，因为它们会产生更多的快乐（Ⅱ4）。虽然密尔认为边沁主义者能够捍卫高级快乐的外在优越性，但他不满足于对它们优越性的这种辩护。密尔坚持认为，精神快乐的更大价值可以而且应该建立在更稳固的基础上（II 4）。他解释了这些高级快乐，并用下列方式将它们与一个称职法官的偏好联系起来。

如果有人问我，快乐在性质上的差异是什么意思，或者仅仅作为一种快乐，除数量上更多之外，是什么使一种快乐比另一种更有价值，那么这里只有一个可能的答案。如果两者中的一个被那些对两者都非常熟悉的人置于远高于另一个的地位，以至于他们更喜欢它，即使知道它可能引起更多的不满足，他们仍然不会为了可以享受另一个快乐的一丁点儿而放弃它。我们有理由认为，对所偏爱的快乐的享受在性质上远远优越于靠数量获得的这种享受。相比之下，数量的重要性微乎其微（II 5）。

事实上密尔在这里不仅声称高级快乐比低级快乐更有内在价值，而且它们每个部分都更好（II 6）。

这当然超出了边沁的定量享乐主义。事实上甚至不清楚密尔的高级快乐学说是否能与享乐主义保持一致。很难确定密尔在这里的立场，部分原因是他使用“快乐”一词有时指（a）某种精神状态或感觉，有时指（b）非精神的事项，如会引起或可能引起快乐的精神状态的行为、活动和追求（想象下某人说冲浪是他最大的快乐时的表情）。我们可以称（a）型快乐为主观快乐，（b）型快乐为客观快乐。尚不清楚的是密尔的高级快乐是主观快乐还是客观快乐。他的讨论涉及使用我们高级能力的那些活动，不清楚的是高级快乐是指由高级活动所引起的精神状态或感觉还是指活动本身。

似乎很清楚，我们应该将高级快乐解释为主观快乐，毕竟密尔刚刚告诉我们在幸福的观点上他是一个享乐主义者。激进派在他们视之为快乐的精神状态或感觉的种类方面并不总是清晰的，然而他们将其视为某种精神状态或感觉则是无疑的。有些人，就像边沁，将快乐视为一种感觉，它在性质上是情感（feel）的一个独特种类。其他人也许对找到所有不同类型的快乐所共有的特性感到绝望，倾向于将快乐从功能上理解为主体更喜欢并倾向于延长的心理状态或感觉。詹姆斯·密尔持有这种类似的功能性快乐概念（《人类心灵现象的分析》第二章，第184页）。从功能上理解，各种快乐可以是性质非常不同的情感，然而它们仍然都是快乐。就密尔讨论的快乐而言，不清楚他支持这两个快乐概念中的哪一个（如果有一个的话）。尽管如此，作为一个享乐主义者，假定他将快乐视为主观快乐似乎顺理成章。根据这种解释，密尔专注于快乐的感觉，再通过指向产生它们的原因来区分高级和低级的快乐。高级快乐由我们运用高级能力所引起，低级快乐由我们运用低级能力所引起。但是这种对高级快乐学说的解释是成问题的。

亨利·西季威克指出了一个担忧（《大纲》，第247页）。享乐主义者坚信一种快乐比另一种更好，因为它更令人愉快。但是这听起来像是一种数量关系。如果高级快乐比低级快乐好，不是因为它们包含更多数量的快乐，这又如何能与享乐主义保持一致呢？一个答案是密尔认为有两个因素会影响一种快乐的大小：一是它的数量，由它的强度和持续时间决定；二是它的性质或种类。根据这个提议，一种快乐可以因为它的性质比另一种快乐更大，而与它的数量无关（Sturgeon 2010）。

我们可以区分那些由我们的高级能力所引起的快乐和那些由我们的低级能力所引起的快乐。但是为什么这种差异本身会影响所讨论的状态的快乐性呢？如果密尔持有一种偏好或功能性的快乐概念，根据这种概念，快乐是主体偏好的精神状态和主体想延长其享受的其他同类事物，那么他也许可以声称，被称职的法官所绝对偏好的快乐是更令人愉悦的快乐。然而，他说，称职的法官偏好高级快乐，“即使知道它可能引起更多的不满足”（《功利主义》，II 5）。这表明即使对于称职的法官来说，高级快乐也可能不会更令人愉快，而且无论如何都不清楚我们能否从对一个称职的法官而言是更快乐的事物那里推断出对一个不是称职的法官来说它也同样令人愉悦。因此，即使我们可以根据产生它们的原因区分高级快乐和低级快乐，仍然不清楚享乐主义者如何解释高级快乐本质上更令人愉悦。

一个相关的问题是这种对高级快乐学说的解释如何使密尔对幸福与满足或满意之间的对比变得可以理解。用称职法官的绝对偏好解释了高级快乐并坚持认为称职法官不会用任何数量的低级快乐来换取高级快乐之后，他声称这种偏好会牺牲满足感或满意度，却不会牺牲幸福（II 6）。密尔说称职法官的偏好不是让一种满足感胜过另一种，或者说苏格拉底由于享受了另一种不同的满足感而比猪或傻瓜更具有满足感。相反，他对比了幸福和满足，暗示苏格拉底比傻瓜更快乐，即使不那么有满足感。

解读这种高级快乐学说的另一个问题是密尔经常将高级快乐理解为客观快乐。我们有独立的证据表明密尔有时使用“快乐”这个词来指代客观快乐。例如，在第四章功利原则“证明”的第二部分，密尔将音乐、美德和健康视为快乐（IV 5），这些似乎是客观的快乐。此外第二章讨论高级快乐，密尔将一个人的快乐等同于他的“放纵行为”（II 7）和他的“存在方式”（mode of existence）（II 8），这里他似乎也在讨论客观快乐。密尔提到高级快乐（II 4），他显然是在讨论其他事物之外的精神追求和活动。他声称被那些强调数量的享乐主义者所发现的外在更有价值的事物在本质上也更有价值（II 4，7）。但是强调数量的享乐主义者捍卫的是复杂的活动和追求而不是某种精神状态，如写诗或读诗，把它们当作更有外在价值的事物。因为密尔声称这些同样的事物在本质上更有价值，而不仅仅具有外在价值，他的高级快乐似乎指的是精神活动和追求，而不是精神状态。在第 4－8 段中，密尔将称职法官的偏好与他们所偏好的对象具有更大的价值联系起来，但是在这些事物中密尔认为称职法官所偏好的是活动和追求。

> 毋庸置疑的事实是那些同等熟悉并同样能够进行欣赏和享受的人把最明显的偏好给予了能运用他们高级能力的**存在方式**（manner of existence）（II 6；黑体为笔者所加）。

在这里密尔将高级快乐与运用我们高级能力的活动和追求相等同。

就密尔的高级快乐学说关注的是客观快乐而言，它出于两个原因反享乐主义。首先，他声称精神追求的价值与由它们引起的满足感或快乐（精神状态）的数量不成比例。这与传统享乐主义者的主张相矛盾，即一项活动的外在价值与其快乐程度成正比。其次，密尔声称这些活动在本质上比低级追求更有价值（II 7）。但是传统的享乐主义者主张快乐的精神状态是唯一的内在善。活动只能具有外在价值，没有一种活动在本质上比另一种活动更有价值。

无论我们以何种方式解读密尔的高级快乐学说，都很难用传统的享乐主义去比较该学说。这种明显的不一致被密尔以后的许多批评者指出，包括西季威克（《伦理学方法》，注释 93，第 94 页、第 121 页）、F. H. 布莱德雷（F. H. Bradley）（《伦理研究》，第 116 – 120 页）、T. H. 格林（T. H. Green）（《伦理学导论》，第 162 – 163 节）和 G. E. 摩尔（《伦理学原理》，第 71 – 72 页、第 77 – 81 页）。格林的讨论尤其具有启发性。他的讨论集中在密尔对称职法官使用其高级能力而形成的对存在方式的偏好所作的解释上面。密尔解释了这样一个事实，即称职法官更喜欢那种依其尊严感适用他们理性能力的活动。

> 对于这种不情愿（一位称职法官沉沦于被他认为是低级的存在），我们可以给出我们喜欢的任何解释……但是它最恰当的说法是一种尊严感，这是所有人以此种或别种形式都拥有的，它与人们的高级能力成某种比例，尽管不是严格的……（《功利主义》，II 6）。

格林认为关于尊严的这个段落冲淡了他的享乐主义（《导论》，第 164 – 166 节、第 171 节）。通过主张生活尊严包含对高级能力的运用以及称职法官对那些活动的偏好是出于他自己的尊严感，密尔暗示这种偏好反映了他的判断：这些活动有独立于被作为欲望对象或快乐源泉的价值。它们是有价值的，所以我们在这些活动中获得快乐；它们令人快乐，并不使它们就有价值。

要理解格林的观点，可以将称职法官视为半神。在关于尊严的段落中，密尔阐述了与苏格拉底在讨论《游叙弗伦》把虔诚定义为众神所爱同样的观点（《游叙弗伦》，第 9c – 11b 页）。苏格拉底认为众神的态度是有原则的而不是武断的。这意味着他们的爱以虔诚和公正为预设，而不是解释了虔诚和公正。同样，密尔认为称职法官的偏好不是武断的，而是有原则的，反映了他们对高级能力的价值感知。然而，这种高级快乐不是根据高级活动所产生的快乐，而是根据运用高级能力为特征的那种生活的尊严或价值去解释高级活动的优越性，他的高级快乐学说从根本上变成了反享乐主义。正是对这种生活尊严的敏感，称职法官才有对高级活动的绝对偏好。

（三）至善主义的要素

我们开始看到把密尔解读为某种在幸福观点上的至善主义者所具有的可能性和吸引力。密尔主张人类的幸福在于适当运用那些对我们本性至关重要的能力。例如，密尔在《论自由》开头阐述他捍卫个人自由的功利主义基础中就指明了关于幸福的这种至善主义视角。

恰当地说，我放弃任何独立于功利的抽象权利观念，即使它有助于我的论证。我认为功利是所有道德问题的最终诉因，它必然是最广义上的功利，建立在人作为进化生物的永久利益之上（《论自由》，I 11）。

密尔显然相信，一种（具有彻底自我意识的）进化生物的尊严感引起他或她运用高级能力参与活动的绝对偏好。密尔声称“做一个不满足的人比做一头满足的猪要好；做一个不满意的苏格拉底好过做一个满意的傻瓜”（《功利主义》，II 6），他在我们的高级能力中发现了自我反省和实践规划的能力。

这种对自省和实践规划的关注毫无疑问是《论自由》的中心主题。在那里，他表达了进化生物对做反思性决定具有的兴趣。

让整个世界或属于他自己的那一部分为他选择他的生活规划的人，除猿类的模仿能力外，不需要任何其他能力。为自己选择规划的人则会动用他所有的能力。他必须用观察力观察，用推理和判断预见将来，通过活动收集材料以做决定，用辨别力判别。当他做出决定后，用坚韧不拔和自制来坚持他的深思熟虑的决定。他要求和运用的这些品质与他的行为完全成比例，而他根据自己的判断和感受决定自己的行为这方面是非常广的。没有这些东西，他也可能被引导到正道上，不会受到伤害。但是他作为人的相对价值又是什么呢？（《论自由》，III 4）

即使我们同意这些进行规划的能力是人类独有的，或者人类在拥有它们的程度上比其他生物更高，我们想知道以何种方式拥有它们才将我们标记为进化生物，或者运用它们对于人类幸福是重要的。

在他的《逻辑学体系》（VI. ii. 1－4）对责任的讨论中，密尔暗示人类是能负责任的行为主体，这就是我们作为进化生物的标志。他在那里主张实践规划的能力是责任所必需的，特别是他主张道德责任包含某种自制或自治，由此人们可以考虑自己的欲望是否合适，并根据这些考虑约束自己的行为（《逻辑学体系》，VI. ii. 3）。如果确实如此，那么密尔可以声称拥有和使用我们的规划能力是我们作为进化生物的标志，因为它们是负责任的道德行为主体的标记。如果我们的幸福反映了我们是什么样的生物，密尔可以争辩说，运用了这些筹划能力的高级活动构成了人类幸福的主要或最重要的部分。

（四）各种要素的协调

这种对密尔幸福概念中至善主义要素的认识究竟给我们留下了怎样的印象？任何解读都将面临人们对他的理论前后一致性的重大担忧。这个问题部分在于密尔支持三种不同的善和幸福概念。

（1）享乐主义：快乐是唯一的内在善，只要事物能令人愉快，它们就是善的，幸福存在于这样的快乐中。

(2) 欲望的满足：唯一的内在善是欲望的满足（实际的或理想化的欲望），只要事物能满足人的欲望，它们就是善的，幸福在于欲望的满足。

(3) 至善主义：一个人对他的高级能力的运用是唯一的内在善，只要事物能让人运用他的高级能力，事物就是善的，幸福在于高级能力的运用。

当密尔将幸福等同于快乐时，显然他在比例学说中引入了享乐主义（《功利主义》，Ⅱ2）。在引入高级快乐的学说中，密尔想对享乐主义做一些改进（Ⅱ3－5）。但是高级快乐学说依赖于称职法官有教养的或理想化的偏好，并将高级快乐与他们偏好的对象相等同（Ⅱ5）。此外，他将这种依赖称职法官的偏好看作最终的（Ⅱ8）。然而，称职法官更喜欢高级活动，不仅仅是由这些活动所带来的主观快乐，他们对高级追求的偏好都是基于他们对在这种生活方式下所固有的尊严感（Ⅱ6）。另外，在《论自由》和别的地方，他通过反思性自省和定向的自制这样的说法支持一种“进化的”幸福概念。由于这是密尔终极善的概念的三个截然不同且相互对立的主张，任何解读都必须尽其所能消解其中的不一致之处，并说明这三个要素是如何相互协调起来的。

如果我们将欲望的满足看作关于是什么使善的事物成为善的元伦理观点，而将享乐主义或至善主义看作关于什么事物是善的实体性主张，那么我们可以将享乐主义或至善主义与欲望的满足调和起来。在这种解读中使事物成为善的东西就是称职法官更喜欢的东西，而称职法官实际上更喜欢的是快乐，尤其是高级快乐（根据享乐主义者的观点）或高级活动和追求（根据至善主义者的观点）。然而，如我们所见，这些观点都不能容纳密尔关于幸福的所有主张，并且都假设称职法官的偏好构成了他们所偏好的对象的优越性。但是关于尊严的那段话暗示称职法官的偏好只是证明了他们所偏好的对象有价值，而不构成它们的价值。

至善主义者的解读提供了对密尔不同主张的一种调和。它说幸福在于高级能力的运用，称职法官的偏好是它们具有更高价值的证据，高级快乐是客观的快乐。毫无疑问他最初用快乐构建他的关于幸福的概念误导了我们，让我们以为在他自己的功利主义标记与激进派的享乐功利主义之间存在比我们实际上发现的更大的连续性。然而，这种至善主义的解读看起来提供了对密尔关于幸福的不同主张最一致的解读（另见 Saunders，2017 年）。

（五）责任的概念

如密尔的比例学说所表明的那样，他赞同功利主义的观点，认为责任或正确的行为应根据是否促进幸福来定义。但是对于密尔是否认为责任与幸福相联系，我们不完全清楚。为了理解他的功利主义概念的各个不同部分，我们需要区分直接功利主义和间接功利主义。

· 直接功利主义：道德评价的任何对象（例如，行为、动机、政策或制度）都应该在此基础上评价。依照或按比例对应于它们的后果对于公共幸福的价值。

· 间接功利主义：道德评价的任何对象都应该在此基础上评价。不是依其后果对于公共幸福的价值，而是依据它们是否与他种被认可的具有良好或最优价值的事物（例如，规范或动机）相一致。

如此公式化的直接和间接功利主义是适用于任何道德评价对象的一般理论。但是我们这里的重点是正确的行为或责任。行为功利主义是应用于行为的最常见的直接功利主义形式，而最常见的关于责任的间接功利主义是规则功利主义。

· 行为功利主义：只要一个行为的后果对于公共幸福的影响至少和行为主体的现有任何可选择的行为一样好，这个行为就是正确的。

· 规则功利主义：只要一个行为符合了一条规则，该规则对公共幸福的认可度至少与适用于行为主体的现有任何可选择的规则一样高，这个行为就是正确的。

这种行为功利主义的概念既有最大化的特点，因为它将正确的行为等同于现有最优的行为，又具有层级化特点，因为它认识到行为的正确性是有层次的，它取决于行为与最优行为的接近程度（比较 Norcross 2008）。正确的行为是最优的行为，但是一些次优的行为可能比其他行为更正确，错误更少。同样，这种规则功利主义概念以最大化和层级化的方式评价规则。

（六）作为行为标准的功利主义

我们期望功利主义者在他的规划过程中应用功利主义原则。考虑到行为功利主义，我们会期望这些被纯粹无私的善意所激发的功利主义者通过计算预期效用进行规划。但是如何进行推理或激励是一个实践性问题，行为功利主义暗示这个实践性问题就像所有其他实践性问题一样，要依靠那些会使功利最大化的东西才能被正确回答。功利主义的计算是耗时的，而且往往不可靠或容易受到偏见和误解的影响。出于这些原因，如果我们不总是尽力靠近功利主义标准，可能会更好地靠近它。密尔说，假设一个人在做决定时必须始终有意识地运用功利主义原则。

> ……是错误理解了道德标准的真正含义，并将行为规则与它的动机混为一谈。伦理学理当告诉我们什么是我们的责任，或者通过何种测试我们可以了解它们；但是没有任何伦理学体系要求我们所做的一切的唯一动机是出于一种责任感；相反，我们百分之九十九的行为是出于其他动机，并且如果责任的规则不谴责它们，那么这样做就是正确的（《功利主义》，Ⅱ 18）。

后来的功利主义者，如西季威克，也提出了基本相同的观点，坚持认为功利主义提供了正确行为的标准，而不一定是作出决定的步骤（《伦理学方法》，413）。

如果功利主义本身是正确行为的标准，而不是作出决定的步骤，那么功利主义应该支持什么样的决定步骤，功利主义原则在道德推理中应该发挥什么作用？如我们将看到的那样，密尔认为许多道德推理应该受关于忠诚、公平竞争和诚实等第二性规则或原则的支配，它们没有直接涉及功利，但是对它们的普遍遵守确实促进了功利。如果遵守这些第二性原则会产生明显较差的后果或这些第二性原则相互之间发生了冲突，在直接求助于功利主义第一性原则的情况下，这些第二性原则就应该被搁置一边（《功利主义》，Ⅱ19，24－25）。

这里我们关注的问题是密尔赞同什么样的功利主义标准。他是行为功利主义者、规则功利主义者还是其他某种间接功利主义者？

（七）行为功利主义

密尔对功利主义的一些阐述支持了直接功利主义的主张，即行为的道德状态是其功利的一种功能。我们看到，在第二章中密尔意在指明功利主义学说说了些什么和没有说什么。在开头一段中，他告诉我们，功利主义者是“那些支持用功利来判断是非对错的人”（Ⅱ1）。根据在接下来的一段中引入的比例学说，功利主义认为“行为的正确程度对应于它们促进幸福的程度；错误程度对应于它们产生幸福的反面的程度”（Ⅱ2）。在该章的后面，他说它要求“把功利或幸福当作人类行为的指导规则”（Ⅱ8）。该章再后面的地方，他将功利主义描述为“行为正确的标准”（Ⅱ17）。甚至在第五章，该章最终引入一些间接要素，也是从密尔断言功利主义是“将功利或幸福作为对错标准的学说”起头的（Ⅴ1）。

（八）规则功利主义

然而并非所有人都同意。比较知名的是厄姆逊（Urmson）捍卫了对密尔的规则功利主义的解读（1953年），他支持规则功利主义解读的一个原因是将其诉之于密尔在道德推理中对各种规则和第二性原则的依赖。我们将很快考察这个理由。但是厄姆逊在需要对密尔进行规则功利主义的解读时也求助于比例学说。

1. 幸福的倾向

回想比例学说，它部分指明了功利主义者认为行为的正确程度对应于它们促进幸福的程度；错误程度对应于它们产生幸福的反面的程度（《功利主义》，Ⅱ2）。厄姆逊声称只有把一个行为作为类或种去理解我们才能理解这个行为产生好的或坏的结果的倾向。带有某种特征的行为产生特定的后果，只有行为的种类才有倾向。根据厄姆逊的解释，密尔实际上是在说如果某种类型的行为有倾向于产生好的或最优结果的特征，那么它就是正确的。按照这样的解释，比例学说就会支持某种形式的规则功利主义。

但是在哲学激进派中，就如比例学说那样，按照个人行为的幸福倾向来表述功利主义是很常见的。例如，边沁在他的《道德与立法原理导论》开篇就这样做了。

> 功利原则是这样一种原则，它根据每一个行为显现出来的增加或减少利益相关方的幸福的倾向来赞成或反对这种行为，或者换句话说，促进或反对这种幸福。我说的是无论怎样的行为都这样；因此，不仅是私人的每一个行为，而且包含政府的每一项措施（Ⅰ2；另见Ⅰ3，6）。

在这里和其他地方，边沁清楚地将幸福倾向归结于行为的特征，他将行为的幸福倾向等同于它促进功利的程度。

> 根据行为后果的总和来看，行为的一般倾向或多或少是有害的：也就是说，根据善的总和与恶的总和之间的不同差异来看（VII 2；另见 IV 5）。

如果我们在边沁提出类似主张的场景下解读密尔的比例学说，那么这就成为反对厄姆逊的解读并支持对比例学说进行行为功利主义解读的证据（参见 Berger 1984：73 –78）。

2. 第二性原则

厄姆逊还将对密尔的规则功利主义解读用来解读密尔关于第二性原则在我们道德推理中的重要性这个主张。密尔为功利主义者诉之于那些为人们所熟悉的道德准则的做法进行了辩护，把这些道德准则诸如忠诚、诚实和公平竞争等当作规制道德推理的第二性原则（《功利主义》，II 24 –25）。他认为第二性原则通常满足两个条件：

> （1）总体上遵循了第一性原则却没有完全导致最优结果。
>
> （2）无法提前可靠而有效找到因坚持了第一性原则所产生的次优结果。

密尔认为，满足这两个条件，行为主体在很大程度上应该自觉遵循这些原则，而不必求助于功利主义第一性原则。但是他们应该经常回头去看，尽可能审查该原则是否继续满足条件 1 和条件 2。此外，在一些特殊情况下，如果遵守这个原则的效果明显不是最理想的，以及各种第二性原则之间发生了冲突，虽然它们每一个都有功利主义的理由，但人们应该搁置这些第二性原则，直接诉之于功利原则（II 19，24 –25）。

像在《逻辑学体系》中解释的那样，密尔认为，根据第二性原则用这种方式调整自己的行为最能促进幸福。

> 我不是说促进幸福本身应该是所有行为的目的，甚或是所有行为规则的目的。它是所有目的的理由，也应该控制着这些目的，但是它本身并不是唯一的目的。有许多美德行为，甚至美德行为的模式（尽管我认为这种情况比人们想象的要少）牺牲了特定情况下的幸福，产生的痛苦多于快乐。但是，可以真正断言这样的行为之所以有正当性，只是因为它可以表明，如果培养了人们在某些特定的情况下不顾幸福的情感，那么这个世界总的来说会存在更多的幸福（《逻辑学体系》，VI. xii. 7）。

他在《论边沁》（《选集》第 10 卷，第 110 –111 页）中提出了类似的主张。

密尔对第二性原则的功利主义辩护旨在与威廉·惠威尔（Whewell）和其他人的直觉主义形成对比。正如他在文章《惠威尔论道德哲学》（《选集》第 10 卷）中明确指出的那样，他认为直觉主义者错误地将为人所熟知的道德戒律视为终极道德因素，其正当性被假定是不证自明的。相比之下，密尔对第二性原则的解释承认了它们在道德推理中的重要性，但是他坚持认为它们既不是与生俱来的，也不是万无一失的。它们有被认可的价值，从而被认可、被采纳，并内化到整个社会生活中，我们应该根据它们不断发展的相对认可价值来调节它们在社会生活中的继续使用。密尔认为，承认这些道德原则的重要性没有破坏功利主义第一性原则，实际上为功利主义提供了支持。

密尔关于第二性原则重要性的主张是否暗示了规则功利主义，对此的回答部分取决于他是否想根据一组最优的第二性原则来定义正确的行为，还是它们只是做实际上最好的事情的一种可靠方式。如果他根据与具有最优接受价值的原则相一致的方式来定义正确的行为，那么他就是一个规则功利主义者。但是如果正确的行为就是最好的行为，第二性原则只是一种可靠（尽管不完全）的来确定什么是最好的方式，那么密尔就是一个行为功利主义者。密尔在两个地方处理了这个问题。在《功利主义》第二章中，密尔认为在禁欲或禁忌的情况下，义务在特定情况下的依据是被视为一个类别的禁忌所具有的有利特征（II 19）。但是在给约翰·维恩（John Venn）的一封信中密尔声称个人行为的道德状态取决于其后果的有用性；对行为的一般类别的效用的考虑只是在特定情况下什么是真实的可有可无的证据（《选集》第 17 卷，第 1881 页）。不幸的是在这个问题上，通常对上述两段的解读指向了相反的方向，每段又都包含了不同的读法。

在没有明确支持对第二性原则作规则功利主义解读的情况下，可以看到密尔关于第二性原则的主要观点与行为功利主义并不矛盾。此外，很明显密尔认为我们需要在一系列重要情形中背离在别的方面是合理的第二性原则。尽管密尔没有将第二性原则仅仅视为功利计算中的经验法则，他同样认为不应不加批判或不计后果地遵循它们。他认为，当遵循它们显然不是最理想的或者当第二性原则之间存在冲突，人们应该将它们放在一边，直接诉诸功利原则。

（九）制裁功利主义

到目前为止，密尔关于责任的各种主张在很大程度上与直接功利主义相一致，因此与行为功利主义一致。然而，《功利主义》第五章引入了关于责任、公正和权利的主张，这些都难以与这两者相协调。

> 因为事实是，不仅不公正的概念包含了作为法律核心的刑事制裁的观念，而且任何类型的过错概念都包含了它。我们不会说任何事情都是错误的，除非我们意在暗示一个人应该为他这样做而受到某种方式的惩罚——如果不是按照法律，就是按照他的同胞的意见；如果不是出于意见，就是出于他自己良心的责备。这似乎是区分道德与简单权宜之计的真正转折点（V 14）。

在这里，密尔不是直接根据行为的性质或后果，而是间接根据对它的适当反映来定义过错，暗示责任。一个人有义务或责任做某事只是因为不这样做是错误的，而某个行为是错误的是因为有某种外部或内部的制裁——惩罚、社会谴责或自责——应该被用到这种行为上。这类测试将责任与权宜之计区别开来（V 14，15）。并非所有次优或不合权宜的行为都是错误的，只有那些应该对它们采取某种制裁（至少是自责）的行为才是错误的。

公正是义务的一个必不可少的部分。公正涉及的是作为完全义务的义务——与权利相关的义务（V 15）。一个行为是公正的当且仅当它不是不公正的；它是不公正的，当它是错误的，并且侵犯了他人的权利（V 23）。某人有权利是因为他有社会应该用法律或舆论的力量保护的主张（V 24）。

需要注意的是，义务、公正和权利之间的关系尚未引入任何功利主义的元素。但是密尔确实认为，制裁是否应该被适用于某个行为——因此它是否是错误的——以及社会是否应该让个人的主张得以实现——因此他是否有权利——取决于这样做的功效或权宜（V 25）。他没有具体说明他心目中的权宜标准是什么。特别是他没有说明对某事是错误的相关测试是否要求在这种情况下制裁是最优的或仅仅是有益的。为了修正这些想法，让我们假设一个行为是错误的当且仅当对它的制裁是最优的。

这种对义务的解释不是像行为功利主义那样根据其效用，而是根据对该行为施加制裁的效用来定义一个行为的对错，所以它是一种间接形式的功利主义。公正是义务的一个类别，它带有这种间接的特征（另见 Lyons，1994 年）。因为它使行为的义务性质取决于以某种方式制裁该行为的效果，我们可以将这种义务、公正和权利的概念称为制裁功利主义。制裁功利主义是间接功利主义的一种，它与行为功利主义不一致。《功利主义》第五章将间接功利主义思想引入对功利主义的阐述中，然而，这种功利主义在其他方面看起来却像是行为功利主义，这就揭示了在密尔关于义务的思想中存在根本矛盾之处。

（十）行为功利主义与制裁功利主义的比较

鉴于密尔在直接功利主义和间接功利主义之间的矛盾心理，很自然要考察一种观点是否较另一种观点更合理。密尔在《功利主义》第五章中的一些观点显示了制裁功利主义可能具有的优势。在阐述制裁功利主义时，密尔声称制裁功利主义使他能够区分责任和权宜的便利，并声称并非所有不合权宜的行为都是错误的。不合权宜的行为只有在制裁它们是好的或最优的情况下才是错误的。这表明制裁功利主义比行为功利主义更可取，因为它对不同义务论范畴之间的关系有更合理的解释。

常识性道德思维区分了一个为人们所熟悉的四重义务论范畴：

（1）错误或禁止的；

（2）允许的；

（3）义务的；

（4）超义务的。

行为功利主义者无法解释这种四重区别。这意味着每次“我”未能做出最优行为时“我”都是做错了，即使这些次优行为非常好。因为它使最优成为义务性，次优行为于是变成错误的了。它扩大了禁止的范围，消解了允许和义务之间的区别，也没有给超义务留出空间。如果最优行为已经是一个人的义务，那么就没有多余的空间留给超义务的行为了。相比之下，制裁功利主义没有这些问题。它给每个范畴都提供了区别性说明。

（1）错误或被禁止的行为是那些行为：对它们加以谴责是最优的。

（2）允许的行为是那些行为：对它们不加以谴责是最优的。

（3）义务的行为是那些行为：对它们的不作为加以谴责是最优的。

（4）超义务的行为是那些行为：有特殊便利的允许行为。

通过这种方式，制裁功利主义尊重了这种常见的义务论分类，特别是为超义务的行为腾出空间。

然而，直接功利主义者可以而且应该区分对一个行为的道德评价和对赞扬或指责该行为的道德评价。直接功利主义者主张，每个行为都应该根据行为的功用来评估。但是也有可能出现无可指责甚至值得称赞的错误行为（次优行为）。不过直接功利主义者可以诉诸与制裁功利主义者相同的对值得称赞和应受指责做出的区别，同时否认他自己的义务论区分遵循了指责和赞扬。因此，例如存在错误的行为，因为它只是次优的行为，但是谴责它仍然是错误的，因为它是次优的行为。如果是这样，就不清楚制裁功利主义是否比行为功利主义有任何真正的优势。

此外，制裁功利主义具有行为功利主义所没有的缺点。其中的一个问题源于其混合结构。制裁功利主义不完全是间接性的。虽然它提供了一种间接功利主义义务理论，但是它提供的关于何时应将制裁应用于行为的说明则是直接的——它取决于适用制裁的后果。制裁功利主义提供了一种在何种条件下一个行为——任何行为——是对还是错的间接功利主义的解释，这个一般标准是任何错误行为都应该受制裁。但是实施制裁是一种行为，我们可以问实施特定制裁的行为是对还是错。一般标准意味着我们应该用制裁功利主义的术语来回答这个关于适用制裁正当性的问题，即问对没有适用制裁的行为本身进行制裁是否正确。这样就引入了二级制裁，我们现在要问它的正当性问题。我们处在制裁之间的无限回溯中，制裁功利主义避免了回溯，因为它为何时适用一级制裁的问题提供了直接功利主义的答案。它指出当且仅当制裁是最优的，就应适用制裁。尽管避免了回溯，但是它导致了制裁功利主义内在的不一致。

（1）任何行为都是正确的，当且仅当对它的不作为适用制裁是最优的（间接主张）。

（2）适用制裁是正确的，当且仅当这样做是最优的（直接主张）。

（2）与（1）不一致。

密尔功利主义义务概念中的各种头绪需要清理出来。在第二章对功利主义标准的集中阐述中，密尔在多个段落专注于行为功利主义。在同一章中，他专注于行为的幸福倾向，并赋予规则在道德推理中的重要作用，这两点都使他致力于规则功利主义学说。然而，这些观点与直接功利主义可以相协调，因此没有充分的理由偏离对该章传统上的行为功利主义解读。但是在第五章中，密尔确实在制裁功利主义学说中引入了间接功利主义的思想。在密尔的义务概念中，很难调和这些直接和间接的因素。

（十一）功利的证明

到目前为止，我们一直专注于理解密尔的功利主义版本，尤其是他的幸福和义务概念。现在我们应该考虑他对功利主义的辩护，他在第四章讨论功利原则的“证明”时提出了这一点。密尔声称，功利主义者必须主张幸福自身是唯一可欲的东西（IV 2）。他主张可欲的唯一证据是欲望，并进而主张幸福是唯一被欲求的事物。他认为一个人为幸福自身的缘故而欲求自己的幸福，因此，幸福本身是可欲的，并为全人类（“所有人的集合体”）所欲求（IV 3）。他接着通过论证明显的反例（例如，为了美德的缘故而追求美德）与他的主张不矛盾（IV 5－8），转而为幸福本身就是唯一可欲的事物这一主张辩护。

对密尔证明的一种传统重构看起来像这样：

1. 功利主义是正确的，当且仅当幸福是唯一为其自身缘故而被欲求（而不是为了其他事物的缘故）。

2. 可欲的唯一证明是欲望。

3. 每个人都为幸福自身的缘故而追求自己的幸福（而不是为了其他事物）。

4. 因此，从人类（个人的集合体）的角度来看，这种幸福是为其本身缘故（而不是为了其他事物）而被欲求。

5. 因此，这种幸福是为其本身缘故（而不是为了其他事物）而被欲求。

6. 幸福是唯一为其自身缘故而被欲求（不是为了其他事物）。其他事物——如美德、健康、音乐、金钱和权力——可以为了它们自身的缘故而被欲求，但是这是作为幸福的一部分而被欲求的。

7. 因此，幸福是为其本身缘故（而不是为了其他事物）而被欲求。

8. 因此，功利主义是正确的。

至少在某些方面，这个证明已经威胁到密尔作为一个谨慎哲学家的名声。以下是通常对密尔证明的一些疑问：

1. （1）只有当“可欲的”意味着是值得被欲求的才是合理的，而不是意味着能够被欲求。但是如果“可欲”意味着能够被欲求［见下文（3）］，则（2）是最合理的。但是真正令人担忧的是这个证明利用了“可欲”的 两种不同含义之间潜在的模糊性，因此该证明是无效的。

2. 即便如此，（1）也是错误的。即使幸福是因其自身缘故唯一可欲的，这也只能确立关于善或“目的”的主张，不是关于责任或正确行为的主张。功利主义不仅主张善是人类的幸福，并且进一步从促进善的角度来定义权利。第二个主张不是从第一个主张得来的。

3. 为了使证明有效，前提（2）中的“可欲”必须意味着值得被欲求［就如前提（1）中的那样］。但是这样的话（2）是错误的。欲望不是可欲的证明。人们可能而且确实会弄错关于什么是善的欲望。事实上，如果密尔是享乐主义者或至善主义者，他一定会认为人们可能而且确实会有无涉于善的欲望。

4. 不清楚（3）是否正确。似乎受虐狂或无私的利他主义者都可能不会为了幸福自身的缘故而欲求他们自己的幸福。

5. （4）可能不连贯，并且自然不能从（3）得出。我们不清楚人的集合体是否有欲望。也许在特殊情况下，一群人可能会组成一个集体的行为主体或行为人。但是这样的人的集合体不是个人，也没有欲望。即使它们有这样的欲望，从关于其成员有欲望的事实推断出集体也有欲望值得怀疑。这将涉及一个对集体构成的认识谬误。

6. （5）大概等于说幸福是善。但是它是一种普遍的善还是集体的善？个人和群体之间的类比表明幸福应该是一种集体的善。但是大概人们预期的结论要求幸福是一种普遍的善。

7. 不清楚如何理解（6）。有人会认为其目的是提出与（4）和（5）平行的主张。但是这样的话（6）需要被理解为提出了另一个关于集体心理学的主张。这引发了一些之前关于集体心理学的问题。然而，第四章的5－8节大部分的讨论都是关于个体心理学的。密尔一直在说，只要个人对自身幸福以外的事物有内在的欲望，那么内在欲望的对象就被当作他们自身幸福的一部分而被欲求。或许这就是密尔最初的主张，他希望由此推断公共幸福是唯一被集体因其自身缘故而被欲求的事物（而不是为了别种事物），如他在（3）－（4）中所做的那样。当然，这种推论会引起我们对（3）－（4）的推论同样的担忧，特别是我们会怀疑人的集合体是否有任何目标，更不用说终极目标了。即使我们承认它们有目标，也不清楚能否从集体成员有欲望的事实推出集体也有欲望的事实。我们说过，这将涉及一个对集体构成的认识谬误。

8. 即使我们接受了对（5）和（7）的辩护，这也只能证明这样的幸福对集体而言是可欲的或善的。看起来我们可以有平行的主张，即行为主体自身的幸福是对个人唯一可欲的或善的。但是这暗示了虽然集体应该追求或促进公共幸福，个人却应该追求或促进他们自己的幸福。这不是对功利主义的辩护。

这些都是传统上对密尔证明的不可忽视的疑问。这些反对意见如此锐利和明显，以至于应该让我们怀疑对密尔证明是否还有更合理的解释。

密尔并未混淆欲望和可欲。他承认它们是不同的，只是说欲望是我们可欲的唯一证明（IV 3）。他这样说，不必预设欲求某物会赋予（获得）它的价值。我们的欲望经常反映了我们做出的价值判断，无论是明确的还是隐含的。如果是这样，我们的欲望将成为我们认为事物有价值的证据，我们通过反思而被接受的欲望将会为我们提供对客观上有价值的事物的最佳测试，尽管这种测试不是必然的。

密尔首先将这个测试应用于我们每个人为了自己而欲求的事物上面。他的回答是，我们每个人都为了自己而欲求幸福（IV 3）。在这一点上，我们不必将密尔解释为支持心理利己主义。相反，他说当我们每个人都专注于自己的目标或利益时，我们就会发现每个人都在关心自己的幸福。密尔观点的另一种表述方式是对行为主体的幸福给予审慎的关注。

密尔接着说，就像每个人自己的幸福对那个人是一种善那样，幸福对人的集合体也是一种善。但是我们不必假设密尔将一种心理理论——更不用说一种利己主义心理理论——归因于作为一个群体的人类。相反，我们可以将密尔解读为他主张就像行为主体自己的幸福是他的审慎所关注的对象那样，这种幸福也是无私或公正所关注的适当对象。

根据这种解读，密尔没有试图从利己主义中推出功利主义（参见 Hall，1949 年）。相反，他认为道德观点是不偏不倚的，审慎则不然。密尔认为，就如审慎的目标是行为主体自身的幸福一样，不偏不倚的道德指向幸福本身。在这种解读中，密尔证明的结构看起来像是这样的。

1. 审慎是偏私的。
2. 因为审慎是偏私的，它指向行为主体自身的幸福。
3. 相比之下，道德是不偏不倚的。
4. 因为道德是不偏不倚的，它以幸福本身为目标。
5. 如果道德观点以幸福本身为目标，那么促进幸福是每个人的道德责任。
6. 因此，功利主义是正确的。

如果这是理解密尔证明的正确方式，那么他对功利主义的辩护在于假设道德观点是无偏私的，并主张功利主义是理解无偏私的正确方式。道德是不偏不倚的，不偏不倚需要考虑每个人的利益——不仅仅是少数人的利益——并同等权衡它们——不是为了少数人的利益随意决定。事实上，后来在第五章中，密尔将不偏不倚及其逐渐发展起来的要求与公正和道德等同起来。

它（不偏不倚）包含在功利或最大幸福原则的真正含义中。这个原则要求一个人的幸福（它被认为与其他人的幸福在程度上是均等的，因而被看成一类）被看作与另一个人的幸福完全同等，否则它只是一种没有理性意义的言辞形式。据此，边沁的格言“每人皆为一人，无人能为多人”可以根据功利原则看成是一种解释性评论。在道德家和立法者的估算中，每个人对幸福的平等主张包括了平等主张所有获得幸福的手段……因此所有不再被认为是权宜之计的社会不平等都不再被单纯地认为是不合宜，而是带有了不公正的特征。整个社会进步的历史是一系列的转变，通过这些转变，一个又一个的习俗或制度，从被认为是社会存在的必需，逐渐变成了臭名昭著的不公正和暴政。奴隶和自由人、贵族和农奴、显贵和群氓的区别也是如此。对于凭肤色、种族和性别而形成的贵族阶层，情况也将如此，而且部分已经如此（V 36）。

在这里我们看到密尔将功利主义的无偏私与公正和道德本身的要求等同起来（另见

Crisp，1997：79－80）。

我们想知道功利主义是不是理解无偏私的唯一或最好的方式。的确，就现在为人所熟知的对功利主义卷入分配公正和个人权利问题的争论的担忧，这里提供了一种途径使我们能有所理解。但是对密尔证明的这种解读的优点在于将密尔对功利主义的辩护与它在历史上发挥进步影响的特征联系了起来。

（十二）功利的制裁

在《功利主义》第三章中，密尔谈到了功利原则的最终制裁问题。他或者将其理解为关于“服从它的动机”问题，或者是“其义务［或］约束力的来源……”问题（Ⅲ 1）。密尔意识到对功利主义制裁有一种潜在担忧，这显然源于审慎或自利。

他［行为主体］对自己说，我觉得我有义务不抢劫或谋杀，不背叛或欺骗；但是为什么我一定要促进公共幸福呢？如果我自己的幸福在于别的方面，为什么我不能对此给予优先考虑呢？（Ⅲ 1）

但是这种对行为主体自身利益和功利主义道德要求之间潜在冲突的担忧可以出现在任何承认涉他道德要求的道德观念中。出于这个原因，密尔认为它对功利主义不构成什么特别的问题（Ⅲ 1，2，3，6）。

密尔认为这里没有对功利主义构成特别威胁，是这样的吗？我们想知道，功利主义是否比其他道德理论对行为主体提出了更高的要求。当代学者认为功利主义似乎要求很高，比常识下的道德要求高得多。例如，改革派的功利主义者，像彼得·辛格（Peter Singer，1972 年）就认为功利主义需要广泛的互助责任，这将要求所有人的生活方式发生重大变化，甚至包括不那么富足的人。功利主义的批评者将功利主义的高要求视为其主要缺陷之一。罗尔斯（1971 年）认为，功利主义要求的那种人与人之间的互相奉献违反了在一个秩序良好的社会中责任承担的特征。伯纳德·威廉姆斯（Bernard Williams）（1973 年）认为功利主义的高要求会威胁到那些有助于赋予我们生活意义的个人规划和亲密关系。这里普遍的不满是，功利主义的要求有可能违反了心理现实主义的要求，根据这种要求，可被接受的道德理论所开出的要求必须是可以纳入合理的和令人满意的生活规划的要求。

不太容易评价对这种功利主义高要求的担忧。我们应该如何解释它们？我们是否接受心理现实主义的约束？如果这种约束与人们的实际心理有关，那么它代表了一种加在道德理论上面的潜在的传统约束，人们很可能会拒绝这样做。如果约束与可能的或理想的心理状态相关，那么就不清楚哪怕是一个精心修订的道德理论也需要无视这种过高要求的约束。接下来的问题是功利主义实际上的要求有多高或如何对其修订。密尔和西季威克认为，我们对他人的了解和我们行善的因果力量仅限于那些我们经常接触的近亲和其他同伴，结果是作为个人，将精力和行动集中在某类同伴而不是整个世界上面，从整体上说我们会做得更好（《功利主义》，Ⅱ 19；西季威克《伦理学方法》，第 361－369 页）。根据这种观点，功利主义可以包容功利主义批评者所诉诸的那种特殊义务和个人关注。但是有争议的是，即使这种功利主义的包容在19世纪的英国是可行的，技术的发展和全球化已经使功利主义的要求变得更需要修订。我们关于他人的了解和我们因果力量的范围不再像以前那样受到限制。鉴于现代许多救济机构的高收益成本比例，很难抗拒辛格关于需要改革功利主义要求的结论。因此，即使密尔认为功利主义的动机要求与他写作时其他道德理论的动机要求没有太大的区别的主张是正确的，但是在今天可能需要重新评价这一主张。

三、密尔的自由主义

密尔的《论自由》是他的自由主义原则最有影响力的陈述。他首先区分了对自由的新旧威胁。对自由旧的威胁存在于由一人（君主制）或少数人（贵族制）统治的传统社会中。① 尽管人们可能会担心仁慈的君主或贵族对自由的限制，但是传统上的担忧是建立在统治者在政治上对被统治者不用负责任的基础上，他们根据自己的利益而非被统治者的利益进行统治，特别是他们会以有利于自己而不是被统治者的方式限制臣民的自由。哲学激进派的民主改革旨在解决这些对自由的传统上的威胁。然而，密尔认为，人们需要担心的不仅仅是这些对自由的传统上的威胁。他清楚表明，民主国家包含自身对自由的威胁——这不是一人或者少数人的暴政，而是多数人的暴政（《论自由》，I 1 –5）。密尔着手阐明应该被用来规范政府和社会（无论是否民主）限制个人自由的原则（I 6）。

（一）自由原则和分类方法

在开头的一段著名的话中，密尔根据“一个非常简单的原则”来构想自由主义。

本文的目的是肯定一个非常简单的原则，它有权以强制和控制的方式绝对地支配社会与个人的交往，无论使用的是法律惩罚的物理手段还是公共舆论的道德强制手段。该原则认为自卫是人类有权单独或集体干涉其任何成员行动自由的唯一目的。违背文明社会任何成员的意愿，对他行使合法权力的唯一目的是防止他对他人造成伤害。无论是身体上还是道德上，他自己的利益不构成这样做的充分保证。他不能合法地被强迫去做或不做某件事，就算这样对他会更好，会让他更快乐，在别人看来，这样做是明智的，甚至是对的。这些是劝告，或者与他讲道理，或者说服他，或者恳求他的好理由，却不是在他不这样做的情况下强迫他或者用任何恶果来威胁他的理由。为了证明强制是合理的，要被阻止的行为必须是被估算为对其他人产生了坏的结果，在任何人的行为中，他对社会负有义务的唯一部

① 密尔将其观点和作品归功于哈瑞特·泰勒·密尔（Harriet Taylor Mill）对他的影响，特别是《论自由》的写作（参见《自传》第257 –259页，密尔《论自由》的献词）。麦克贝（MceCab）2017年出版的书和米勒（Miller）2022年出版的书都讨论了密尔与哈瑞特·泰勒·密尔的关系。在施密特·派瑞（Schmidt – Petri）、舍夫奇克（Schefczyk）和奥斯伯格（Osburg）于2022年合著的书从语体学角度分析了哈瑞特·泰勒·密尔对《论自由》的影响。

分是与他人有关的行为。在仅仅涉及他自己的部分，他的独立性显然是绝对的，个人对他自己，对自己的身心是至高无上的（I 9）。

在这段话中，密尔区分了对自由的家长式的、道德主义的限制与基于伤害原则对自由的限制，主张防止伤害是限制个人自由的唯一合法基础。

· 如果 A 对 B 自由的限制是为了 B 自己的利益，那么它就是家长式的。

· 如果 A 对 B 自由的限制是为了确保 B 的行为符合道德或者不是不道德的，那么它就是道德主义的。

· 如果 A 对 B 自由的限制是为了防止对 B 以外的人造成伤害，那么它就是对伤害原则的应用。

后来，密尔区分了真正的伤害和单纯的冒犯。为了满足伤害原则，行为必须侵犯他人有权享有的重要利益，或有这样的风险（I 12；Ⅲ 1；Ⅳ 3、10；Ⅳ 12；V 5）。

这些区别使密尔能够捍卫对自由权利的分类方法。要决定一个人的自由是否应该受到保护，我们必须确定对自由的潜在限制属于哪一类：冒犯、道德主义、家长做派还是防止伤害。密尔按类别允许或禁止限制自由，主张唯一允许的限制自由涉及防止伤害。当然，一个给定的限制可能不止一个类别。刑法的许多规定，如禁止谋杀和攻击，旨在执行根本的道德规范并防止对他人造成伤害。密尔不反对道德主义的或家长式的立法，这些立法也可以通过诉诸伤害原则得到维护。相反，他反对的是对自由的限制只能以这些方式证明是合理的，而不能通过诉诸防止伤害来证明。

防止伤害是限制个人自由的必要却不是充分的理由。防止伤害的理由已经足够用来确定一个行为是否应当受到限制（I 11），然而该限制是否适当则取决于对限制的收益是否超过其成本的功利计算。

一旦某人的行为的任何部分损害了他人利益，社会就对其有管辖权，而通过干涉该行为的自由是否会促进一般福利，则是个见仁见智的问题。(Ⅳ 3)

这意味着伤害原则实际上不是密尔的唯一原则，因为如果不诉诸功利原则，我们无法决定是否应该采用防止伤害的理由对行为加以限制。但是，即使防止伤害不足以证明限制自由是正当的，密尔主张这仍然是必要的。

密尔间或认为伤害原则等同于让社会限制个人的涉他行为（I 11；Ⅳ 2）。根据这种观点，行为可以分为涉己行为和涉他行为。对前者的限制是家长式的，对后者的限制则是伤害原则的应用。因此根据这种观点，绝不允许限制纯粹涉己的行为，而总是允许限制各种涉他行为之间的冲突。但是正如密尔本人所承认的，很少有行为是纯粹涉己的（Ⅳ 8）。一些涉他行为只会造成冒犯，而不是真正的伤害（Ⅳ 3；Ⅳ 12）。因此密尔没有将伤害行为和涉他行为等同起来，也不认为所有涉他行为都可以被限制。

人们普遍认为，通过将这种分类方法应用于自由及其被允可范围内的限制，密尔提供了对个人自由免受国家和社会的干涉相当广泛的辩护，特别是人们间或认为密尔承认有一个很大的行为空间国家是不允许干涉的。我们可以将这种受保护的自由领域描述为密尔的自由权概念。根据这种解读，密尔先预设了分类方法，特别是伤害原则，再从其中推导出他的自由权概念［另一种解读参见雅各布森（Jacobson），2000 年］。

（二）类别、权利和功利

密尔对基本自由的分类方法的承认与他对功利主义的辩护之间存在明显的紧张关系。功利主义将善视为先于并且独立于权利或义务——将义务定义为促进好的结果。也许某些类型的行为趋向于好或者坏，但是根据直接功利主义，特定行为的道德品质取决于其自身的后果。相比之下，义务论和自然权利传统将义务或权利视为先于并独立于善，特别是义务论者认为，促进好的结果并不总是一个人的义务。有时一个人有义务做一个不是最理想的次优行为，有时做最理想的行为是错误的。义务论者认识到在追求善上面的道德约束，这些约束通常采用绝对律令的形式来执行或避免某些行为类型（例如，遵守诺言或避免撒谎）而不管其后果如何。这种绝对律令与功利之间可以想到的冲突的一个特例是功利与权利之间的紧张关系。根据通常观点，个人权利只是绝对律令的一个特例，个人权利（如自由权或者免于伤害的自由）被解释为在追求好的结果上的“王牌”或“附带限制”（side constraints）（德沃金，1977：xi，184－205；诺齐克，1974：28－35）。

功利与权利之间的明显冲突给密尔提出了一个有趣的考验，因为他想捍卫具有功利基础的自由权利。

> 恰当地说，我放弃任何独立于功利的抽象权利观念，即使它有助于我的论证。我认为功利是所有道德问题的最终诉因，它必然是最广义上的功利，建立在人作为进化生物的永久利益之上（《论自由》，I 11）。

我们需要关注密尔是否能够在不损害他的功利主义或他对自由权利辩护的情况下协调他对功利和自由的辩护。

（三）表达自由

密尔从讨论言论自由开始他对基本自由的辩护。他认为人们普遍同意言论自由的重要性，而且一旦理解了言论自由的理由，就可以利用这一共识来支持对个人自由更为普遍的辩护（I 16；III 1）。因此，对表达自由的捍卫不仅就其本身而言很重要，而且因为它奠定了他的自由主义原则的基础。

密尔在第二章中对审查制度的讨论侧重于审查制度的目的——压制错误或不道德的意见（II 1－2）。他提到了维持言论自由和反对审查制度的四个原因。

（1）被审查的意见可能是正确的（II 1－20，41）。

(2) 即使从字面上看是错误的，被审查的意见也可能包含部分真相（II 34－39，42）。

(3) 即使完全错误，被审查的意见也会阻止真实意见成为教条（II 1－2，6，7，22－23，43）。

(4) 不受质疑的意见，作为一种教条，将失去意义（II 26，43）。

将这四种原因分为两大类是很自然的：前两种援用了对表达自由在真相探明上的辩护，后两种诉诸自由讨论应该具有的独特价值。

1. 真相探明的基本原理

前两项主张表明言论自由具有工具性价值；它有价值不是因其本身，而是作为产生其他密尔认为是有价值的（无论是外在的还是内在的）东西的最可靠的手段，即真实想法。不难看出，真实想法具有至少是工具性的价值，只要我们的行动、计划和推理基于真正的想法就会获得更大的成功。当然推动获得真实想法的最可靠的方法是相信一切，但是这样也会带来大量的错误想法。一个更合理的实现获得真相目标的途径是诸如依靠估算真实想法与错误想法的比率。言论自由由此被视为一种比审查政策更可靠的策略，用以推动获得真实想法与错误想法比率的策略。这种言论自由的基本原理得到了法官奥利弗·温德尔·霍姆斯在艾布拉姆斯诉美国案（Abrams v. United States，1919）判决中著名的反对意见的响应，他声称对真理的最佳检验是思想市场上的自由贸易。

请注意，对言论自由的工具性辩护不需要预设一个在它看来是虚假的前提：审查员认为自己是不犯错的（《论自由》，II 3）。审查员可能意识到他错了，但是坚持认为他的行为必须建立在现存最能确定真相的证据上面。密尔可以这样回答，合理意识到一个人会犯错通常会让他保持开放的态度，不会预先阻止看上去不可能的讨论的可能性。

每当审查员发现所讨论的想法不可信或令人反感时，这种工具性理由会证明言论自由优于审查政策，但是这并不能证明言论自由优于一些更传统的审查形式。如果问题是采取什么政策会提高真假想法的比率，我们就有理由审查那些有特别明确、令人信服、一致或稳定的证据证明其错误的想法，我们将有足够理由去审查持地平学说（字面的和比喻的）的人的观点。

从真相探明角度捍卫言论自由的缺陷还有一种观察途径，即这种对言论自由的工具性辩护无法解释那些成功探明了真相的审查制度有什么问题。假设我们生活在一个柏拉图《理想国》想象出来的社会中，在那里，认识能力在统治者和公民之间分配不均，知识最渊博最可靠的审查员——他们被称为“哲学王”——审查人们所有的想法，并且仅仅把错误想法挑选出来加以禁止。在这种情况下，真相探明的论点提供不了反对审查的论据，这表明真相探明的论点只谴责不成功的或无能的审查制度。对一些人来说，这或许是对审查制度的最大担忧。但是许多人会对成功的或适格的审查制度仍存有疑虑，他们会反对审查制度，即使是“哲学王”的审查。回答这种担忧需要更强有力地捍卫表达自由。

2. 筹划的基本原理

更强有力地捍卫言论自由的资源可以在密尔的主张中找到，即需要防止真实的想法变得教条化，因为这种重视自由的理由意在反驳审查制度，即使它假设所有想法中仅有错误想法才会被审查出来（Ⅱ2，21）。

密尔声称言论自由的价值在于防止真实想法变得教条化，这反映了他认为的思想自由和自由讨论对于实现我们作为进化生物的本性是必要的观点（《论自由》，Ⅱ20）。例如，密尔诉诸一种为人熟知的区别，一方面是真实的想法，另一方面是被理解为类似合理的真实想法的知识［Ⅱ22；参见斯凯隆（Scanlon），1972；汤恩（Ten），1980：126－128］。进化生物追求知识或合理的真实想法，而不仅仅是真实想法。仅仅拥有真实想法不需要运用他的筹划能力，因为它们可能是被灌输的产物，但是合理化它们却需要。人们在运用筹划能力合理化其想法和行动的过程中需要理论和实践的知识，这是因为合理化的过程涉及对备选方案的比较和筹划（Ⅱ6，7，8，22－23，43）。思想自由和自由讨论对于证明自己想法和行为的合理性至关重要，因为个人在认知上不是自给自足的（Ⅱ38，39；Ⅲ1）。与他人分享思想进行讨论，尤其是关于重要事项的思想和讨论，可以提高一个人筹划事务的能力。它通过辨别值得考虑的新选项来扩大选项范围，迫使人们关注对这些选项相对优缺点的新的考虑和论证，以此帮助人们更好地评估它们的优缺点。通过这些方式，与不同对话者进行公开而积极的讨论可以提高一个人的筹划能力。审查制度，即使仅审查错误想法，也会剥夺那些言论被压制的人和他们的听众所需要的合理化他们的想法和行为的各种资源（Ⅱ1）。

这种筹划的原理可以解释为什么审查是错误的，甚至是对错误想法进行审查。通过这种方式，密尔把对表达自由的辩护建立在他对筹划价值的至善主义诉求上面，这比仅靠真相探明的论点所提供的辩护更为有力。

（四）对基本自由的至善主义辩护

密尔对思想自由和自由讨论的辩护虽然本身很重要，但是更为一般地捍卫他在《论自由》中着重论述的思想和行动的基本自由提供了资源。好的生活是一种运用自己高级能力的生活（Ⅰ11，20；Ⅲ1－10）；人的高级能力包括他的筹划能力，特别是形成、修改、评估、选择和实行自己的生活规划的能力。这种个人自治既需要积极条件，也需要消极条件。它需要的积极条件之一是一种教育，它旨在通过提供对不同历史时期和社会生活的各种可能性的理解、培养文化和审美意识的敏锐性、培养批判性推理和评价所必需的技能以及培养求知欲、谦虚和开明的习惯来发展个人筹划能力（Ⅴ12－15）。个人自治所要求的消极条件包括各种思想和行为的自由。一个人如果对行动方案和计划的选择和追求深思熟虑，那么他必须知道各种替代方案及其依据，这就需要言论、结社和出版上的思想自由，用来扩大筹划选项的菜单并允许生动展现该菜单上所有选项的相对优缺点。如果一个社会给予个人选择的权利，允许他实现自己的选择，那么就必须有结社自由、信仰自由、选择职业的自由等各种行为自由。

事实上，思想自由和行为自由有密切联系，密尔特别重视生活方式的多样性和实验性特点，在他的《自传》中将其描述为《论自由》的核心真理：

对个人和社会来说，各种不同性格类型以及赋予人性向无数的和相互冲突的方向扩展其自身的充分自由是非常重要的（《自传》，第259页）。

生活方式的多样性和实验性特点很重要，不仅因为它们是个人自治的表达，而且因为它们提升了个人自治。因为生活方式的实验性和多样性特点扩展了筹划的选择菜单，并且更加清楚地显示菜单上各选项的性质和优缺点（《论自由》，Ⅱ 23，38；Ⅲ 1）。

（五）自由的界限

尽管有这个强有力的理由支持思想自由和行为自由，同样重要的是要看到密尔没有将自由视为一种内在的善，即不认可一种无限制的自由权。

首先，我们要注意到，密尔并不捍卫自由本身，而只是捍卫某些基本自由。他对基本自由的捍卫侧重于自由的三个基本类别（Ⅰ 12）：（1）良心和表达自由；（2）品位、追求和生活规划的自由；（3）结社自由。

这些自由显然包括相当多的内容，但是这里并没有暗示所有的自由都值得保护。为什么没有呢？就密尔通过诉诸筹划价值来捍卫个人自由而言，他根据不同自由在实践筹划中的作用来区分不同自由的重要性。实践筹划的一个核心部分是产生想法并根据这些想法调整个人的行为和计划，但是在选择个人的想法上面，某些自由似乎比其他自由更重要。例如，言论、结社、信仰和选择职业的自由比在划定为单行的街道上靠左右方向行驶的自由、不系安全带的自由或者按照自己的意愿支配自己收入的自由更重要。因为对前者的限制比对后者的限制更能影响个人的筹划和选择他成为什么样的人。

其次，甚至基本自由的行使也受到伤害原则的限制，这证明了限制自由以防止对他人的伤害是正当的。当表达自由对他人构成“明显和现实的危险”时，甚至它也会受到限制。

在表达意见足以构成对某些恶意行为的积极煽动的情况下，甚至这些意见也失去了豁免权。认为玉米经销商是导致穷人挨饿的人，或者私有财产权是盗窃的观点，当它们仅仅通过媒体传播，应该不受干扰。但是如果对聚集于玉米经销商家门前那些兴奋的暴民激烈陈词，或者用宣传单的形式发给这群暴民，则会受到应有的惩罚（Ⅲ 1）。

关于伤害原则的恰当解释存在一些有趣的问题，我们将在后面讨论。但是毫无疑问密尔遵循某种特定版本的伤害原则，将其作为限制自由的理由。

最后，重要的是搞清楚密尔如何评估基本自由。为了解释他对至善主义论点的坚持，我们很容易设想密尔会认为这些基本自由本身就是重要的内在善［参见伯格（Berger），1984：41，50，199，231－232；波根（Bogen）和法瑞尔（Farrell），1978：325－328］。但是密尔在该书的导论中坚持认为他的自由主义原则不适用于那些没有适当发展起规范推理能力的个人（I 10）。例如，家长做派不适用于只具有不成熟筹划能力的儿童或者只具有非常有限的规范推理能力的成年人，无论是由于先天缺陷还是社会环境造成的。如果基本自由是占主导地位的内在善，那么对密尔原则适用范围的这种限制就没有什么意义，因为把自由赋予人们总是有价值的——密尔否认了这一主张。相反，密尔声称只有具备了运用筹划能力的各种必要条件——特别是充分的理性发展或者规范推理能力，这些自由才有价值。

（六）伤害原则

在对密尔自由主义原则的基本原理和局限性有了更好的理解后，我们可以仔细研究他的分类方法的细节，包括其核心——伤害原则。

首先，回想密尔区分的伤害和单纯的冒犯。并非每个针对他人的不受欢迎的结果都被算作伤害，冒犯往往是相对轻微和短暂的，要构成伤害，行为必须是有害的或损害特定人有权享有的重要利益（I 12；III 1；IV 3，10，12；V 5）。密尔拒绝对单纯的冒犯进行规制，伤害原则是他承认的限制自由的一个理由。

其次，密尔设想伤害原则是我们可以预防性地应用以阻止某人以特定方式行为并造成伤害的东西。在许多情况下我们所能合理知道的只是既定行为有造成伤害的风险，幸好这只是密尔所要求的全部（IV 10）。关于何种风险阈值方能满足伤害原则的目的，这里存在一些密尔没有处理的有趣且重要的问题。据推测，阈值应与受到伤害的风险的大小成反比变化，因此需要合理规制伤害的概率越低，受到伤害的风险越大。

再次，密尔希望伤害原则具有广泛的适用范围。他坚持认为伤害原则不仅仅用于规范政府与个人之间的关系。它的应用还应该包括家庭，特别是夫妻之间以及父母和孩子之间的关系（V 12）。这里预示了他将在《论妇女的屈从地位》中提出的一些主张（下文讨论）。

最后，尽管密尔经常关注伤害，但是他真正在乎的是非自愿的（non－consensual）伤害［I 2；参见桑德尔（Saunders），2016 年］。他赞同“对自愿被伤害者不构成伤害”的格言，在《功利主义》中将其解释为“在被认为是受到伤害的人的同意下作出的行为并非不公正”（《功利主义》，V 28）。这并不是说一个人不会因为已经同意或自甘风险的事情而受到伤害，相反，一个人明知并愿意冒着某种有害的风险，当这种伤害回归自身，他就不能合理地抗议。打断我的鼻子肯定是一种伤害，但是如果你在拳击比赛中打断了我的鼻子，我不能合理抗议这种伤害，因为我已经同意了承担风险。

密尔真的把伤害原则当作限制个人自由的唯一合法依据吗？如我们所见，密尔认为防止伤害还不足以证明限制自由是正当的。

一旦某人的行为的任何部分损害了他人利益，社会就对其有管辖权，而通过干涉该行为的自由是否会促进一般福利，则是个见仁见智的问题（《论自由》，Ⅳ 3）。

后面密尔明确指出，防止伤害是必要的，却不足以证明限制自由的正当性。

绝不能因为对他人利益的损害或有损害的可能性可以单独证明社会的干预是正当的，我们就假定这种干预总是正当的（Ⅴ 3）。

这些主张表明密尔没有致力于用一个伤害充分性的简单版本去理解对自由的限制。然而，这些主张与密尔支持较弱版本的充分性可以相容。

如果任何人做出伤害他人的行为，单凭表面证据就可以用法律惩罚他，或者法律惩罚不能妥当适用的情况下，由公众普遍的反感进行惩罚（Ⅰ 11）。

这里表明密尔所持的立场是造成伤害始终是对行为按其伤害程度高低进行规制的一个理由——一个不可忽视的理由，但是仍然可能被不加以规制的理由所压倒。如果规制比所讨论的行为更有害，最好不要加以规制，尽管从程度上说有对其规制的理由。这表明在伤害足以证明规制是正当的观点上我们应该区分强和弱的版本。

- 弱的充分性：对他人的伤害是对行为加以规制在程度上的理由。
- 强的充分性：对他人的伤害是对行为加以规制的决定性理由。

一旦我们区分了这些选项，就会有一个非常令人信服的理由来认为密尔拒绝强的充分性却接受弱的充分性。

但是请注意，如果密尔拒绝强充分性，这损害了他的一个非常简单的原则。因为只有强充分性才表明伤害原则是对自由进行规制的完全指导，告诉我们什么时候不允许规制，什么时候需要。弱充分性意味着伤害原则必须辅以其他原则，如功利主义原则，以确定是否允许规制，更不用说要求规制了。密尔对强充分性的怀疑意味着他自己的自由权概念需要的不仅仅是伤害原则。

通过拒绝强充分性，密尔主张在公平竞争中造成损失的行为不应受到规制（Ⅴ 3－4）。这种情形属于他的“自由贸易”的例外，它限制了自由原则的范围（Ⅴ 4）。可惜的是密尔对自由贸易例外情形的依据所作的表述并不完全清晰。毕竟即使在公平竞争中，损失也可能是有害的。比如，我有一个经营成功的销售小部件的企业，而你进入这个销售区域削价销售，将我赶了出去，导致我破产，我将遭受重大损失，使我的境遇比我本来的情况更糟。

如果密尔接受弱的而不是强的充分性，他可能会主张，尽管有理由规制有害的经济竞争，但是干预自由市场的成本太高了。然而，这似乎不是密尔的首选回应，他的正式立场是伤害原则不应适用于此类经济上的损害（Ⅳ 4）。很难理解为什么密尔会接受这种自由贸易的例外情形。一个不同的却是更好的答复不会在这些情形下暂停伤害原则发挥作用，而是声称这种损失不应被理解为相关意义上的伤害。在不将此类损失视为伤害上面，密尔可以提出两个相关论点中的任何一个。首先，他会援引自愿原则并坚持伤害原则仅针对非自愿的伤害。于是他可以争辩说，在确保公平合作条件的市场经济中，所述的那种经济损失是自甘风险的，因此在相关意义上是自愿的。其次，密尔可以而且确实主张竞争导致的损失不是伤害，因为它们没有剥夺经济活动的参与者有权获得的某些东西（《论自由》，V 3）。我们想到密尔说过伤害涉及对一个人有权享有的利益的损害（I 12；Ⅲ 1；Ⅳ 3，10，12；V 5）。你可能在公平的求职竞争中击败我，然而我本来就没有做这份工作的权利，相反，我拥有的是竞争这份工作的公平机会权利。

在证明规制的正当性上面造成伤害是不是必要的呢？尽管密尔的一些主张表明造成伤害是限制自由的必要条件，进一步的观察表明，密尔支持对个人自由的各种限制，只要这些限制的目的是有益他人，而不是防止伤害。让我们考察必要性论点的两种主要的例外：（1）对他人有益的可强制执行义务，如在法庭上作证的义务和好心人的义务（I 11）；（2）为各种公共利益公平出力的可强制执行义务（Ⅳ 3），包括共同防御（《论自由》，I 11；《政治经济学原理》，V. viii. 1）、社会基础设施建设（《政治经济学原理》，V. viii. 1；《论代议制政府》，第 538 页、第 541 页）、义务教育（《论自由》，V 12 – 14；《政治经济学原理》，II. xiii. 3，V. xi. 8；《论代议制政府》，第 467 – 470 页）和国家对文化艺术的支持（《政治经济学原理》，V. xi. 15）。这两种例外情形展现了某些不同的问题。

在讨论提供证据或好心人帮助的可强制执行义务中，密尔主张未能提供利益就构成了伤害。但是未能提供利益就被视为一种伤害并不总是正确的。在许多情况下似乎不是这样。（让我们假设）将你所有的积蓄转入我的银行账户将使我受益，这并不意味着你不这样做会伤害我。为什么呢？大概是因为我们是以相反事实的方式评估伤害：如果 × 伤害了我，它会让我受到伤害后的境况比我本来的更糟，这清楚表明伤害是相对于某种基线被评估的。如何设置基线是一个有趣的问题，但是基线不能由对自由的限制本身来设定，这样会将所有未能让他人受益的情形转化为伤害他人，基线必须有某些独立的依据。考虑一下密尔提到的好心人法律的例子。密尔所支持的那种好心人义务的经典例子是要求我能够以很小的成本或风险来拯救一个溺水的孩子。我未能营救孩子便伤害了他，这一点尚不清楚。我是否让孩子的处境变得比本来更糟？这又是相对于什么基线呢？当然，相对于好心人义务是强制性的基线而言，我已经让他的处境变得更糟了。但是为什么选择这条基线呢？如果我不在那里，我并没有让他的处境变得比原来的更糟。根据假设，如果我不在那里，他会淹死。如果是这样，我伤害了我未能拯救的人，这一点并不清楚。这不是否认我未能营救是错误的，也许法律应该在这种情况下强制人们提供援助。然而，它确实提出了一个问题，即我们是否可以诉诸伤害原则来证明好心人的法律是正当的。

请注意，即使我未能营救孩子的行为没有伤害到他，他还是会因溺水而受到伤害。毕竟如果他不掉进池塘淹死，他的处境会更好。这为密尔指明了一种可能的方式，用伤害原则衡量好心人法律。即使限制A的自由，要求他使B受益，不能以防止A伤害B为理由使对A的限制正当化，然而仍然可以以防止B受到伤害为理由使其正当化。这使我们注意到伤害原则中的一个明显的模糊之处［参见李朗斯（Lyons），1979年］。密尔既谈到了防止一个人伤害他人，也谈到了伤害防止。事实上，在陈述一个非常简单的原则中他提到了这两者（《论自由》，I 9）。就像好心人的例子所表明的那样，这两种说法并不等同。每次我防止一个人伤害另一个人，我也参与了伤害防止的工作，但是某些防止伤害的情况并不是防止一个人伤害另一个人。所以我们确实应该区分两种不同版本的伤害原则。

· 伤害原则1是反伤害原则：A可以限制B的自由，只是为了防止B伤害他人。

· 伤害原则2是伤害防止原则：A可以限制B的自由，只是为了防止对他人的伤害。

每个防止一个人伤害另一个人的情形都是一个伤害防止的情形，反之则不然，伤害原则1 比 伤害原则2 更窄。事实是伤害原则1 恰恰是伤害原则2 的一部分。伤害原则1 仅在目标自身会成为伤害他人的原因时才能证明干预是正当的，伤害原则2 证明为了防止对他人造成伤害干预是正当的，无论这种伤害是由目标造成的还是以其他方式造成的。显然，伤害原则2 证明比伤害原则1 采取更多的干预手段是正当的。如我们所见，如果伤害原则是限制自由的唯一依据，只要我们将伤害原则理解为伤害原则1，就很难证明好心人法律是正当的。密尔认为可以用伤害原则衡量好心人的法律（I 11），这一事实证明了他是从伤害防止的角度去理解伤害原则的。

对伤害必要性主张的另一种不同的担忧涉及那些在强制提供公益中限制自由的情形。恰恰是因为公益的结构使个人贡献对提供公益的影响可以忽略不计，个人未能作出贡献的负面影响很小，并且广泛存在于人群中。然而，这意味着即使未能提供公益会被视为对所有人造成严重损失，并且是一种伤害，个人未能提供此类公益所付出的代价也不符合密尔关于伤害行为的标准——个人未能为公益出力的影响实在太小，而且存在的范围实在太广，以至于不能构成违背了“对任何他人的明确和指定的义务”（IV 10）。就伤害原则而言，这是对伤害原则1 和伤害原则2 同等有效的担忧。

一种密尔式的回应是不承认伤害原则意在将其作为对自由加以任何限制的必要条件。如我们所见，密尔感兴趣的是捍卫根本的或者基本自由，而不是自由本身，特别是他对良心自由和表达自由、品位和追求的自由以及结社自由（I 12）感兴趣。他捍卫这些自由是因为它们在我们的实践筹划以及我们个人理想的形成和追求方面发挥着比其他自由更重要的作用。随后密尔试图证明对自由的适度限制是正当的，这些限制对于提供重要的公益所带来的好处是必需的。他声称虽然这些对自由的限制没有防止伤害，但是它们不会限制基本自由。它们有助于保护其他利益，如教育、安全和卫生，它们是我们幸福的必要条件。

这个问题需要我们区分伤害原则的另外两种解读：一种是关于自由本身，另一种是关于基本自由。这种区分横跨了反伤害和伤害防止之间的区别，为我们提供了对必要性主张的四种可能的解释。

· 伤害原则 1A：A 可以限制 B 的自由，只是为了防止 B 伤害他人。

· 伤害原则 1B：A 可以限制 B 的基本自由，只是为了防止 B 伤害他人。

· 伤害原则 2A：A 可以限制 B 的自由，只是为了防止对他人的伤害。

· 伤害原则 2B：A 可以限制 B 的基本自由，只是为了防止对他人的伤害。

早前我们建议如果将伤害原则理解成伤害防止的原则，本质上是伤害原则 2A，而非伤害原则 1A，那么伤害原则将更加牢固，也更符合密尔关于正当限制自由的观点。现在我们已经看到，如果将伤害原则理解为对基本自由的限制进行规制，而不是对自由本身的限制进行规制，伤害原则将如何更加稳固也更符合密尔关于正当限制自由的观点。这就需要将伤害原则解释为伤害原则 2B，我们可以称为基本自由的伤害防止原则。但是如果这样解释伤害原则，密尔就离自由主义观点更远了，至少是就自由主义这种理解而言：对个人自由唯一合法的限制是防止他用伤害他人的方式作出行为。

如果将伤害原则解释为基本自由的伤害防止原则，则伤害原则所提出的必要性主张就更加稳固。即便如此解释，必要性主张仍然是错误的，因为所有的伤害原则版本都坚持认为家长做派不是一个允许加以限制的理由。但是密尔实际上不接受对家长做派的全面禁止，对自卖为奴的行为他允许加以家长式的限制（V 11），稍后我们将讨论这种通常禁止家长做派的例外情形的理由和范围。但是这个例外本身表明密尔不认为唯一可以接受的对自由的限制是防止对他人造成伤害。因为在这种情况下，限制自由不是为了防止对他人造成伤害，而是为了防止对自己造成一种特定伤害。

如果伤害防止对于证明对自由限制的正当性既不必要也不充分，那么密尔的“一个非常简单的原则”就过于简单了。

（七）家长做派

就密尔坚持认为防止伤害他人是限制个人自由的唯一合法依据而言，他致力于全面禁止家长做派。为什么呢？密尔提供了两个明确的理由。

首先，国家权力容易被滥用。政客自私自利，容易腐败，他们会利用家长式许可来限制公民自由，促进他们自己的利益，而不是被他们限制自由的公民的利益（V 20－23）。

其次，即使是善意的统治者也会误认公民的利益。行为主体才是他自己利益更可靠的判断者，即使是善意的统治者也不会像公民自己那样促进公民的利益（IV 4，12）。

这些都是相当有力的结果论论点，它们反对给予国家广泛的自由裁量权，让它随心所欲进行家长式立法。但是它们不支持绝对禁止家长做派，特别是这些论点没有提出对家长做派的原则性反对——不反对对 B 的自由加以成功的家长式限制，因为这种限制是有利于 B 的。存在于密尔明确反对家长做派中的这种弱点，就像他对表达自由的真相探明辩护中所具有的弱点一样。如该论点不反对成功的审查制度（审查所有想法中的错误想法），同样此论点也不反对成功的家长做派（A 对 B 自由的限制事实上有利于 B）。也许一些反对家长做派的人只担忧不成功的家长做派，但是许多人会怀疑成功的家长做派。因为人们普遍认为个人有权在自己的个人事务中做出选择，包括做出轻率选择的权利。

然而，密尔的至善主义幸福观为反对家长做派提供了更强有力的理由。如果一个人的幸福取决于他运用使他成为负责任行为主体的能力，那么他自身的善的主要成分必须包括负责任的选择和自决的机会。随后就会清楚自治是如何成为一个人的善的重要组成部分以及家长做派如何以重要且可预测的形式削弱他的善。密尔仍然没有反对成功的家长做派的论据，但是他的至善主义让他认为成功的家长做派比人们想象的要难得多，因为很难绕过行为主体的能动性而使自治的行为主体受益。

尽管密尔预设了全面禁止家长做派，但是他并没有（始终如一地）拒绝家长做派本身。例如，为了维护他的任何人都不应自卖为奴的主张，他被迫对他全面禁止家长做派的观点进行了限定。

> 像这样限制他自由处置自己命运的权力的理由是显而易见的，并且在这种极端情况下也非常清楚……通过自卖为奴，他放弃了自己的自由；在这个单独行为之外，他放弃了未来对它的任何使用。因此在他这种情况下，他使一个重要目标落空了，恰恰是它给予了他处置自己命运的正当理由（V 11）。

一个人使用筹划能力对他而言非常重要，这就解释了某些特定自由的必要性，所以通常确认自由的理由也提供了反对扩大一些自由的论点，按照这些自由去做某些事，会永久破坏一个人将来运用这些筹划能力。在这种情况下，通常禁止家长做派的例外情形恰恰是出于同一动机，它也解释了通常对家长做派的禁止，它们都是来自对相同的筹划价值的肯定。因此，这是通常禁止家长做派的原则性例外，我们可以称为家长做派的自治增强模式。

密尔主张在“这种极端情况”下允许家长做派的理由“显然具有更广泛的应用”（V 11）。这就产生了一个问题，即有哪些其他形式的家长做派可以被证明是通常禁止家长做派的原则性例外，可惜密尔在此没有直接处理这个问题。然而，在边上的一个段落中，密尔提到了“丈夫对妻子几乎是专制的权力”（V 12）。我们看到密尔将妻子对婚姻的同意比作某人签订契约自卖为奴，在婚姻中她必须放弃对自己和孩子的各种控制权，他在《论妇女的屈从地位》（下文讨论）中进一步发展了这个主题。

（八）冒犯

如我们所见，密尔区分了单纯的冒犯行为和真正的伤害行为。虽然可以规制真正的伤害行为，但单纯的冒犯行为却不能这样（I 12；Ⅲ 1；Ⅳ 3、10、12；V 5）。然而，在他对醉酒行为的讨论中，密尔确曾一度允许对他人的冒犯行为进行禁止，至少涉及公开的不当行为是这样的。

同样，有许多行为仅直接损害行为主体本人，不应该被法律禁止，但是如果是公开进行的，则违反了善良风俗，因此属于冒犯他人的类别，可以被恰当地禁止。属于这类的各种行为是有违体面的冒犯；没有必要在这儿详述，因为它们只是间接与我们的主题相关。许多行为本身不应该受到谴责，也不应该对它们预设谴责的态度，不过我们同样强烈反对它们的公开进行（V 7）。

这里直接的语境是对饮酒的家长式限制。在公共场合喝酒让本来是涉己的喝酒行为变得具有冒犯性，于是密尔主张，它成了需要被规制的行为。这似乎不可能与密尔的全面禁止对冒犯行为的规制相协调。为什么公共场合的冒犯行为却是例外呢？密尔的回答是行为如果公开进行，该行为“就属于冒犯他人的范畴”。如果公开性是重要的，因为它使行为令人反感，那么密尔真正诉诸的是对他人的冒犯，但是这个例外可能会反客为主成为规则。

密尔对冒犯没有前后统一的看法。在这种情况下，简要回顾一下费恩伯格（Joel Feinberg）的观点是有启发性的，他自认为在他重要的四卷本著作《刑法的道德界限》（1984－1988 年）中阐明了密尔式的立场。费恩伯格将他自己对密尔式原则的辩护理解为涉及一种经过修改的密尔式分类方法，他对密尔式原则的主要修改是允许对某些形式的冒犯进行规制。在《对他人的冒犯》（1985 年）中，费恩伯格首先关注妨害（nuisance）。许多冒犯行为是妨害，它们会引起极其令人不快的心理状态或感觉。但是即使许多妨害只是人们生活在一个自由社会中必须付出的代价，法律对妨害行为进行规制也是很常见的。费恩伯格认为，一些妨害行为——尤其是公共场合的妨害——可以证明对其规制是正当的。为了确定何时允许对冒犯（妨害）进行规制，何时不允许，费恩伯格采用了一种平衡测试，在该测试中，我们必须权衡冒犯的严重性（如其规模和避免它的可能性）与被规制的行为主体利益的重要性（如它们的重要性和是否存在替代表达途径）。

费恩伯格平衡测试的细节很复杂，并且存在争议。但是大多数自由社会实际上允许对一些妨害行为进行规制。如果要考虑修改密尔的分类方法以防止严重的妨害行为，则必须采用某种平衡测试：仅在冒犯难以避免、冒犯者所表达的利益是较少的，并且冒犯者还有其他替代表达途径的情况下才允许加以限制。由于密尔自己在对冒犯进行规制的立场不完全一致，很难说这会对他的自由主义原则造成多大的修改。

（九）道德主义

我们看到，密尔全然拒绝了法律道德主义（I 9），其他的密尔式自由主义者，如费恩伯格，将对法律道德主义的拒绝视为构成自由主义的保证。当然大量道德都与伤害防止有关，刑法中禁止杀人、强奸、殴打和盗窃的核心条款显然是为了防止伤害他人的特别严重的道德错误。这意味着刑法中的大部分条款既防止伤害，又执行道德，这些不仅仅是巧合的结果，犯罪行为的不道德很大程度上在于其危害性。这使我们怀疑是否存在某些不能通过诉诸伤害原则来证明其正当性的法律道德主义情形。

即使伤害行为和过错行为之间存在相当多的重叠处，两者也是可以区分的。德夫林和哈特关于法律道德主义的传统辩论涉及性道德的法律执行问题，特别是对同性恋、卖淫和色情作品的规制。在大多数情况下，双方都承认这些活动是不道德却无害的，并就是否可以允许将其作为执行性道德进行法律规制展开辩论。我们可能会拒绝德夫林的道德主义提议，不是因为我们拒绝法律道德主义本身，而是因为我们认为同性恋、卖淫或色情作品本身不是不道德的。如果这些是无害的过错行为的唯一候选者，我们现在想知道是否存在这样的一种无害的过错。出于这个原因，我们考虑一个争议较小的无害却不道德的事例，如一个实际上没有造成伤害的违背承诺或欺骗的例子。假设朱妮娅未经父母同意将车开出去，没有发生任何不愉快的事，这是一个无害的过错行为的例子。从道德立法的角度考虑如下论证：

（1）社会有理由禁止不道德的行为，无论它是否造成伤害。

（2）朱妮娅未经父母许可擅自开车出去是无害的过错行为。

（3）因此，社会有权禁止朱妮娅的行为。

大约自由主义者会拒绝（3），声称这是一个法律不应该干预的情况。在这里，为了避免（3）中的狭隘结论，我们需要拒绝（1）中的道德主义前提。事实上许多人倾向于认为要避免对道德立法做出狭隘的结论，必须拒绝这样的法律道德主义。

但是这个论证是无效的，由此得出，我们不能用狭隘结论的错误来拒绝道德主义的前提。法律道德主义原则（1）只主张了规制的程度上或表面上的理由。但是规制在程度上的理由不意味着对规制进行全面的考虑。特别是即使有某种理由来规制行为，也可能有相反的理由不去规制它。也许规制的成本——行政成本和其他成本——超过了规制带来的收益。但是这表明法律道德主义者不需要规制所有无害的过错行为，也表明了没有必要为了捍卫一些自由主义的结论而拒绝法律道德主义本身。这不意味着密尔对法律道德主义的拒绝是错误的，只是没有必要以此解释他的大部分自由主义结论。

由此表明我们应该区分强的和弱的法律道德主义主张。

（1）弱道德主义：行为的过错是规制它的程度上的理由。

（2）强道德主义：行为的过错是规制它的决定性理由。

如我们刚刚所见，自由主义者主张的不应规制无害的不道德行为与强道德主义不一致，但是与弱道德主义是一致的。很明显密尔拒绝了强道德主义，不太清楚他是否也拒绝了弱道德主义。如果我们认为在某些无害的过错行为中，法律规制不仅在程度上是正当的，而且从平衡方面考虑也是正当的，我们必须支持弱道德主义。列出的任何清单都可能引起争议，但是许多人会认为规制不成功的犯罪企图、没有造成伤害的欺诈和勒索、亵渎死者和兽交不仅是允许的，而且是可取的。如果其中任何一个应该受到规制，那可能需要弱法律道德主义。

（十）重新审视分类方法

密尔的“一个非常简单的原则”——自由只能是为了防止对他人造成伤害而受到限制——过于简单。与之相关的自由分类方法也是如此，它准许了伤害原则在所有情形下的应用，拒绝了所有家长做派、审查制度、对冒犯的规制和法律道德主义。

伤害原则本身在几个方面很复杂。伤害他人不是限制自由的充分理由，相反，它为限制自由创造了一个程度上的理由。确定是否对伤害行为给予规制只有在权衡了规制造成的弊端与要防止的伤害之后才是完全正当的。此外，尚不清楚伤害原则是证明了为防止他人受到伤害而限制自由，还是仅仅证明了为防止自由受到限制的人对他人造成伤害而限制自由。限制自由的反伤害理由比伤害防止理由更窄，只有更广泛的伤害防止理由才能解释密尔多么希望用伤害原则衡量好心人法律和要求在法庭上提供证词的法律。因为伤害防止原则更广泛，它比反伤害原则证明了对自由的更多限制。我们也不清楚伤害原则是保护所有自由还是仅保护基本自由，如果伤害原则针对的是对基本自由的限制，而不是对自由本身的限制，那么它会更加稳固。但是如果我们以这些方式限定伤害原则，我们与自由主义者对伤害原则的通常理解就相距甚远，他们将其理解为只是为防止暴力或者欺诈而限制自由。

不管这些问题如何解决，伤害原则是证明限制自由正当性的必要条件，这是值得怀疑的。密尔对他坚持的普遍反家长做派提出了原则性例外，为对自卖为奴的限制和其他提升个体自主性的家长做派进行辩护。为维护公序良俗，密尔确实允许某些形式的对冒犯行为的规制。此外，尽管密尔在反对法律道德主义方面似乎更一致，但是没有必要为了承认自由主义结论而拒绝法律道德主义本身，虽然这种结论认为许多形式的法律道德主义所给予的好处不足以抵消它们带来的危害。

伤害防止既不是限制个人自由的必要条件，也不是充分条件。尽管如此，人们会说密尔承认基本自由是特别重要的利益，只有为了防止对他人造成伤害或者防止对个人自身能动性造成重大伤害才能对其进行干预。

（十一）功利主义、权利和自由主义

在考察了密尔的自由主义之后，我们回到自由权和功利主义之间明显的紧张关系上面。即使密尔使用了复杂而非简单的分类，在对基本自由的绝对保护与功利主义需要的那种个案结果主义的分析之间似乎存在张力。我们考虑三种不同的协调策略。

1. 权利制裁理论

在《功利主义》第五章的义务制裁理论中密尔引入了明确清晰的权利理论。他的义务制裁理论是功利主义的一种间接形式，将过错行为界定成对其加以制裁是有用的行为（《功利主义》，V 14）。密尔随后引入公正，将它作为义务的一个适当部分，公正涉及作为完全义务的义务——与权利相关的义务（V 15）。

> 公正意味着不仅做正确的事，不去做是错误的，而且他人可以以权利之名要求我们去

做（V 15）。

密尔从构成侵犯权利的两个要素出发——对权利人的伤害和正当的惩罚——来解释他的权利理论。

这（两个）要素是一方面对某些指定的人的伤害，另一方面对惩罚的要求……这两个要素包括了我们所说的侵犯权利的所有意思。我们所称之为某个人的权利，意思是他对社会有正当的要求，可以通过法律的力量，或者教育和舆论的力量来保护对它的拥有。如果他有我们认为是充分的主张（无论出于何种原因），可以使他拥有社会向他保证的某种东西，我们就说他对它有权利。如果我们想证明任何东西在权利上不属于他，只要承认社会不应该采取措施确保他拥有它，而是应该让机会或他自己的努力来决定其归属（V 24）。

这是一种权利制裁理论，类似密尔的义务制裁理论，它认为一个人有权获得某种利益或自由，只要社会有保护它们的责任。

到目前为止，这种权利概念还没有引入任何功利主义的考虑。在论述何种条件下社会应该强制执行个人主张中，密尔加入了功利主义的考量。

因此我认为拥有权利就是拥有某种东西，社会应该保护我对它的占有。如果反对者继续问社会为什么应该这样做，我只能给他一般功利的理由（V 25）。

这种权利制裁理论是一种间接功利主义理论，因为它暗示某人对某物是否有权利不取决于该主张的效用，而是取决于我们对违反该主张所产生的反应的效果。

权利制裁理论是否提供了权利与功利之间令人满意的协调？毫不奇怪权利制裁理论继承了义务制裁理论的各种问题。回顾前文我们知道制裁功利主义在内部是统一的，因为它结合了间接和直接的功利主义主张（参见前文 2. 10）。由于权利制裁理论与制裁功利主义是一致的，它继承了这种不统一。

（1）当且仅当社会应该保护 X 对 Y 的主张不受干涉（权利制裁理论的第一部分），X 对 Y 有权利。

（2）社会应该保护 X 对 Y 的主张不受干涉，当且仅当这样做是最优的（权利制裁理论的第二个直接部分）。

（3）社会应该保护 X 对 Y 的主张不受干涉，当且仅当谴责社会没有这样做是最优的（义务的间接制裁理论）。

（2）和（3）不一致。人们可以作出回应：将权利制裁理论与义务制裁理论脱钩。但是如果我们拒绝了义务制裁理论，为什么要接受权利制裁理论呢？

此外，权利制裁理论还有其自身的问题。权利制裁理论将社会强制执行的可欲性视为权利观念的组成部分，但是这似乎是在开倒车。恰恰是因为我们有权利，社会才应该强制执行它们；并不是说我们对社会应该强制执行的任何事物都享有权利。社会强制执行的可欲性对于权利的存在而言是结果性的，这一点在有些社会应该强制执行的主张不是权利上面看得更清楚。社会应该承认和保护的东西包括权利和特权，权利和特权之间的确切界限并不总是很清楚，但是在主张国家应该保护的某些利益和机会不是那些可以当作权利来主张的利益和机会中，我们承认了这种区别。这表明社会强制执行的有用性不能成为权利的构成要素，否则特权也将成为权利。

尽管密尔明确清晰表达了他的权利概念是一种制裁理论，对其他两个概念他也有看法。

2. 作为第二性原则的权利

我们看到密尔认识到道德推理需要各种第二性原则（第2.9节）。这些原则本身不涉及功利，但是采用和普遍运用它们是基于功利主义的考量。因此密尔调和权利和功利的一种方法是将权利视为第二性原则，特别是那些重要的原则，在功利主义的基础上遵守它们是正当的［另见伯格（Berger)，1984：第3－4章］。根据这种解释，权利受到这些规则的保护，它们把个人的利益或自由与某些类型的干涉隔离开来，这样做通常是最优的，尽管不是完全最优。我们应该或多或少不加批判地遵守这些规则，只有在遵守这些规则显然不是最理想的情况下或在这些规则（权利）之间发生冲突的情况下才将它们搁置一旁。在这种例外情况下，我们应该直接诉诸功利原则，但是在其他方面不应如此。

为什么我们要用这样的规则来调整我们的行为呢？这是因为我们不能辨别在一些情形中偏离这些规则是次优的，除非在其他一些偏离它们不是次优的情形中偏离这些规则。

3. 作为特殊善的权利

为什么我们应该相信对一些利益或自由的保护通常来说是却又不完全是最优的？密尔的回答是某些利益和自由在人类幸福中发挥着更重要的作用。根据这种解读，权利保护特殊的或者特别重要的善。

> 我反对任何这样的理论，它主张树立一个不以功利为基础的想象的公正标准，我认为以功利为基础的公正是所有道德的主要部分，也是最神圣和最有约束力的部分。公正是特定类别的道德规则的名称，这些规则比任何其他指导生活的规则更接近人类福祉的核心，因此具有更绝对的义务；我们发现公正理想的核心观念——存在于个人身上的权利观念——暗含并证明了这一更具约束力的义务（《功利主义》，V 32；另见 V 33，37－38)。

恰恰因为受权利保护的善非常重要，我们可以理解为什么密尔会认为社会应该通过法律或舆论来强制执行它们（V 24)。但是请注意这里的可强制执行是权利重要性的结果，而不是定义了权利的特征。

这种权利概念预设了一套价值等级，其中某些善优先于其他善。我们知道，密尔的高级快乐学说接受了一种价值等级序列。该学说将拥有和使用实践筹划能力视为更高层次的善，作为实现这些高层次善的必要条件，各种思想和行为的自由是重要的。

但是如果我们拥有的权利针对的是特别重要的善，我们可以看到尊重权利是如何促进善的。根据假设，当尊重权利与促进其他低层次的善相冲突时，最好还是尊重权利。我们可以说权利“胜过”（trump）这些不太重要的善，但是权利不会胜过对其他同等重要的善的追求。这些应该被视为权利冲突，功利主义者解决这些冲突就是通过诉诸功利主义第一性原则并确定在这种语境下哪种权利最重要。

这三种权利概念提供了某种程度上以不同的方式来协调功利和权利。最大的区别在于一方面是制裁理论，另一方面是第二性原则和特殊善的概念之间的差异，因为前者是一种间接功利主义的权利观，而后两者与直接功利主义相容。权利的制裁理论看起来成问题，但是第二性原则和特殊善的概念看起来颇为合理。现在说它们是完全充分的权利概念为时过早，但是它们确实提供了协调功利和权利的某种希望。

四、自由主义的民主

通过了解密尔将功利主义和自由主义原则应用于社会和政治问题，我们获得对他的功利主义和自由主义原则某种不同的观察视角。我们首先关注密尔在《论代议制政府》和《政治经济学原理》中对民主形式的自由主义的辩护。

在《论代议制政府》中，密尔认为代议制民主的形式是最理想的政府形式，虽然它不是一个不顾历史或社会环境一成不变的理想，但是他认为对于拥有足够资源、安全和自力更生文化的社会来说，这是最好的政府形式。特别是密尔认为代议制民主是最好的，当它处于最完善的形式，它最能满足所有好政府的两个标准：（1）政府是好的，因为它促进了共同善，在那里共同善被认为是促进了其公民的道德、智力和能动性的特征，以及（2）政府是好的，只要它有效利用其制度和公民的才智来促进共同善（《论代议制政府》，第390页、第392页）。就（2）其实是（1）的一个组成部分而言，密尔的最终标准是好的政府应该促进其公民的共同善。密尔没有明确援用他的功利主义版本，也许他希望对代议制民主的辩护建立在更加普世的基础之上，但是他用广义上的结果主义或结果导向的术语清楚地理解了共同善的政治标准。此外，尽管他没有明确提到高级快乐学说，同样清楚的是密尔以广义上的至善主义的术语来理解每种快乐的善，这些术语强调了一种积极自主生活方式的重要性，它运用智力、筹划和创造的能力。

（一）代议制民主

密尔认为在适当的情形下，民主有两种方式最适合促进共同善。

首先，他认为民主在确定共同善方面起着重要的认识作用。对影响共同善的问题进行适当的筹划需要确定不同政策将如何影响受影响各方的利益，因此需要适当的公民利益代表和表达，但是缺乏想象力和受个人偏见的影响对有效代表他人利益构成了障碍。普选权和政治参与为被统治者利益得到政治决策者的应有重视提供了最好的保证（第404页）。

其次，密尔认为民主也是最好的政府形式，因为政治参与带来的归属感效果提高了公民的道德能力（第 404 页）。只要被统治者能够并且事实上参与了公共辩论和选举，他们就会运用政府旨在发展的那些筹划能力。他们会学着去收集关于备选项的各种信息，考虑它们的优缺点，选择一个能够表达他们理想和偏好的代表。他们与他人一起商议和选择公共事务的议程，在此过程中，他们培养了形成共同善的观念、采取原则性的立场、与他人交换理由以及向他人学习的能力。

到目前为止，这些都是广泛流传的——实际上是普遍的——对直接民主的论证。事实上，和那些醉心于扩大选举权的同时代人不同，密尔对将选举权延伸到妇女那里进行了辩护，拒绝对她们的选举权作任何限制，认为这是毫无根据的（第 479 页）。密尔以各种重要方式限定了对直接民主的辩护。

民主预设了根据人民意志的统治。如果一个政治制度下作出的政治决定的内容反映了人民的意愿，我们就说它是民主的。直接民主是作出反映人民意愿的政治决策的一种方式，在那里，每个公民都对立法进行投票。但是，除小型共同体外，直接民主在其他地方都是不切实际的（第 412 页）。密尔捍卫代议制而非直接民主。

密尔认为，代表的任务是在自由的和公开的讨论之后，就他们所考虑的采取什么方式促进共同善的各种观点进行投票（第490 页）。在这里密尔对利益集团的民主模式表示了怀疑，根据该模式，代表都是其选民局部利益的代表者，民主被视为在这些局部利益之间进行妥协的公平体系。相反，密尔将代表视为公共信托中的受托人，每个代表都以真正的共同善为目标，个人和集体的筹划受到各种经验和观点的影响。

许多需求本质上是局部的，即使需求是普遍的，它们的满足也可能在很大程度上取决于局部条件。出于这个原因，密尔提倡联邦制，其中中央代表机构的职能相对有限，地方或市政代表机构管理涉及地方事务或地方上诸如创建和维护地方基础设施包括道路、法院、监狱和学校等的细节（第 422 – 434 页）。

然而，密尔认为，中央政府的一项重要职能是保护地方上政治少数派不被政治多数派系统性地置于不利的地位（第 544 页）。在这里他表达了对个人权利的关注，用来反对多数人的暴政，这是《论自由》的重点，并且他认为中央而非地方当局能更好地提供宪法性保障。可惜的是他没有特别关注应该在宪法上得到承认的个人权利种类。

密尔还坚持认为代议制民主，无论是地方性的还是联邦制的，都应该采用比例性的而不是赢家通吃的代表制（《论代议制政府》，第 449 – 462 页；“关于议会改革的思考”，第 328 – 329 页）。我们看到比例代表制如何与民主制的认识论相吻合：赢家通吃的代表制会消除或降低少数派观点的有效表达，而这些观点对于自由和明智地讨论共同善和尊重政治少数群体的利益至关重要（《论代议制政府》，第 458 页）。

（二）选举权和加权投票的范围

在他的哲学著作中和 1865 年至 1868 年担任威斯敏斯特议会的自由党议员期间，密尔是扩大选举权的积极倡导者。尽管他认识到选举权范围存在一些限制，他始终如一地主张将选举权扩展到当时的范围之外，虽然不总是成功。他支持将选举权扩大到以前被剥夺权利的工人阶级成员上，他也是妇女选举权的坚定倡导者（第479－481页）。对许多人来说，这种关于选举权恰当范围的观点相当激进。尽管密尔支持加权表决，但是他至少部分地将其视为成功实现他的（接近）普选权主要目标所做的必要让步（第476页），在评估密尔关于选举权范围和权重的建议时，值得牢记这一背景。

我们前面提到，密尔并不捍卫这种观点：代议制民主在所有历史和社会环境下都是理想的。他认为在某些社会环境中，民主不会促进共同善。这些是大多数公民不适合进行统治的落后社会状态，因为他们缺乏自治文化的必要成分，无法负责任地行使决策权；他们缺乏纪律，或教育，或积极和独立的人格；其他不同形式的政府适合这种落后的发展状态。尤其是密尔认为，由开明的一人或少数人进行的以共同善为目标的仁慈统治将更适合这样的社会（第415－418页）。在这里密尔对捍卫政治权利引入了范围上的限制，他在《论自由》（I 10）捍卫基本自由中清楚认识到这一点。在关于哪些社会跨越了能力门槛，可以通过自由讨论和政治权利来提升自身能力上面，密尔没有很清楚地处理这类重要的实践性问题。对密尔关于能力门槛的界限以及够得上这个门槛的社会种类的观点，我们有理由不同意，[①] 但是他明确指出政治参与，就像自由讨论一样，是发挥我们高级能力的必要条件，并且只有达到规范能力的门槛才有价值。

在跨越了规范能力门槛的社会中，某些社会与其他社会的关系也同样适用于在这些社会中某些个人与他人的关系，这解释了密尔在这些先进文明中所承认的选举权范围的界限。他将选举权的范围限制在成熟的成年人中，不包括那些还没有跨越规范能力门槛的未成年人。他还准备排除那些不识字的成年人（《论代议制政府》，第470－471页）。这种规范能力上的不达标，社会应为此受到责备，且有责任加以纠正（第470页）。密尔还将那些不纳税且接受公共救济的成年人排除在选举权之外（第472页），在此他表达了一种担忧，即投票不仅让一个人对自己的生活有发言权，而且对他人的生活也有发言权，如果不为经济生产的盈余作出贡献，就无权决定如何分配这些盈余。密尔还不停质疑接受公共救济人员的规范能力。在其他地方密尔坚持认为，慈善机构使受益人依赖于捐赠人，这样就损害了受益人的自主权和独立性（《政治经济学原理》，V. xi. 13；《论妇女的屈从地位》，第330页）。就这一事实而言，它为将依赖者排除在选举权之外提供了额外的理由。

密尔承认的选举权范围的主要界限追溯到了规范能力这个门槛，他认为支持民主制的理由适用于所有高于这个规范门槛的人。识字的体力劳动者与其他任何人一样拥有选举权，他们需要为自己的利益挺身而出，并确保他们在政治决策中得到适当的考虑。此外，他们

① 对密尔与殖民主义关系的讨论，参见 Habibi 2017 和 Skorupski 2021，第434－439页。

将从政治参与中受益，因为政治参与发展了他们的筹划能力。

当然，超过这个门槛的人们在规范能力方面存在差异，但是密尔对代议制民主的叙述是根据选举权的权重而不是范围来追溯这些进一步的差异（《论代议制政府》，第473页）。高于此阈值的人在规范能力上的差异会影响他们投票的相对权重，这种加权投票方案采用复数投票系统的形式（《论代议制政府》，第467－481页；另见“议会改革”，第322－328页）。密尔强烈反对将财产上的条件作为规范能力的合适代言人（《论代议制政府》，第474页；“议会改革”，第325页），但是坚持教育上的条件。

实现这一点的最直接方式是建立有利于那些能够被合理推定为拥有优越知识和教养的人的多数票……那么，完美的选举制度将是这样的：每个人都应该至少有一张选票，但是共同体中每个受过良好教育的人都应该有一张以上的选票，其多少尽可能与他们所受的教育程度相称（“议会改革”，第324－325页）。

复数投票系统有一个上限，因此受过教育的精英的加权投票不会使他们形成一个以牺牲未受过教育者为代价来推进其阶级利益的多数联盟（《论代议制政府》，第476页）。

密尔对加权投票的信奉反映了他对工人阶级落后状态的看法。

最贫穷和最粗鲁的工人阶级的意见和愿望可能是对选民以及立法机关产生各种影响中非常有用的一种；然而赋予他们占优势的影响力，让他们以他们目前的道德和智力状态来充分行使选举权，可能是非常有害的（“议会改革”，第334页）。

尽管对工人阶级有这些疑虑，密尔仍将自己视为他们的朋友（《自传》，第274页；参见汤恩，1998年）。密尔没有将工人阶级缺乏相应能力的劣势归咎于他们，他也不认为他们的劣势是一种自然的或永久的状态，增加获得优质的基本和辅助教育的机会以及扩大公民参与的范围将逐渐提高工人阶级的规范能力（《政治经济学原理》，IV. vii. 2）。就这个事实而言，密尔对政治平等的信奉所作的限制，以他的加权投票计划为代表，只是暂时的和过渡性质的。从这个意义上说，加权投票不像（接近）普选权和比例代表制那样是理想政治理论的一部分。

即使加权投票追溯到民主制认识论上的原因和潜在的规范能力上的差异，它也违反了政治平等的规范。就其向工人阶级传递二等公民身份的信息而言，密尔没有认识到加权投票潜在的腐蚀性影响。他认为自尊只要求一个人有投票权，而不是不管规范能力如何，有平等的投票权。

在这种安排（加权投票）中，没有任何事物必然会让那些被认为只具有较小影响的人所怨恨。在共同事务中完全排除一种声音是一回事，以在共同利益的管理中他们能力更强为由，向其他有更大潜在发言权的人的让步，这是另一回事。这两件事不仅不同，而且不可通约。每个人都有权因被看作无名小卒，被认为无关紧要而感到受到侮辱，除傻瓜之外，没有人……因为承认其他人的意见……有权比他的意见更多地受到考虑而感到被冒犯（《论代议制政府》，第474页）。

但是我为什么要如此关心被贴上无名小卒的标签，而不是被贴上小人物的标签呢？也许正如密尔已经想象的那样，在法案起草或者设定公共筹划议程中，人们很想利用受过教育的精英们的智慧和专业知识，让他们发挥特殊的作用。但是这不需要给予受过教育的精英们复数的选票权。设置复数投票制度，说工人阶级不该在政治上有重要地位和发言权，似乎具有重要的象征意义。从这个角度来看，密尔就平等主义者对加权投票的担忧没有表现出警惕性。有趣的是虽然他没有特别意识到《论代议制政府》中二等公民所产生的不良影响，但是在《论妇女的屈从地位》中对这种担忧却要敏感得多。我们将看到，密尔敏锐地意识到女性所作的贡献可能会以各种方式受到阻碍和被低估，也意识到妇女作为二等公民身份所付出的个人和社会的代价。如果密尔像他后来注意到给予妇女二等公民身份付出的代价那样关注给予工人二等公民身份付出的代价，实际上他可能会对加权投票更持有怀疑的态度。

（三）自由主义的民主与共同善

民主政府的实质是什么？考虑到密尔在《论自由》中对基本自由的捍卫，人们有理由相信他倡导一种有限政府，但是他不是自由至上主义者。他强烈反对合法政府的职能仅限于提供针对暴力和欺诈的保护（《政治经济学原理》，V. i. 2）的观点。相反，他认为政府可以而且应该以多种方式干预公民的生活——或者作为强制者，或者作为推动者或促进者——以促进共同善。密尔关于幸福的主张意味着每个人的善存在于他的高级能力的发展过程中，这需要一种积极的生活，在这种生活中，一个人的活动受他的筹划和选择的调整。就像在密尔对家长做派的批判中看到的那样，它限制了家长之外的其他人促进自己的利益。依这种方式理解，我无法绕过你的能动性促进你的利益，就像我无法为你赢得赛跑比赛那样。但是就如我可以帮助你赢得比赛（与你一起训练、分享营养秘诀和帮助你制定比赛策略），我也可以帮助你过上自治的生活。我可以为你过上这样的生活提供各种必要条件，如果个人的善存在于这种自我实现中，那么以共同善为目标的政府应该花大心思去关注公平地提供福利机会。

在《论妇女的屈从地位》开头部分，密尔将世袭种姓制度（如封建制度和基于奴隶制的社会制度）与对福利机会均等的现代进步信念进行了对比。

因此，现代社会的特征是什么呢？——现代制度、现代社会观念、现代生活与遥远过去的差别是什么呢？人类不再生在他们的身份中，并被他们出生的身份无情束缚住，而是可以自由发挥他们的才能，并为人们提供有利的机会来实现对他们来说最可想望的命运（《论妇女的屈从地位》，第272－273页）。

与基本自由一样，福利机会的价值不在于其本身，而是自我实现的必要条件，密尔赋予其特殊的内在价值。出于这个原因，它们同样重要，事实上他所承认的许多政府职能都可以追溯到为自我实现提供条件和机会。

尽管密尔一般来说反对家长做派、审查制度、对冒犯行为的规制和道德主义，但是他承认政府在追求共同善方面应履行各种职能。部分原因是每个人的机会部分地取决于其他人所处的位置和拥有的资源，密尔认为提供公平的机会平等减少了可能的社会经济不平等（《政治经济学原理》，II. ii. 1）。

一项公正而明智的立法将避免提供给人们这样的动机，浪费而不是储存诚实劳动所得的收入。它在竞争者之间的公正性在于努力使他们都应该公平开始……的确，许多人的失败比其他人的成功付出的努力更大，不是因为优点上的差异，而是机会的不同；但是如果通过劝诫和立法一个好的政府在它的权力范围内做了一切减少这种机会不平等所应做的事，那么由于人们自己的不同收入而产生的财富差异就不能公正地引起人们的不满（《政治经济学原理》，V. ii. 3）。

就像密尔在这段话中清楚阐明的，他关心的不是不平等本身。尽管他设想了一个减少不平等和人人享有体面的最低生活标准的社会（《政治经济学原理》，IV. vi. 2），但是他捍卫了资本家的利润，作为对他们的积累、风险和监督经济运行的合理补偿（《政治经济学原理》，II. xv. 1；“关于社会主义的章节”，第734－735页）。密尔在这段话中关注的是源自机会不平等的不平等现象以及那些固化机会不平等的不平等现象。为了实现机会均等，密尔支持各种通过再分配税收措施（另见伯格，1984年，第159－186页）。他捍卫对高于过体面生活最低标准门槛收入的人实行统一税率，对低于该门槛收入的人不征税（《政治经济学原理》，II. i. 3，II. xii. 2，II. xii. 3，V . ii. 1－3，V. iii. 3－5）。此外他赞同对非劳动收入和遗产使用更高的税率（《政治经济学原理》，II. ii. 1，II. ii. 3－4，II. xii. 3，V. ii. 3，V. ii. 5，V. vi. 2，V. ix. 1）。这些税制限制代际之间的不平等，否则将会阻碍机会平等的实现。

在这个为实现机会平等而建立的框架内，密尔捍卫了政府的一些附加职能，它们旨在促进共同善。规范能力的首要条件是体面的教育，密尔认为要求并在必要时提供优质教育是国家的核心角色之一（V 12－13；《政治经济学原理》，V. xi. 8）。他认为通过补贴穷人教育费用，使穷人对于这种教育近于免费的方式，国家可以而且应该要求父母无论经济状况如何都为他们的孩子提供教育，确保所有人都能获得这种教育。

我们还看到，密尔认为慈善会滋生依赖，而不是自主，这是他为济贫法的通过进行辩护的原因之一，该法为身体健全的贫困者提供工作机会（《政治经济学原理》，II. xii. 2）。他还认为在市场力量不太可能提供人们所需要或想要的东西时地方政府应该介入（《政治经济学原理》，V. xi. 8）。通过这种方式，他认为无论是在中央还是在地方，建立和维护社会基础设施的各个方面，包括共同防御、道路、卫生、警察和惩教设施，都是国家的一项重要职能（《政治经济学原理》，V. vii. 1；《论代议制政府》，第541页）。他还允许对工作条件（工时、工资和福利）进行监管，提供对工人而言改善了的工作条件通常构成了公共或集体的善，每个人都可以通过比他的同行多一点的对资本的让步而获得竞争优势（《政治经济学原理》，V. xi. 12）。如果不受监管，每个人都有动力比他的竞争对手更多地向资本让步，结果是所有工人的境况都变得更糟，密尔认为国家干预和监管是解决这一集体行动问题的最佳方法。他还认为因供给关系导致生产不足的其他产品，也许是因为其完全外在于市场活动的缘故，这就是他认为国家应该补助科学研究和文化艺术的原因（《政治经济学原理》，V. xi. 15）。

密尔的自由主义致力于民主的政治制度，其标志是广泛的选举权、私有财产权、市场经济、社会和经济的机会平等，以及各种个人自由和公民自由。为更好地理解他的自由主义标志的重要性，应关注他的自由主义基本要素概念的实质——他所认可的个人自由和国家责任的“一揽子”计划——以及他用以证明自由主义基本要素概念的方式。密尔式自由主义不是自由放任的自由主义，它论证了自由主义基本要素是促进共同善的一种方式。这种自由主义标志的独特性也许只有与其他两种自由主义概念进行对比才能被最清楚看到——一种更具有自由主义倾向的自由主义基本要素概念及其理由，它们在19世纪中叶主导了英国自由党，以及那种当代政治自由主义，它认为公民所持有的对善的生活的见解常常是对立的，国家在各种见解中要保持中立的话，就需要这些自由主义基本要素。

在19世纪大部分时间里，很大一部分自由党工作议程放在了改革上面，旨在消除国家对公民自由和各种机会的限制，特别是对这些倾向于强化阶级特权的国家干预形式，这种政治文化突出体现在废除谷物法、反对宗教迫害和几次选举改革中。但是对此类改革在自由党工作议程中的作用，在19世纪后期出现了一种新观点。早期自由主义者，如赫伯特·斯宾塞，认为改革应该仅限于消除国家对个人自由的干涉，相比之下，新自由主义者认为这些扩大经济、社会和政治自由的改革必须辅之以在劳动、教育和卫生领域中旨在纠正受到不平等影响的社会和经济改革。这些新的改革赋予了国家积极的而不仅仅是消极的责任，有时需要干涉个人自由。密尔认为国家在确保机会平等、保证能够培养规范能力的良好教育、纠正各种市场失灵和提供各种公益方面发挥着重要作用，所以将密尔视为新自由主义大部分基础知识的奠基人是有道理的——无论是在对自由主义基本要素的概念上，还是在用一种广义结果主义的利益观推动自我实现来证明自由主义基本要素的概念上。

密尔对自由主义基本要素的至善主义辩护也与最近英美对自由主义所作的哲学辩护中的一个有影响力的分支形成鲜明对比，后者坚持在相互对立的善的生活概念之间的中立性［参见特纳（Turner），2017年］。根据许多当代自由主义者的说法，在善的事项上面保持中立是自由主义信念的一个组成部分，自由主义的中立性为国家行为的正当性划定了界限。

按这种观点，自由主义的政府可以而且必须强制执行个人权利和任何对社会公正的进一步要求，包括那些维持和平与秩序所必需的要求。但是他们不应采取任何行动来促进一种特定的善的生活概念或者全面性（comprehensive）的理论学说。在关于善的事项上，自由主义的国家必须严格保持中立，它只能以与善的每一个合理概念都保持一致的方式促进其公民的善［参见罗尔斯，1993 年；金里卡（Kymlicka），1989 年］。

相比之下，密尔是一个至善主义的自由主义者，他避免对善持中立的态度。根据密尔式至善主义，善的生活不是用狭隘的术语被定义为由一组特定的活动所组成，相反，善的生活被理解为是对实践筹划能力的运用，其运用方式非常多样化，但并不是无限的。基本自由很重要，因为它们是实现一种自省式自主和自我实现的必要条件。在这个版本的自由主义中，国家承认各种公民自由并抵制通常的家长做派和道德主义，不是因为它不在善的问题上采取立场，恰恰是因为它承认自治和自决是更高层次的善。

五、性别平等

密尔主要在《论妇女的屈从地位》中将他的自由主义原则应用在两性平等问题上面，他以明确和毫不含糊的措辞谴责了现存的性别不平等形式。

> 调整两性之间现有社会关系的原则——一种性别在法律上从属于另一种性别——本身就是错误的，现在也是人类进步的主要障碍之一。并且……它应该被完全平等的原则所取代，不承认一边的权利或特权，另一边的无能力（《论妇女的屈从地位》，第 261 页）。

在现代人看来，密尔对性别平等的辩护没什么新意，在当代一些女权主义者看来，密尔对性别不平等的批评不够深刻或不够一致。但是从历史背景来看，密尔对性别平等的辩护是激进的、勇敢的，有时甚至是雄辩的［谢尔雷（Shanley），1998 年］。虽然密尔清楚地知道《论自由》中的自由主义原则在某些方面会引起争议（《论自由》，I 6 – 8），但是只有当他将这些原则应用于《论妇女的屈从地位》对性别平等问题的讨论时，它们的革命意义才变得异常清晰起来［尼库尔森（Nicholson），1998 年，第 471 页］。

（一）性别平等的理由

密尔反对家庭和社会生活中的性别不平等，他在第二章中主要讨论了家庭生活中的平等。在那里他专注于妻子和母亲的权利，承认妇女对其身体或人身的平等权利（《论妇女的屈从地位》，第 283 – 286 页），拥有和控制财产（第 284 – 285 页、第 297 页）以控制家庭决策的各个方面和家庭管理（第 290 – 292 页）、监护和照顾孩子（第 285 页）以及分居和离婚（第 285 – 286 页）的权利。但是密尔不仅关心家庭生活中的妻子和母亲。他还捍卫教育（第 315 – 316 页）、职业机会（第 299 页；参见《政治经济学原理》，IV. vii. 3）、政治选举的投票（第 301 页）和竞选政治职位（第 301 页）的平等权利。除这些权利之外，密尔还被认为支持表达自由、宗教自由和结社自由的平等权利，因为他认为对这些权利的主要威胁发生在家庭领域，来自丈夫、父亲和兄弟。

有时密尔明显以结果主义的理由捍卫性别平等，将其作为一种方式，用来更充分地运用人们的能力和一种促进机会均等的、问责制的和真正精英管理的文化（第326－328页），他也将性别平等视为事关个人权利和公正的问题。

取消将某个性别视为不享特权和服从的标准，世界获得的利益是巨大的，这是社会性的而不是个人的利益；它增加了思想和行动力量的总量，也改善了男女合作的一般状况。但是如果忽略所有利益中最直接的利益，即解放人类物种的另一半在私人幸福中获得的难以估量的利益，那将是一种严重的轻描淡写。对他们来说，这是服从他人意志的生活和依据理性的自由生活的不同。在满足了衣食住行的基本需要之后，自由是人性的首要和最强烈的愿望（第336页）。

在详细阐述这一关于妇女在自由方面更高层次利益的主张时，他说个人独立是“幸福的要素”（第336－337页）。这与《论自由》中的观点相呼应，它主张基本自由对于人们运用筹划能力成为进化生物是必要的。

在捍卫妇女权利时，密尔也利用了现代具有进步色彩的信仰——福利的平等机会（第272－273页）。他曾多次将妇女在婚姻内部和外部的地位比作奴隶制（第284－286页、第323页），有人对这个类比提出异议，认为妇女的待遇显然要比奴隶好得多，密尔对此嗤之以鼻。镀金的笼子仍然是限制自由和机会的笼子，而且笼子通常是没有镀金的，密尔坚信丈夫能够而且经常像主人那样暴力虐待妻子（第285－286页、第288－289页）。事实上随着奴隶制在美国的消亡，他将性别不平等视为奴隶制在西方最后的残余。

婚姻中的奴役法则与现代世界的所有原则以及所有经验都存在极大的矛盾。人们通过惨痛的经验教训，才逐渐想到这些原则，并把它们拟定出来。既然黑人奴隶制已经被废除，这就是唯一的例子了：一个拥有各种能力的人被交给另一个人，受他的全权控制，寄希望于他会为了服从于他的那个人的利益而使用这种权力。婚姻是我们的法律所唯一熟悉的真正的束缚，除每家的女主人之外，再没有合法的奴隶了（第323页）。

维多利亚时代婚姻法所包含的对妇女的限制给了丈夫完全控制妻子人身和财产的权力，不允许妇女单方面提出离婚或分居，这使婚姻成为一种性奴役的形式。奴役是不可接受的对他人自由的限制，即使妻子同意结婚，也不意味着她同意被奴役（第270页）。考虑到结婚和顺从丈夫的社会压力、未婚者的有限选择以及在婚姻中表达不同意见给妇女带来的不利后果，密尔并不认为这种同意有什么实际意义（第270页），同意的意思表示在任何情况下都是无关紧要的，因为我们知道密尔不允许签订自卖为奴的契约，某种家长式法律不仅可以，而且必须阻止这种契约（《论自由》，V 11）。据推测，把禁止自卖为奴视为通常禁止“更广泛适用”的家长做派的原则性例外，密尔所想到的或是这种情况。维多利亚时代的婚姻法违背了福利的机会均等原则，此原则是公正的要求（《论妇女的屈从地位》，第325页），并且是权利主张的基础。

（二）对不平等理由的驳斥

密尔思考并回答了对性别不平等的各种实际和可能的辩护。在大多数情况下，不平等的辩护者声称女性在某些方面天然不如男性，这些方面据称与妥善管理个人和公共事务有关。这些辩护者声称在大多数情况下男性具有某些规范能力的核心特征，这是女性缺乏的——这些可被看成所谓的女性缺陷（deficits）——或者女性具有男性缺乏的某些影响规范能力的特征——这些可被看成所谓的女性的失格（disqualifiers）。辩护者争辩说，无论哪种情况，事实证明女性天生低人一等，因此不应该受到平等对待。

密尔考虑了大量的潜在自然差异的情况，不仅限于缺陷和失格，包括声称女性相比于男性（1）直觉化、实际、缺少原则性和理论性（第305页），（2）关注细节，缺少抽象或概括能力（第306页），（3）神经质和易兴奋（第308页），（4）不能专注（第310页），（5）少有在哲学、科学和艺术方面的成就（第313－314页），（6）缺乏原创性（第314－315页），（7）更有道德意识（第320－321页），（8）容易受到个人偏见的影响（第321页），（9）平和、不咄咄逼人（第329－330页），（10）更有慈悲心（第330页），（11）更能自我牺牲和自我克制（第293页）。

密尔对这些所谓的差异的反应好坏参半。有时他质疑所讨论的特征在男女之间分配不均，但是在大多数情况下他承认这些特征分配不均。他不总是同意女性那些特征是缺陷或失格，如他认为直觉化、实际、注重细节和不那么死板，可以弥补男性通常在决策方式上固有的缺陷。女性不太可能为了遵守原则而遵守原则，更有可能通过其在现实世界中的作用来检验它们；她们能够更好地处理多项任务，并且在理智上更开放包容；有道德意识和不那么咄咄逼人都是完完全全的善。然而，他承认与男性相比，女性更容易兴奋、缺乏成就感和原创性。在不预设女性天生弱势的前提下他试图解释这些缺陷和失格。

密尔对那些辩护者的回应主要是主张即使那些特征分配不均并且作为缺陷或失格而发挥作用，这不是天生弱势的证据，因为我们不能确定这种弱势是自然而不是后天的产物。特别是由于两性关系在历史上一直带有歧视性，我们不能排除女性的弱势地位是过去歧视性对待所导致的可能性（第275－277页、第304－305页、第313页）。

> 我认为任何人声称依自然天赋来决定女人的是或不是，可以或不可以都只是一种假设。迄今为止，就自然发展而言，她们一直处于如此不自然的状态，以至于她们的本性不得不被极大地扭曲和掩盖。没有人可以肯定地说，如果让女人的本性像男人那样自由选择自己的方向，除人类社会所要求的条件之外，也没有被极力赋予某种人为的倾向，那么在性格和能力上会展现出任何重大差异（这些是同等赋予男女的），或者说是任何的差异（第304－305页）。

密尔正确地认为作为歧视性对待产物的弱势地位不能被当作这种歧视对待的正当理由，否则就是循环论证。

密尔认为女性参与哲学、科学和艺术活动会面临的各种社会障碍（第313－18页），加在她们身上的家庭生活要求也使她们力不从心（第318－19页），这就造成了她们在这些方面与男性不同的成就。在这方面值得注意的是至少在某种意义上，密尔不仅承认两性的不同成就，而且承认不同的能力。密尔区分了实际能力和潜在能力，实际能力决定了行为主体现在能够做什么，而潜在能力决定了他可以发展出什么样的实际能力。例如，我没有说俄语的实际能力，但是可以推测我有说俄语的潜在能力；相比之下，甚至我没有是在3分钟内飞或跑1英里的潜在能力。实际能力与潜在能力和适当培训、机会、责任构成函数关系。如果我在人生发展的各个阶段都没有得到一个让我适应筹划机会和责任的教育和训练，我的潜在能力就无法实现。即使每个人都有平等的潜在能力，我们也应该看到在不同制度中实际能力的不平等，因为在教育、筹划机会和责任上面分配是不均的，如果是这样的话，更强的实际能力并不是更强的潜在能力的依据。

密尔得出的教训是在没有任何证据充分表明自然优点和潜在能力是按性别分配的情况下，平等权利应该得到肯定。平等是一种推定，即使是可反驳的推定，也只能在充分的经验证据的基础上被反驳（第262页）。

（三）性别分工是否自然

对那些善于用天生弱势来捍卫性别不平等的各种观点，密尔都给予了驳斥，他坚持认为如果没有适当的社会实验，包括性别平等的社会实验，我们无法确定女性那些常见的特征是先天的产物还是后天的产物，特别是那些被指为用来为性别歧视作辩护的特征，它们很可能是过去歧视传统的结果。但是在这一点上，密尔没有保持一致［见安娜斯（Annas），1977年；奥肯（Okin），1979年，第226－230页］。有几个地方表明他确信大多数拥有大量机会的女性将接受传统上的性别分工，在这种分工中她们做家务，丈夫则在社会中从事专门职业，他赞成这种传统的分工。

> 在家庭的维持不是靠地产而是靠收入的情况下，通常的男人挣钱，女人负责家庭开支的安排，在我看来，一般来说是两个人之间最合适的分工……因此，恰恰在另一种情况下，妻子通过自己的劳动为家庭收入作出贡献，我认为这不是一种可取的做法（《论妇女的屈从地位》，第297页）。

当然，如果妻子在家里全职工作，她就不应该又在外面谋生，在这一点上面密尔是正确的。但是，关于女性应该组织家庭，或者如果她们有家庭，她们而不是她们的丈夫应该对家庭事务负责这方面，他没有给出任何理由。密尔的观点似乎是对于女性来说，家庭以外的职业主要留给那些没有孩子或孩子已经长大的妇女（第338页），他在这里假设传统的性别分工是自然的。当然传统的性别分工也有可能出现在机会均等的制度中。然而，这只是一种猜想，事实上他自己的关于机会不平等的制度压制女性的创造和管理能力的说法已经暗示了传统的性别分工很可能并不牢靠。在捍卫或至少思考传统性别分工的合理性方面，密尔没有注意到他自己曾经在论证中做出的批评。

（四）密尔式女权主义

这是密尔女权主义旗帜的一个重大污点。他有时认为传统的性别分工是自然的，因为它很可能出现在所有人都机会均等的文化中。鉴于密尔承认现有的劳动分工是在性别歧视和机会不平等的条件下产生和维持的，那就没有根据去假设这种分工将在强调平等的文化中保存下来，然而，恰是密尔本人为批评他的这种假设提供了资源，这应该可以部分减轻他的错误。

在其他方面密尔的女权主义旗帜是鲜明的。他是各种形式的家庭和社会不平等的敏锐批评者，认识到它们对女性造成了伤害，也扭曲了男孩和男人的生活方式。维多利亚时代的婚姻法剥夺妇女的选举权和参与社会和经济活动的机会，它侵犯了妇女更高层次的利益。对这些权利的侵犯是一个严重的社会不公问题。这些批评的必然结果是密尔是女性机会平等的坚定捍卫者，也是宣扬平等的文化传统将改变女孩和妇女的生活、释放她们的创造潜力和情感优势、并可能达到平等者之间更富有成效的社会合作和友谊的雄辩发言人。

密尔对性别平等的讨论是其自由主义原则的基础至善主义的重要应用，并深化了他批评性别歧视和捍卫性别平等的深度，对性别平等的捍卫集中体现了他的功利主义和自由主义信仰真正进步的方面。

六、结束语

作为两种重要的规范主义传统——功利主义和自由主义——历史上主要的支持者，密尔在西方道德和政治哲学史上占有异常重要的地位。从历史语境上看，在道德事务的范围、公共制度的设计、政府的责任以及被统治者的利益和权利的讨论上，功利主义和自由主义都发挥了相当大的进步影响。密尔在阐明功利主义和自由主义原则的合理性、内容和含义方面做了很多工作。他在这些主题上提出了各种主张，对它们的恰当解释、其充分性和一致性不可避免存在问题，但是他在功利主义和自由主义传统中都留下了不朽的遗产，这两种传统都是当代分析伦理学和政治理论讨论的核心，对这些传统的进一步发展不能忽略他在此所作的贡献。